天工开律

检察、法治与科技人文

卢希起 著

华南理工大学出版社

·广州·

图书在版编目（CIP）数据

天工开律：检察、法治与科技人文 / 卢希起著. --广州：华南理工大学出版社，2024.9. -- ISBN 978-7-5623-7789-4

Ⅰ. D90-53

中国国家版本馆 CIP 数据核字第 2024NZ2384 号

Tiangong Kailü: Jiancha Fazhi Yu Keji Renwen
天工开律：检察、法治与科技人文

卢希起　著

出 版 人：	**房俊东**
出版发行：	华南理工大学出版社
	（广州五山华南理工大学 17 号楼　邮编：510640）
	http://hg.cb.scut.edu.cn　E-mail: scutc13@scut.edu.cn
	营销部电话：020-87113487　87111048（传真）
责任编辑：	李巧云　肖　颖
责任校对：	盛美珍
印 刷 者：	广东虎彩云印刷有限公司
开　　本：	787mm×960mm　1/16　印张：13　字数：248 千
版　　次：	2024 年 9 月第 1 版　印次：2024 年 9 月第 1 次印刷
定　　价：	88.00 元

版权所有　盗版必究　　印装差错　负责调换

序一

莫纪宏*

中共中央办公厅、国务院办公厅印发的《关于加强新时代法学教育和法学理论研究的意见》指出，法学教育和法学理论研究承担着为法治中国建设培养高素质法治人才、提供科学理论支撑的光荣使命，在推进全面依法治国中具有重要地位和作用。

卢希起同志的专著《天工开律：检察、法治与科技人文》就是他长期以来从事法律实践和理论研究的思考结晶。这本书收录的12篇文章，总体而言可以归纳为三类：一是关于刑事被害人国家补偿制度的研究。刑事被害人国家补偿制度是作者的博士论文选题，作者撷取了其中的社会转型时期的法治建设规律、刑事被害人国家补偿制度的宪法基础以及刑事被害人国家补偿制度的立法设计等三个片断。二是关于刑事政策与法治的研究。从刑事政策的理念、刑法适用中的刑事政策分析、检察政策、共同犯罪的立法探究以及犯罪学学术构建等五个维度进行阐述。三是关于检察工作的研究。这个版块既有对检察长列席审判委员会制度的理论研究，也有基于中国地方经验对检察官角色与司法公信力的田野分析。

通读此书，可以发现以下三个鲜明的特点：

一是宏观、中观、微观三者的有机结合。特别是在政策研究的领域，既有宏观方面的政策理念思考，也有中观层面的检察政策研究，还有对具体的刑法适用之微观研究。

二是视野开阔，注重融会贯通。作者涉猎的领域比较广泛。作者不局限于传统的法学研究，顺应创新发展的时代潮流，结合江西优秀传统文化，提出深度挖掘宋应星《天工开物》的内涵，构建中国科技人文IP高地的构想，倡导中国本土化的天工开物犯罪学（派）。作者指出，天工开物犯罪学（派）源自中国传统文化，面对日新月异的科技与社会互动场景，既受启发于风靡

---

* 莫纪宏，中国社会科学院法学研究所所长、研究员、博士生导师。

学术界的"风险刑法",又在理论旨趣和表达形式上与"风险刑法"有所差异,同时也是对"枫桥学派"的深入思考。在实现路径上,作者提出,犯罪学应突破常规思维,聚焦政策研究,集中优势力量,做出政策决策咨询精品,进一步取得政府和市场的认可,再以此反哺学术。

三是基础理论与前沿实践问题研究并重。作者对检察长列席审判委员会制度以及检察官角色与定位等基础理论进行了深入的研究。在与作者的交流中,我也了解到早在20世纪90年代末期,作者在担任基层检察官时就已提出了"司法产品论"的相关论点,并将其运用于检察业务实践中。

在我的印象中,作者是一位上进、好学、热情、有社会责任担当的学生。本书汇集了作者近20年来的部分研究成果,这些成果虽然有一定的时间跨度,但细细读来,可以体会到作者扎实的理论功底和对法治的现实关切。我作为作者博士后阶段的合作导师,为这本著作的出版感到高兴。当然,毋庸讳言,该书收集的个别论文在论证方面,还需进一步加强。

卢希起同志在2018年加入法学教学研究的一线,主要从事纪检监察学的教学科研。他把丰富的实践经验带到了新的工作岗位,并取得了一定的成绩,特别是近三年多来,他主讲的"监察法前沿"课程在国内纪检监察学领域产生了比较大的影响。"学思用贯通,知信行统一",期待卢希起同志取得更大的成绩。

二〇二三年六月

序二

孙　谦[*]

刑事被害人国家补偿制度是一项重要的人权保障制度和国家救助制度。建立刑事被害人救助、补偿制度，对于深入贯彻落实科学发展观和构建社会主义和谐社会具有重要意义，也是彰显党以人为本执政理念的重要举措。

对刑事被害人进行救助、补偿的历史最早可以溯源到古代西方社会，古希腊和古罗马、日耳曼的德国和萨克森、英格兰都存在过这种救济方式。从19世纪上叶起，出于对犯罪被害人"边缘化"境地的改良，边沁、加罗法洛等思想家和犯罪学家提出了构建刑事被害人国家补偿的初步构想。20世纪50年代中叶，随着被害人学的兴起以及对"二战"的巨大灾难性的反思，世界有关国家和地区刑事被害人救助、补偿的立法运动蓬勃开展，英国大法官玛格丽·弗瑞女士在1957年提出了建立被害人补偿制度的问题，1964年新西兰颁布实施了世界上第一部《犯罪被害人补偿法》。到本世纪，已有英国、美国、法国、日本、加拿大、澳大利亚、瑞典、挪威、荷兰等三十几个国家相继建立了刑事被害人补偿制度，我国香港特区、台湾地区等也相继建立了被害人救助、补偿制度。1985年11月29日联合国大会通过的《为犯罪和滥用权力行为受害者取得公理的基本原则宣言》，其中的重要内容，就是对被害人进行救助与补偿的规定。

当前，我国正处于社会转型时期，各种社会矛盾凸显，暴力犯罪处于高发态势，恶性犯罪时有发生，给被害人及其家庭造成惨痛损失。对于被害人所受损失，理应由加害人赔偿，但大多数加害人由于经济状况原因，赔偿很难实现，不仅使被害人及其家庭的生活难以得到保障，而且触发了一系列社会问题，成为涉法涉诉等问题的重要诱因，不利于社会和谐与稳定。

就有关被害人的学术研究而言，由于"犯罪中心主义"在理论和实践上

---

[*] 孙谦，最高人民检察院原副检察长，二级大检察官，法学博士，教授，博士生导师。这是孙谦老师为作者2008年出版的《刑事被害人国家补偿制度研究》一书（列入"刑事法学博士文库"）所作的序。

的历史惯性和偏好，对被害人的研究与关注一直处于零碎的状态，尤其在刑事被害人救助、补偿的基础理论研究方面比较薄弱。在我国，1990年以后的犯罪学著作才有专门章节对被害人问题进行论述，这些论述将被害人问题或置于现象论，或置于原因论，或置于对策论；在刑事实体法学理论中，对被害人因素在定罪量刑中的考虑存在着明显的不足和缺漏；在刑事政策框架内，由于有关理论缺失，也使对被害者救助、恢复和赔偿及国家补偿等缺少考量。我认为，法学研究、法律知识的生产必须以解决社会现实问题为出发点，不能为了研究而研究，为了学术而学术，无的放矢。唯其如此，才能使理论有所突破并得到提升，在继承、比较、批判、反思与构建中，推动法律和制度的发展与完善，从而实质性地推进中国的法治进程。因此，对刑事被害人国家救助、补偿制度进行研究，是一件很有意义的事情，应该成为当下法学家、社会学家、法律工作者义不容辞的责任与使命。

卢希起的博士论文《刑事被害人国家补偿制度研究》就是他对于这一问题所作的一个"全景式"的思考。作者从刑事被害人国家补偿制度的历史沿革与理论学说入手，探讨了这一制度的基本价值，对域内外相关立法例做了细致的比较研究，从宪制和制度经济学的双重视野分析了我国构建这一制度的必要性、可行性，提出了构建刑事被害人国家补偿制度的具体设计方案，介绍了实务部门开展刑事被害人救助、补偿方面的探索。作者还指出，应整合现有法律、制度的资源，密切关注与刑事被害人国家补偿制度相关的问题。文章附录部分收集了联合国、世界有关国家和地区以及我国部分地方在构建刑事被害人补偿制度方面的法律文献和资料。作者能从中国的现实情况出发，提出中国构建刑事被害人国家补偿制度的现实路径与理想图景，为推动中国刑事被害人补偿制度的构建作出了自己的思考。在具体的研究方法上，作者从法哲学、法社会学、部门法学、政治学、历史学以及比较法学的角度切入，体现了作者扎实深厚的理论素养和研究能力。

作者是一位刻苦努力的学生。从参加基层检察工作时起，他就能坚持不懈地学习，不仅阅读了很多的法学名著，而且善于思考，发表了一批学术论文，并在不少论文中显示出富于创新的精神。在写作本博士论文和修改著书的过程中，他不仅阅读、搜集了大量的文献资料，多次参加了相关的学术交流和研讨活动，还实地考察、体味、参与了这一制度的实践操作。本书对刑事被害人救助、补偿相关理论学说的评述、制度经济学路径的思考以及当下中国法治建设的某些规律性的认识和把握等方面，具有一定的开拓性。我作为作者攻读博士学位阶段的指导老师，为他在理论研究上取得的成果感到由衷的欣慰。

当然，毋庸讳言，该书在部分章节上论述还不够深入，有些结论尚值得推敲，这些有待作者进一步研究。希望卢希起博士在新的工作岗位上和学术研究中更加努力，取得更大的成绩。

二〇〇八年国庆

目　录

检察政策的功能 …………………………………………………………… 1

司法执法边界新论——以环境保护和安全生产领域为视角 ………… 14

社会转型时期的法治建设规律初探——《刑事被害人国家补偿制度研究》导论
　……………………………………………………………………………… 28

刑事被害人国家补偿制度的立法设计 ………………………………… 39

检察长列席审委会会议制度思考 ……………………………………… 62

检察官角色与司法公信力——基于中国地方经验的社会学分析 …… 81

一种人本主义的刑事政策观 …………………………………………… 127

刑法适用中的刑事政策分析 …………………………………………… 150

论不同身份主体共同犯罪的完善 ……………………………………… 168

《联合国反腐败公约》履约审议机制：最新进展及其对中国反腐败的启示 … 174

挖掘《天工开物》内涵，打造创新人文 IP 高地 ……………………… 183

关于天工开物犯罪学（派）的构想 …………………………………… 188

主要著作、论文及研究课题索引 ……………………………………… 194

后　记 ……………………………………………………………………… 197

检察政策的功能*

摘　要：检察政策是司法知识的重要组成部分，同时，对公共政策也起着一定的影响和推动作用。实证研究表明，检察政策所规定的内容并没有在实质上突破宪法秩序下人民检察院的定位，而是更多地体现了中国检察机关所独有的功能与作用。必须理性认识其在社会主义初级阶段法治进程中的角色、地位，进一步加强对检察政策制定和运作过程的规范和管理，认真研究其在司法层面的技术操作问题。

关键词：司法知识；政策；检察工作；法治国家

法治是人类重要的实践活动。在法治的进程中，法律知识的生成、储备和运用是法治的重要因素。理性的司法知识观不能仅仅关注法律知识，甚至其重点还不在法律知识本身，而必须将其置于整个社会文化情境系统加以综合考量。其中，检察政策就是这个系统中的重要一环，是司法知识再生产以及推动人与制度良性互动的一个不可或缺的重要因素。

人民法院和人民检察院同属于司法机关，其制定的政策应当同属于司法政策的范畴，然而国内关于司法政策的研究多聚焦于法院，或者在狭义上将司法政策完全等同于法院制定的政策。2010年，最高人民检察院将"检察政策研究"列为本年度唯一重大研究课题，既表明了最高检察机关已经清晰地认识到这个问题的重要性和紧迫性，也从另一个侧面表明有关"检察政策"的研究属于相对前沿的领域。

---

* 本文系最高人民检察院2010年重大理论研究课题"检察政策研究"（项目编号：GJ2010A1）的研究成果之一。发表于最高人民检察院主管的《国家检察官学院学报》2012年第4期。

一、检察政策的类型

类型，是一种分组归类方法的体系。类型思维在方法论上具有重要意义。在方法论思维上，类型打破了"抽象"与"具体"在方法论上的二元对立。在解释学上，类型也具有独特的功能。检察政策作为指导检察工作、推进检察改革的重要载体，有着相对独立的体系，其内涵丰富、形式多样。从不同的标准或者不同的角度，可以对检察政策进行不同的分类。根据检察政策的目标导向、渊源不同，可以将检察政策分为以下四类。

（一）将执政党有关司法工作的政策转化为检察政策

执政党的政策为司法工作提供了宏观的、全面的政策保障。中华人民共和国成立以后，我国的司法制度和司法工作的总体思路和格局是由执政党确立的。而早在1949年2月28日，中共中央就发布了《关于废除国民党的六法全书与确定解放区的司法原则的指示》。党的十二大以来的历次党代会的重要文件，尤其是党的十六大报告和十七大报告，比较科学、系统和完整地描述了我国司法制度的构成、司法工作的基本政策要求以及司法体制的改革目标，执政党指导下的司法工作得到了宏观的、全面的政策保障。①包括检察机关在内的司法机关必然要贯彻落实执政党提出的有关司法工作的政策，并内化于包括制定检察政策在内的检察活动过程中。此外，执政党也会适时提出比较具体的司法政策，典型的有"严打""宽严相济"的刑事政策。以"宽严相济"为例，这是一项具有全局性和战略性的党和国家的基本刑事政策，检察机关贯彻落实"宽严相济"刑事司法政策，也必然要结合检察工作实际，提出相应的政策和策略，从而形成一个相对独立的政策体系。

（二）有关重大决策、公共政策的落实与回应的检察政策

公共政策是国家（政府）、执政党及其他政治团体在特定时期为实现一定的社会政治、经济和文化目标所采取的政治行动或所规定的行为准则，它是一系列谋略、法令、措施、办法、方法、条例等的总称。②检察机关恢复重建以来，特别是近十年来，最高人民检察院围绕党和国家的工作大局，出台了一系列宏观的

---

①莫纪宏：《要加强党对司法工作的指导》，载中国法学网，http://www.iolaw.org.cn/showArticle.asp?id=3084，最后访问日期为2011年11月3日。

②陈振明：《政策科学——公共政策分析导论》，中国人民大学出版社2003年版，第50页。

政策性文件，比较典型的有：服务国有企业改革和发展、应对入世、西部大开发、社会主义新农村建设、贯彻宽严相济刑事司法政策、为经济平稳较快发展服务、深入推进三项重点工作以及参与加强和创新社会管理等诸多方面的意见和措施等。

（三）有关检察工作部署、资源调配方面的检察政策

宏观方面表现为推进检察改革的措施、意见、规划等。最高人民检察院分别于 2000 年、2005 年、2009 年下发了《检察改革三年实施意见》《关于进一步深化检察改革的三年实施意见》《关于深化检察改革 2009—2012 年工作规划》等一系列政策性文件，这些政策性文件在不同时期提出了不同的检察改革目标。微观方面，包括对于检察机关内部职权的调整（典型的有："职务犯罪""诽谤罪"批捕权上提一级）、内部机构的调整（典型的有：关于"检力下沉"、延伸服务触角，建立基层检察工作机构的意见）以及工作的重心、方向调整（典型的有：针对群体性事件的多发态势，2010 年 7 月最高人民检察院提出要在办案重点和主攻方向上作出调整，其中之一就是在犯罪危害后果上，要加大查办群体性事件和重大责任事故背后的贪污贿赂犯罪力度）等出台了一系列政策性文件。

（四）检察工作解释

最高人民检察院作为我国立法明确规定的有权对法律进行司法解释的机构之一，它的一些司法解释本身就是政策的表现形态，最高人民检察院通过对公共政策的阐释和理解，并根据社会情势的变迁，及时制定或将有关现有规则转化为司法政策的形式，形成有约束力的成文条款，并进一步内化到司法过程中。[①]《最高人民法院 最高人民检察院：司法解释与司法政策大全》一书"内容简介"中，编著者指出，除了收录"法释"和"高检发释字"类文件外，司法政策中的"会议纪要"，在实践应用中往往具有不弱于司法解释的实际效力，也予以全面收录。这也从另一个侧面说明，在形式或渊源上，政策与法存在着趋同，政策越来越法律化、具体化、精细化。例如，我国香港特别行政区《检控政策及常规》（2009）是律政司刑事检控科在 2007 至 2009 年刑事司法方面一项重要规范。《检控政策及常规》阐释了现代检控人员须遵循的准则、政策及常规，其虽冠以"政策"之名，实则是律政司日常工作的规范或法的依据。

[①] 有学者对司法解释与社会转型、公共政策的关系进行了深入分析，参见谢宝红：《司法解释对社会转型的反映——以 1994—2002 年予以废止的六批司法解释为对象》，载《法制与社会发展》2005 年第 4 期。

检察政策乃至司法工作全局,必须以执政党的政策为指导。检察政策的研究重点和特色就在于,以执政党有关司法工作的政策为指导,对具有相对独立体系的"有关重大决策、公共政策的落实与回应的检察政策""有关检察工作部署、资源调配方面的检察政策"以及"检察工作解释"等三个层面的检察政策进行深入系统研究。

二、检察政策的功能

人类关于司法的知识是随着人类认识能力以及人类对社会的规则安排与秩序设计能力的发展逐步增加的。从司法知识的初始生产的过程来看,静态的纸面意义上的法律知识对于司法知识的形成占据着霸权优势。然而,要对司法知识的生产进行深加工,就必须将司法放在知识哲学与知识社会学的延长线上来理解,这样有关司法问题的思考才变得有意义起来。[①] 并且,必须与法律知识划分一定的界限,这样关于司法知识的再生产才可望获得一个比较清晰的图景。检察政策就是检察机关特别是最高检察机关通过颁布一系列的意见、措施等政策性文件,把法律规则、原则等固定和静止的法律知识放在社会文化情境之中考量,通过科层制权威的有一定约束力的运作方式,以期更好地实现检察机关及检察人员与法律规则、原则以及社会生活之间的良性互动。

如果说司法知识的经验性是对司法裁判活动的一种事实层面的描述的话,那么司法知识的规范性,则意味着在规范层面上对其予以评价。这种评价,不仅能够为认知者提供认知意见,进而改善认知的策略,引导个体或共同体不断提高认知条件;而且更为重要的是,提供一种操作与干预世界的方式,进而使得知识直面实践。就检察政策而言,随着最高检察机关不断融入国家社会经济大局的工作经验的积累,每一项检察政策的出台不仅仅是对未来"愿景"的规划,也是对之前法治实践及经验的总结。同时,作为一种知识体系的存在,它总是以一定的规范的形式呈现于世人的面前:指导意见,措施,甚至于司法解释。作为相对独立的规范层面的司法知识,检察政策在国家政治和社会生活中,具有独特的功能和特点,也充分表明了中国检察机关所独有的宪法地位和功能。

(一)政治宣示功能

宪法规定,人民检察院是国家的法律监督机关。我国根本的政治制度和政权

[①] 方乐:《司法知识理论研究——兼及转型中国的司法》,南京师范大学2010年度博士学位论文,第9页。

组织形式是人民代表大会制度,与三权分立学说下的政权组织制度具有明显的区别。三权分立体制下,立法权、行政权和司法权三者之间存在着相互制约的权力关系,在人民代表大会制度下,国家设立行政机关、审判机关、检察机关,各级人民代表大会与行政机关、审判机关、检察机关之间并非制约关系,而属于监督与被监督的关系。检察权、审判权、行政权相对独立,但又统一于人民行使国家权力的机关——人民代表大会。在人民代表大会之下设置"一府两院",这是具有中国特色的一种政治模式。中国检察制度既是一项司法制度,具有司法属性,同时,也是一种政治制度的安排,具有鲜明的政治属性。检察机关在履行法律监督职能的过程中,与审判机关和相关国家行政机关互相配合、互相制约,共同完成维护党的执政地位,维护国家安全,维护人民权益,确保社会大局稳定的首要政治任务。包括检察政策的制定和实施在内的所有检察活动,要自觉地把自己置于党的领导之下,紧紧依靠党的领导来保证检察工作的政治方向,坚定不移地贯彻党的方针政策,使检察工作服从和服务于国家经济和政治大局。检察政策的颁布,无疑是对党和国家大局的一种积极的回应,也鲜明地表示了检察机关的政治属性。

(二) 改革探索功能

中国检察制度实现了法律监督职能同一般国家职能的分离以及同传统检察制度的有机结合,是对现代检察制度的重要制度贡献。同时,它又是中国特色社会主义法律体系的一个有机组成部分,是与社会主义初级阶段相适应的中国特色检察制度。这一制度尚处在特定的历史发展阶段,同我国社会主义政治制度和司法制度一样,在实践依法治国基本方略,建设社会主义法治国家和构建和谐社会的进程中,中国检察制度还存在一些需要不断发展和完善的理论和实践问题,这需要我们紧密结合中国实际,与时俱进,创新发展,深化检察改革,使中国特色社会主义检察制度永葆生机和活力。① 检察政策为检察改革的顺利推进提供了路径和合法性支撑。当前,个别地方的司法机关,在探索改革的过程中,以内部红头文件、请示、批示、指示、通知、讲话、经验总结等形式表现出来,具有秘密性、随意性等特征,冲击了正当程序,容易滋生司法腐败和司法不公。理性的检察政策正是将"在现行法律范围内进行改革"或者"不违反现行法律规定进行改革"作为改革的原则,并且通过局部试点、先期试验的方式推进检察改革。例

---

① 孙谦:《深刻认识中国检察制度的特色》,载《求是》2009年第23期。

如，检察机关量刑建议权的最终确立，就是通过多年以来政策性文件的试点推动而实现的。围绕着争取在法庭空间的量刑话语权，拓展量刑建议的生存空间，检察机关在进行实践探索的同时，适时出台了或者在改革文件中部署了有关量刑建议的政策性规定。检察政策一方面避免了改革的盲动性、随意性，通过"试错"减少改革的成本，另一方面也为改革成果合法化、正当化提供了制度依托。

（三）检察管理功能

宪法规定，最高人民检察院领导地方各级人民检察院，上级人民检察院领导下级人民检察院。从人民检察院内部机构而言，检察长统一领导检察院的工作，各级人民检察院设立检察委员会。检察委员会实行民主集中制，在检察长的主持下，讨论决定重大案件和其他重大问题。这也是检察政策制定的权力逻辑。从其作用方式来说，检察政策既有一定的倡导性、号召性和指导性，也有一定的督促性、鞭策性和强制性。遵循检察政策是各级人民检察院和检察人员的义务和职责。从检察一体化机制来说，检察政策既是对检察资源分配的结构化承诺和管制，也是治理检察领域从而建立或者维持检察系统内的秩序或一致性的控制工具。它把检察机关和检察人员纳入一个共同的框架之中，既有限制，也有激励。在这个意义上说，检察政策是实现检察管理的重要工具和表现形式。①

（四）法治再造功能

检察政策的几种类型中，司法解释无疑具有鲜明的法治再造功能。从知识创新的角度而言，每一项检察政策的出台，就技术层面而言，可以用一种类似于"检验司法能动性的四要件标准"来考量。即：是否出于应对诉讼量激增的需要或者是否出于解决前所未有的法律问题的需要；是否已经穷尽了现有的司法制度资源；拟采用的新措施是否能够实现司法程序上的改进和完善，而不仅仅只是权宜之计；是否能够恪守司法权的本质属性，而不会削弱其独立性和应有的宪法地位。②纵观检察机关制定的检察政策，基本符合上述四个属性，在一定程度上体现了法治再造功能。例如，我国刑事诉讼法虽然未明确规定对公共利益的审查，但相关制度中却有所体现，如《刑事诉讼法》第 142 条第 2 款规定的相对不起诉，其把握的标准已蕴含着公益内容，而《最高人民检察院关于在检察工作中贯彻宽严相济刑事司法政策的若干意见》则对相对不起诉的条件进行了细化与延

---

① 谢鹏程：《论检察政策》，载《人民检察》2011 年第 3 期。
② 秦前红、黄明涛：《试论司法权的能动性——金融危机中的司法权论辩》，载《海峡法学》2010 年第 2 期。

伸，化解矛盾作为最大的公共利益已然成为评判是否适用相对不起诉的一个重要条件，① 这体现了司法政策的法治再造功能。司法政策的法治再造功能，与司法政策的政治宣示功能、改革探索功能、检察管理功能形成了有机统一的整体。

（五）个案解决功能

一般而言，检察工作追求的是一般正义，检察机关通过行使检察权，维护国家法治的统一和尊严。但是，由于案件发生的时代背景、地域特征的差异性，检察工作也必须关注个案的特性，在其中，检察政策性质的工作性文件起着重要的作用。2003年10月，广东省人民检察院对东莞市台商投资企业发生的"胶水"案件的处理就是检察政策实现司法特殊正义与一般正义相结合的示例。在东莞台商投资企业来料加工所需要使用的辅料胶水是一种易燃、易爆的危险品，其存储和运输都有严格的规定。按照安全消防部门的有关规定，企业不可大量、长期存放胶水，因此，许多企业就选择在保税仓存放胶水。但按照保税仓的有关规定，企业申报进口的胶水，必须一次性全部提走，不能分批提取。这就使企业面对两难处境：如果申报进口多，全部提回工厂存放，违反国家消防安全法的规定，且在保质期内用不完；如果申报进口少，企业的保税合同手册就长期被生产辅料胶水占用，严重影响其他生产原料海关业务的办理。为适应企业正常运作的需要，有些贸易公司就用一家企业的保税合同手册进口一批胶水后，按每家企业实际需要量2~3吨分别给多家企业送货，等下次提货时再用另一家企业的保税合同手册，如此循环使用各家保税合同手册，到最后每家企业领到的胶水和它实际申报的数量都是一致的。这种做法不但有利于企业正常运作不受影响，而且保税合同手册的使用也更为方便，企业认为这是一种变通的方法，东莞有1000多家企业就是这样操作的，企业承认此种做法违规，但并无偷逃关税，不应定走私罪，可作行政处罚。海关则认为这是逃避海关监管的行为，应以走私普通货物罪立案查处。有的台商怕受刑事处罚不敢回厂，有的台商想扩大生产规模但又感到彷徨犹豫，请求司法部门给予出路。广东省东莞市台商投资企业协会反映的问题引起了广东省人民检察院及海关的高度重视，在深入当地企业调研，与海关等部门沟通协调的基础上，广东省人民检察院与海关部门出台了相关文件，提出保税企业之辅料的相互调剂行为不负刑事责任，从而将"胶水"案不认定为犯罪。②

---

①苏琳伟：《英国皇家检察署诉前公益审查的启示》，载《检察日报》，2011年8月15日。
②学子、诚然：《岁月磨练忠诚》，载《当代检察官》2010年第7期。

三、检察政策的管理

"知识管理"作为知识经济时代新兴的管理思潮与方法,已经成为组织累积知识财富、创造核心竞争力的利器。"知识管理"并没有一个统一的定义。《知识管理框架》(GB/T 23703)国家标准对知识管理的定义是:企业组织行为主体针对内外部战略核心资源——知识资源客体,展开一系列的有关知识资源获取及价值挖掘应用的行为及活动(知识鉴别、创造、获取、存储、共享、使用),以有效推进组织内知识资源的积累、创新与增值,进而推进企业与组织整体战略发展目标的可持续达成。本文认为,检察政策就"知识管理"的视角而言,应着重从以下几个方面深入研究。

(一)社会目标的理性选择与检察政策的制定

检察政策应该把追求社会目标的实现作为检察工作的基本导向,只是,要努力使政治宣示功能与维护法治的统一和尊严有机地结合起来。达玛什卡指出,在能动型(司法)国家中,始终存在着政党组织的"一般指示与具体指示之间的区别——一种在理论上容易作出而在实践中很难把握的区别"。[①] 检察工作应当把追求公共政策的实现作为司法的基本导向之一,一方面旨在从宏观上调校检察权在中国政治结构中的定位,把检察工作自觉融入党和国家工作大局的运行之中,通过检察工作所特有的功能和作用的发挥,推动社会的发展和进步;另一方面,在实际运作层面上,引导和启示检察机关及检察人员超越单一的法律思维以及对案件简单化认识的视野局限,关注社会总体目标的要求,关注社会发展与变化的趋势,关注社会现实矛盾和纠纷的复杂性,关注民生、民情和民意的总体状态,特别是注重检察工作的社会影响和社会效果,把个别化的检察工作放置到社会目标的实现以及社会发展的大背景下予以认识和考虑,即在司法过程中确立并践行"大局观"。[②] 从降低行为政治风险的角度看,司法机关追随公共政策也无疑是一种较为安全和理性的选择。[③] 只是我们需要注意的是,由于我国检察机关与政治组织的关系十分紧密,检察机关与其他政治组织之间始终保持着密切的联

---

① [美] 米尔伊安·R. 达玛什卡:《司法和国家权力的多种面孔》,郑戈译,中国政法大学出版社2004年版,第257-258页。
② 顾培东:《能动司法若干问题研究》,载《中国法学》2010年第4期。
③ 宋亚辉:《公共政策如何进入裁判过程——以最高人民法院的司法解释为例》,载《法商研究》2009年第6期。

系，通过制定检察政策以更好地贯彻公共政策是我国检察政策的常态及主要渊源，而一些公共政策和社会目标通常只有一种抽象的或者宣示性的倡导功能，在具体的操作过程中会体现为各级党委和政府所提出的具体的要求，在这种背景下，如何结合检察机关作为国家法律监督机关的宪法定位，针对这些公共政策和社会目标提出检察政策，对于各级检察机关而言，是不可回避的比较复杂的问题。其中比较重要的一点就是要提高信息处理能力，避免对公共信息的简化处理。决策者常发现，一方面，与决策相关的支持性信息不足；另一方面，又面临无关信息干扰的"超载"局面，其必要在信息处理能力与信息搜索、甄别费用之间进行调适。决策者不会无限制地展开信息搜寻，他们会在对信息投资的预期边际收益等于预期边际成本这一点停下来。如果信息费用过于高昂，决策者就会采取简化决策模式，诉诸一些简捷便利的维度，一些粗略的"代表标记"（proxy），对信息问题进行简化。① 因此，必须着眼于检察政策制定和实施规则的完善，以进一步推动政策制定者和实施者转换信息获取方式。

（二）加强对地方检察政策的监控和规范

最高人民检察院和地方各级人民检察院在检察政策的制定过程中既共同合作，又有角色分工。由于我国司法体制与联邦制国家的存在着显著的差异，最高人民检察院扮演着检察政策和司法工作规则制定者的角色，即通过把党和国家的大政方针以及不同阶段社会发展的重大任务和要求及时地转化为检察政策以及其他各种形式的司法工作规则，用以指导各级人民检察院的检察工作，从而既保证检察工作与社会发展的大局相适应，又能避免地方检察机关理解和执行这些方针政策过程中的偏误。地方各级人民检察院通过办理案件，亲历司法，为最高人民检察院制定检察政策和司法工作规则提供了鲜活的素材。为此，要更加注重挖掘来自基层的司法素材，形成最高检察机关和地方检察机关的良性互动。同时我们要特别注意：由我国人民代表大会制度和检察机关的组织体系决定，最高检察机关和地方检察机关都是检察政策的制定主体，有必要厘清最高检察机关和地方检察政策之间的关系。地方检察机关既承担着贯彻落实最高检察机关制定的检察政策的任务，同时也是本地区检察政策的制定主体，地方检察政策或多或少地会体

---

① ［美］詹姆斯·马奇：《决策是如何产生的》，王元歌、章爱民译，机械工业出版社2007年版，第18-19页。转引自吴元元：《信息能力与压力型立法》，载《中国社会科学》2010第1期。

现出一种"地方性"知识形态。① 在探讨地方检察政策的制定和实施相关问题的时候，我们既要考虑各地区经济、社会发展的不平衡性而导致的差异，也必须防范地方检察政策与最高检察机关制定的检察政策之间可能发生冲突。检察机关是国家的法律监督机关，首先服从和服务的应该是国家的大局，各地区在结合地方实际情况执行最高检察机关检察政策和制定地方检察政策的时候，应当防止"大局小局化"。正如学者所指出的，在大局问题上，国家是整体和全局，区域是组成部分，二者价值取向、工作目标应当一致，但往往会出现利益需求不同的矛盾。受区域主政者的观念、能力等因素制约，有时区域建设的目的、内容与党和国家工作大局的要求会有差距，甚至相悖，区域建设与国家工作大局不是自然等同和可以替代的关系。② 除了坚持法治统一的原则之外，地方检察政策也不能突破最高检察机关检察政策的原则和底线，不得以各种形式对最高检察机关的检察政策进行瓦解、扭曲和异化。从技术层面而言，有必要建立类似法律的事先审查（备案审查）制度，而不是现行的"报告"制度，藉此加强最高检察机关对地方检察政策的监督和指导。这样不仅可以有效地防止地方检察政策可能存在的偏差，还能有效地整合各种信息资源。

（三）检察政策在实践中的精细化运用管理

除了司法解释之外，诸如"宽严相济""未成年人犯罪"等司法政策在司法实践中不同程度地存在着"虚置""选择性适用"等问题。以批准逮捕检察政策的适用为例，笔者组织的一项对于侦查监督检察官的访谈调查发现，目前一些地方检察机关及检察人员对检察政策的实践价值并没有恰当理性的认识，部分检察人员对检察政策的认识还显得不够清晰，甚至对相关检察政策是否存在都不够确信，导致司法过程中检察政策这一环节的知识链条缺失。这种状况与我国的法律体制有一定的关系。我国的法律体制属于成文法体制，司法的依据被限定为法律，即司法要"以事实为根据，以法律为准绳"，要求司法活动的开展必须要以法律为依据，但是由于法律具有抽象和滞后的特点，无法一一穷尽所有社会现象，因此，在实务中，实际的需要使得司法人员不得不越法律之"雷池"，采取"明修栈道，暗渡陈仓"的办法，先以社会实质价值判断得出司法结论，再打着法律原则的旗号来标明其法律门第，于是就出现了公共政策甚至司法政策（包括

---

①比如，地方检察机关围绕"珠三角发展规划纲要""鄱阳湖生态经济区""世博会"等制定的相应的检察政策。

②方工:《"为大局服务"的种种误解》，载《检察日报》，2011年8月25日。

法院和检察院）在司法依据中形无实存的矛盾现象。① 应从以下几个方面着手解决这些矛盾和问题：第一，使司法政策进一步明细化、规则化；第二，加强司法活动中适用司法政策的说理性，在司法机关部门会议以及司法内部决策会议中予以体现；第三，通过修正案件质量绩效考核指标予以检验。

（四）检察政策法治再造功能的合理边界与控制

检察政策具有一定的法治再造功能，会创造性地应用法律甚至会创制一些规则。著名法理学家博登海默指出："由于这种现已存在的法律具有必然的不完整性和频繁出现的模棱两可性，所以司法机关根本就不可能将自己只局限于其基本职能之中，而且总是发现有必要对现行法律进行扩充和补充，当然这种扩充和补充是经由人们恰当地称之为法官造的法律来实现的，但是即使如此，法官的这种造法职能仍必须被认为是其基本职能所附带的一种职能。立法机关存在的真正目的仍是制定新的法律，然而对于法院来讲，情形就截然不同了。对于法官来说，创制新的法律只是一种最后手段（ultimaratio），即当先行的实在法渊源或非实在法渊源（positive or nopositive sources of the law）不能给他以任何指导时或当有必要废除某个过时的先例时他所必须诉诸的一种最后手段。由于立法性造法与司法性造法之间存在着这种根本的区别，所以'司法性造法'（judicial legislation）这一术语——尽管按正确理解可以说它表达了一种颇有意义的思想——应当谨慎使用，或许应当避免使用。"② 在社会转型时期对于检察工作的角色定位必然有一定的复杂性，因此，检察机关在司法过程中创造性地应用法律甚至创制一些规则成为一种必然的选择。因此我们要将检察政策的评估、监督等纳入议事日程。就检察机关内部而言，在激励设计上，可以在人民检察院检察委员会议事规则上做出完善，将拟通过的检察政策中的绩效评估作为强制性安排，内容涵盖议程的评估和政策实施后的评估。对于议程的评估，在报送草案时必须同时提交绩效报告，系统分析检察政策实施的预期收益与成本，证明其规则设计的必要性、合理性。比如是否涵摄了实质性的举措；拟采用的新措施是否能够实现司法程序上的完善或创新，而不仅仅是权宜之计；其他地方的检察机关是否有类似的文件可供借鉴；地方制定的检察政策是否与法律和上级检察机关的检察政策相抵触；是否能够遵循司法规律和检察工作规律，而不会削弱检察机关的独立性和应有的宪法

---

① 雷新勇：《公共政策的司法分析》，南京师范大学 2007 年度博士学位论文，第 61 页。
② [美] E. 博登海默：《法理学——法律哲学与法律方法》，邓正来译，中国政法大学出版社 1999 年版，第 416-417 页。

地位，等等。如果草案的绩效评估报告无法通过检察委员会办事机构的审查，则不得进入讨论程序；对于政策后评估，起草部门必须详尽报告检察活动中的成本与收益，特别要注意分析对于政策的规避效应、是否损及相关的制度价值，特别是对法治的核心价值是否造成破坏以及对社会管理的贡献度。如果检察政策的实施严重偏离预期的政策目标，还需要提交偏离的原因、性质与程度的详细报告，经由检察委员会办事机构审核，应当对该项检察政策提请检察委员会进行修改或废止。就检察机关的外部关系而言，通过主动报请同级党委、人大常委会和上级检察机关备案审查等形式，避免和控制检察政策突破、背离法律的基本原则和底线，冲击法治。

（五）检察政策的沉淀与更新

政策执行是政策过程的中介环节。检察政策制定后，必须得到切实有效的执行，否则会形同虚设。同时，执行的过程也是检验政策正确与否的唯一标准。一方面，检察政策的妥善执行与否，应当作为衡量各级检察机关工作质量和效能的一个重要因素。我国检察政策在执行过程当中，形成了注重政策宣传、重视政策实验等有效的经验和模式，随着法治的推进和时代的变化，还必须进一步创新检察政策的执行模式。另一方面，从政策周期理论来看，政策的制定、执行、评估、监控以及政策的终结一起构成了一个完整的政策周期。① 目前，我们对检察政策的评估、监控以及终结的重视程度、实践操作都比较薄弱，有必要从倡导理念、加强制度建设与大胆实践探索等三方面着手，完善对检察政策的评估、监控与终结程序，使司法政策这一知识形态能够得到及时的更新和沉淀。此外，要加强对检察改革有关政策性文件的规范管理。第一，检察改革的发动主体不应采用由上而下的局部扩展方式，而应采用由上而下的整体推进模式；第二，检察机关要在中央的统一部署下，进一步加强与其他司法机关和有关部门的沟通协调；第三，加强对司法改革成果的转化管理。

四、结语

检察政策的提出和实践扮演着司法知识再生产的重要角色。检察政策通过宣示法治的理念和精神，维护一般正义与特殊正义的统一，推动法律和司法解释的"废、改、立"，优化检察职能，完善司法制度以及加强检察管理和资源配置等

---

① 陈振明：《政策科学：公共政策分析导论》，中国人民大学出版社2003年版，第387页。

路径进行着司法知识的再生产。在这个过程中，我们还应加强检察政策对公共政策的影响、推动作用的分析。

总体上来说，中国现行的检察政策勾勒出的上述边际应当来说是安全的、适度的，检察机关在确定工作重心、反映公众诉求、追求社会目标的实现上，会考虑一些时代因素和现实因素，这无可厚非，只要它仍然在法律的框架内适时而为、适度而为。在检察工作中，检察政策所规定的内容并没有在实质上突破宪法秩序下的检察院角色与功能，相反，更多地体现了中国检察职能所独有的功能与作用；检察政策所规定的内容总体来讲是谨慎、健康、有益的。因此，至少从我国目前的司法实践看，那些对检察政策的指责与批评，是没有道理的，也是在理论上站不住脚的。

检察政策要在检察工作和法治实践中充分发挥其作用，还需要对检察政策的功能、价值及其在社会主义初级阶段法治进程中的角色、地位具有相当理性的认识，同时，也需要认真研究其在司法层面的技术操作问题。

"现行的规则和原则能确定我们目前的位置、航向以及经纬度。过夜的小旅馆绝非行程的目的地。法律，就像一个旅行者，必须准备翌日的旅程。它亟需一个成长的原则。"[1] 如同法律的成长理论所昭示的，可以肯定的是，在现代社会中，检察机关需要有所为，为社会的发展适时而为、适度而为，也由此才能实现检察机关、检察职能以及检察官的发展成长。当我们把适度的目光聚集于检察政策上，对检察政策进行必要的梳理，并试图从司法知识再生产的视角来挖掘检察政策的深刻蕴意，我们就能够更加深刻地把握中国特色检察制度发展的基本方向，使我们的检察职能在建设社会主义法治国家的进程中发挥得更加淋漓尽致，更加具有正当性与合理性。

---

[1] [美] 本杰明·卡多佐：《法律的成长：法律科学的悖论》，董炯、彭冰译，中国法制出版社2002年版，第10页。

司法执法边界新论

——以环境保护和安全生产领域为视角

摘　要：对中国司法和执法的关系特别是其边界问题的研究，大多是从理论层面"坐而论道"，并且往往以某一领域为视角进行规范分析。文章在司法经验的基础上，从环境保护和安全生产两个不同领域，以整体性治理的视角，结合国家监察委员会改革试点及司法改革的动态，对司法执法边界的现实图景进行了描述，就现实权力运行模式进行了理论分析，提出在作为司法之组成部分的审判、检察机关与执法机关边界的二元化框架，应符合宪法秩序的要求，进一步激活法律、党内法规中的存量资源，建立与区域性治理相适应的跨区域司法机构，规范司法影响公共政策的路径等一系列设想。

关键词：司法；执法；整体性治理；存量资源

引言：整体性治理视域下的司法与执法

完善和发展中国特色社会主义制度，推进国家治理体系和治理能力现代化，是党的十八届三中全会提出的全面深化改革总目标。习近平总书记明确指出："国家治理体系和治理能力是一个国家制度和制度执行能力的集中体现。国家治理体系是在党领导下管理国家的制度体系，包括经济、政治、文化、社会、生态文明和党的建设等各领域体制机制、法律法规安排，也就是一整套紧密相连、相互协调的国家制度；国家治理能力则是运用国家制度管理社会各方面事务的能力，包括改革发展稳定、内政外交国防、治党治国治军等各个方面。"[①] 有关司

[①] 转引自江必新、程琥：《国家治理现代化与依法治国》，中国法制出版社2016年版，第118-119页。

法与行政制度的安排是国家制度体系的重要组成部分,而司法与执法能力则是国家治理能力的重要组成部分。与此同时,司法与执法既紧密关联,又存在着鲜明的区分,两者以不同的角色和职责服务于"立法、执法、司法、守法、法律监督"的整体性法治体系。

在域外有的国家和地区,整体性治理是与治理的"碎片化"相对应的概念。1997年英国工党执政后,主张以"协同性政府"模式取代"竞争性政府"模式,推进政府治理改革。具体措施包括:在政策制定方面,促进跨部门协作政策的实施;在回应公共服务方面,主张不同服务提供主体进行合作,推进整合服务;在信息时代政府建设方面,主张改善政府间的分裂状态,利用信息技术,促进部门合作。① 英国整体性治理理念及举措是针对政府提出来的。在中国的语境下,政府与司法机关都是作为广义上的"政府"被公民认知的,而且在理论上,从国家与政府的区别的研究中我们不难得出司法机关是广义上的(非宪法和法律层面的)"政府"概念。② 因此,英国整体性治理改革对我国处理司法执法间的关系具有一定的启示意义。

环境保护、安全生产是全社会的责任。两者在执法司法方面虽然存在着诸多差异,但都是以区域内(甚或跨区域)各级政府及其部门、司法机关(法院和检察院)、企事业单位以及公民等主体之间在决策、执行、司法与监督等方面的协作为特征的。因而,环境保护、安全生产领域之治理与整体性治理的理念有着内在的联系和外在的契合。整体性治理的实质与重心,是充分体现环境保护、安全生产各要素、全链条的整体性,力求实现流畅、无缝、有效地治理,其基本要求就是要具有整体主义的思维方式以及提升治理的能力和实效。以整体性治理的理论来审视环境保护安全生产领域复杂问题的客观实际,剖析其复杂表象后的深层次机理,对于破解现存的司法执法中的困境和难题具有重要意义。

一、司法渐进和执法审慎的现实图景

当前,我国正处在工业化、城镇化持续推进的过程中。此间的环境保护、安

---

①韩小凤:《从传统公共行政到整体性治理——公共行政理论和实践的新发展》,载《学术研究》2016年第8期。

②商红日:《国家与政府:概念的再界定——兼论国家与政府的区别》,载《北方论丛》2001年第3期。考察国家与政府的区别具有重要的理论与实践意义。国家是在社会中享有主权的政治组织,政府是管理与行使国家主权的机关。国家与政府是有区别的,这种区别不仅体现在概念的内涵上,而且体现在国家与政府各自的权力关系上。

全生产问题比较严峻。中共中央十八届五中全会提出了"创新、协调、绿色、开放、共享"新发展理念。在新发展理念指引下,"应紧紧围绕全面建成小康社会目标,设定'十三五'时期的各项发展指标,包括经济发展、创新驱动、民生福祉、资源环境四大类共 25 项指标。其中,约束性指标有 13 项,这是政府必须履行的职责,对地方或部门起约束性作用"。① 针对生态环境损害的责任追究,中共中央办公厅、国务院办公厅印发了《党政领导干部生态环境损害责任追究办法(试行)》19 条,由中共中央组织部、监察部负责解释,自 2015 年 8 月 9 日起施行。2016 年 12 月 9 日,中共中央、国务院颁布《关于推进安全生产领域改革发展的意见》,这是新中国成立以来,中共中央、国务院首次就安全生产发布政策性文件。在这种宏观背景和问责压力的双重驱动下,环境保护、安全生产领域的司法与执法呈现出一些与传统表述不同的新样态。

(一)检察职能的渐进路径

就现行宪法文本而言,我国宪法上没有"司法机关"及"司法"的概念,只在有关政府职权的表述中"司法行政"一词出现了两次。然而,根据执政党的一系列政策性文件表述(包括晚近的"司法改革")和学术通例,人民检察院和人民法院一样,同属于国家司法机关的范畴。目前我国宪法上没有明确"司法机关"的宪法地位。宪法规定检察机关是国家的法律监督机关,在人民检察院组织法等法律中明确规定了检察机关的职能。其中,关于检察机关公益诉讼的新型权力形态,经历了一个渐进的过程。

2012 年修改的民事诉讼法第 55 条规定,对污染环境、侵害众多消费者合法权益等损害社会公共利益的行为,法律规定的机关和有关组织可以向人民法院提起诉讼。以立法的形式确立民事公益诉讼,是对民事诉讼程序制度的一大突破。在当时的立法环境下,"海洋环境监督管理部门"是目前唯一符合"法律规定的机关"条件的法定原告主体。由于检察机关法律监督权的复合性,不少基层检察机关基于检察机关也是"法律规定的机关"之法理认知,对于民事、行政公益诉讼进行了主动的探索。2015 年 7 月 1 日第十二届全国人民代表大会常务委员会第十五次会议通过决议,授权最高人民检察院在部分地区开展公益诉讼试点工作。2017 年 6 月 27 日,第十二届全国人民代表大会常务委员会第二十八次会议决定正式授予检察机关民事行政公益诉讼权。决定对《中华人民共和国民事诉讼

---

① 胡鞍钢、唐啸:《新发展理念是当今中国发展之道》,载《人民日报》2017 年 2 月 8 日,第 7 版。

法》作出修改，第五十五条增加一款，作为第二款："人民检察院在履行职责中发现破坏生态环境和资源保护、食品药品安全领域侵害众多消费者合法权益等损害社会公共利益的行为，在没有前款规定的机关和组织或者前款规定的机关和组织不提起诉讼的情况下，可以向人民法院提起诉讼。前款规定的机关或者组织提起诉讼的，人民检察院可以支持起诉。"此外，对《中华人民共和国行政诉讼法》作出修改，第二十五条增加一款，作为第四款："人民检察院在履行职责中发现生态环境和资源保护、食品药品安全、国有财产保护、国有土地使用权出让等领域负有监督管理职责的行政机关违法行使职权或者不作为，致使国家利益或者社会公共利益受到侵害的，应当向行政机关提出检察建议，督促其依法履行职责。行政机关不依法履行职责的，人民检察院依法向人民法院提起诉讼。"就生态环境和资源保护领域而言，全国人大常委会明确规定了检察机关的民事行政公益诉讼权，对于安全生产领域没有明确列举规定。检察机关民事行政公益诉讼权的设定，对于行政与检察之间的关系将带来深刻的影响。

（二）审判机关的演化

1. 配合检察。2015年7月1日，第十二届全国人民代表大会常务委员会第十五次会议关于授权最高人民检察院在部分地区开展公益诉讼的试点决定中，明确提出"人民法院应当依法审理人民检察院提起的公益诉讼案件"，实质上是要求审判机关"配合"检察机关的公益诉讼工作。正如有学者在评价"泰州天价环境公益诉讼案"这一典型的环境公益诉讼案例中所指出的，虽然一定程度上存在"能动司法"之嫌，但从环境公益诉讼和环境侵权的视角看，该案在新环境保护法及环境民事公益诉讼解释尚未实行之时，通过积极释法为社会组织参与环境公益诉讼提供了主体资格认定上的支持，发挥了环境执法司法联动机制在环境公益诉讼中的作用，对环境侵权的因果关系认定和举证责任分配合理，对环境侵权责任数额的认定及责任的执行方式方面具有创新性。[①]虽然是"配合"检察机关及有关社会组织的工作，但审判机关仍然具有一定的"能动性"。

2. 鸵鸟策略。针对跨区域性的大气污染，司法机关在权利的救济技术上存在难度。有学者提出，对雾霾应急措施进行司法审查在我国现行法秩序中具有可行性。在区分行政应急行为与紧急状态、戒严等国家行为的基础上，我国行政诉讼法及相关司法解释并未将行政应急行为排除在行政诉讼范围外，应急权的行使

[①] 陈贻健：《"泰州天价环境公益诉讼案"的法律评析及制度启示》，载《四川警察学院学报》2016年第5期。

须接受司法审查。应在特定条件下赋予公民直接针对规范性文件提起行政诉讼的诉权,强化司法机关审查的全面性、权威性,扩大公民权利救济的法律渠道。法院通过判决强制要求行政机关修改应急预案规定以履行环境保护的法定职责,这是通过司法途径从根本上监督、纠正应急预案对公民环境与健康权益"保护不足"的问题。① 学术上的探讨值得肯定,但我们不要过度迷信审判的力量。就京津冀联合治理雾霾而论,正如苏力教授指出的:"这种问题,不大可能通过一个个环境官司解决,即便法院判了,也很难强制执行;法不责众,如果失业工人上街,这最后一道防线能守住吗。以京津冀三地协同发展,使京津冀地方上亿人口的生活质量和环境质量得到改善,造福于子孙后代,这是治理的力量,也是法治的力量,但更多是立法和行政的力量。"② 事实上,对于跨区域性的涉及大气污染的环境保护案件,大多数情况下,审判机关采取的是一种鸵鸟策略。

3. 中国式法官造法。"根据对中国有关行政诉讼的司法解释、《最高人民法院公报》以及媒体报道的法院创新实践与案例的归纳、统计与分析,可以认为在中国,法院创制行政法规则的实践发展基本健康,法院已通过具体的实践为自己划定了比较合理的造法边际。"③ 这就是中国式的法官造法。中国式法官造法通过大量生动的实践活动,形成与立法机关、行政机关之间的比较合理的边际:一是创制的内容集中在行政救济的程序规则和手段;二是适时援用行政法基本原则能够弥补法律的疏漏与缺失,校正法律的偏差。在法官造法的主体上,还表现出强烈的集体主义特征,也就是以集体的面目出现、借助高层权威,共同完成新规则的创制。造法的典型形式是最高人民法院司法解释;补充形式是上升、凝固为法院内部的规范性文件,而且,这一般是在上级法院认可、授意下或者与当地政府(党委)互动合作下完成。④ 中国式法官造法从功能方面而言,就是法院的公共政策形成功能。与检察机关相比,法院公共政策形成功能色彩更为鲜明,这主要是因为大量的行政案件最终由审判机关完成。例如,最高人民法院指导性案例5 号"鲁潍(福建)盐业进出口有限公司苏州分公司诉江苏省苏州市盐务管理局盐业行政处罚案",在法律层面围绕着上下位法关系和行政诉讼中对规章的有限审查权等而展开,与此同时也折射出司法对于盐业执法行政垄断的挑战。盐业行政主管部门对于鲁潍案的判决也采取了相应的对策,执法手段的变化使得该领域

---

① 陈海嵩:《雾霾应急的中国实践与环境法理》,载《法学研究》2016 年第 4 期。
② 苏力:《"法治中国何以可能"背后:伪假定 VS 真命题》,载《探索与争鸣》2016 第 10 期。
③④ 余凌云:《法院如何发展行政法》,载《中国社会科学》2008 年第 1 期。

案件的讨论已经不再停留于鲁潍案本身,而是牵涉到越来越多的法律问题。在鲁潍案发布后,不少盐业行政主管部门就如何避免败诉结果进行了总结,提出了需在证据采集、法律适用、执法程序等方面进行规范的要求。当然,更深层次的,还包括对盐业执法体制方面带来的影响和震荡。①

（三）执法由"傲慢"走向"审慎"

就传统治理路径而言,有学者将之归纳为三类:权力路径、法律路径与管理路径,并认为,与权力和法律路径比较而言,管理是一种更加温和内敛、更具弹性的治理路径,但为了尽可能减少复杂性给治理系统带来的侵扰,治理主体开始通过精密的制度设计去规避风险、稳定预期,以求达致高效治理。在竞争逻辑和控制思维的引导下,将官僚政治的管理手段始终嵌套在"命令—服从"框架之中。这种自上而下的行政命令式管理,伴随着治理主体对客体的"主观分类"和"偏见",导致"行政傲慢"的出现。②

事实上,由于环境保护、安全生产领域责任制度及体系的趋于严密,司法监督的不断加强,安全事故的显性化、环境邻避运动的频发,在环境保护、安全生产领域,"行政傲慢"正逐渐被"审慎"监管所替代。主要表现在:(1)加强监督管理工作的书面化记录;(2)努力坚守执法廉洁的底线;(3)探索管理与监督相分离的机制;(4)突出强调企业的主体责任,这一点在安全生产领域表现得尤为突出。当然,基于复杂因素考量,执法对于司法的信息壁垒还在一定程度上存在,有的区域或部门还比较严重。

（四）司法执法的工作平台

1."两法衔接"。中共中央十八届三中全会《关于全面深化改革若干重大问题的决定》提出,完善行政执法与刑事司法衔接机制。围绕着行政执法与刑事司法衔接,不少地方由检察机关牵头,建立了行政执法与刑事司法衔接工作平台。2014年11月28日,珠海市第八届人民代表大会常务委员会第二十二次会议审议通过《珠海经济特区行政执法与刑事司法衔接工作条例》,其中,对于"行政执法与刑事司法衔接工作"的定义是:"行政执法机关将行政执法过程中发现的涉嫌犯罪案件依法移送公安机关,人民法院、人民检察院、公安机关对刑事司法过

---

① 戴杕:《盐业垄断的司法破除与局限——从指导性案例5号鲁潍案的影响与后续发展谈起》,载《政治与法律》2017年第4期。
② 柳亦博:《论合作治理的路径建构》,载《行政论坛》2016年第1期。

程中发现的需要给予行政处罚的案件建议行政执法机关处理的办案工作机制。"法院系统也参与到两法衔接机制之中。例如，最高人民法院于2014年6月23日公布的《关于全面加强环境资源审判工作为推进生态文明建设提供有力司法保障的意见》（法发〔2014〕11号）中明确规定："积极推动建立审判机关、检察机关、公安机关和环境资源保护行政执法机关之间的环境资源执法协调机制。"就安全生产领域而言，行政机关与检察机关在重大事故调查的合作机制的演化，也体现出行政执法与刑事司法相互衔接的态势。

2. 执法与司法的专项行动。针对环境资源领域犯罪，2014年3月，最高人民检察院部署开展为期8个月的破坏环境资源和危害食品药品安全犯罪专项立案监督活动。2015年2月出台的《最高人民检察院关于贯彻落实〈中共中央关于全面推进依法治国若干重大问题的决定〉的意见》，明确要求各级检察机关加大对能源资源保护、环境污染防治、环境监管等环节职务犯罪的查办力度，坚决防止涉嫌犯罪案件止步于行政执法环节，严肃查处背后国家机关工作人员不作为、乱作为案件，推动完善生态环境监管体系。2015年3月，最高人民检察院再次作出部署，在全国范围内开展破坏环境资源犯罪专项立案监督活动，要求各级检察机关集中力量突出打击破坏环境资源犯罪。公安部、环保部随后全文转发最高检《关于印发〈全国检察机关开展"破坏环境资源犯罪专项立案监督活动"和"危害食品药品安全犯罪专项立案监督活动"的工作方案〉的通知》。① 与此同时，近几年"环评风暴""执法大检查""环境督察"专项行动也十分活跃。形成鲜明对比的是，最高人民检察院、公安部、国家安全生产监督管理总局较少在安全生产领域联合开展专项行动。只是在日常司法工作中，地方层面检察机关作为安委会成员单位介入到安全生产领域的执法活动，并主要以"应邀"参与事故调查的名义开展工作。

二、对现实权力运行模式的理论分析

1. 地方、部门GDP主导的政绩观正在消融，但仍有较大的市场。与这种政绩观及其发展趋势相匹配的，是"放纵的实用主义法治观"仍有较大的市场，进而对司法执法边界产生直接的、实质的影响力。顾培东教授指出："放纵的实用主义法治观主要存在于具有一定位势的权力主体，尤其是主政一方事务的党政

---

① 具体参见《强化法律监督　护航"美丽中国"》，载《检察日报》2015年6月7日。

要员。由于人治传统的深刻影响,加之党政权力与司法权、执法权之间合理的权力格局尚未实际形成,政治民主生态亦不够完善,在'维稳'及'反腐'压力较大、经济发展矛盾较为突出的背景下,放纵的实用主义法治观在当下中国社会中的实际影响尚无法低估。特别是,这种法治观往往直接与权力相结合,很容易借助权力的运行而体现为具体实践。"① 在这种责任体系下,执法与司法呈现出你中有我、我中有你、相互试探甚至互相妥协的样态也就不难理解了。

2. 风险社会刑法理论的滥觞。20世纪以来,随着风险成为现代社会的重要特征,刑法理论及体系经历了重大的变迁。正统刑法理论及其体系面临来自刑事实践的严峻挑战。基于这种现状,有学者指出刑法领域现有的研究状况是内在视角的研究范式的结果,该范式过于注重规范体系中危害与罪过等内在变量的探讨,忽视社会性的外在参数对刑事立法与刑法理论的构造性影响。应以公共政策为切入点,从规范之外为刑法研究寻找一条新的路径,由外在视角审视刑法规范演变的实质,对现代社会中刑法的角色,即刑法作为国家控制风险的工具做出较为确切的定位与评价。② 在这种思潮的影响和推动下,2011年5月1日施行的《刑法修正案(八)》,以"污染环境罪"取代1997年刑法规定的"重大环境污染事故罪",并将原来规定的"其他危险废物"修改为"其他有害物质",从而扩大了污染物的范围;将"造成重大环境污染事故,致使公私财产遭受重大损失或者人身伤亡的严重后果"(结果犯)修改为"严重污染环境"(行为犯),从而降低了入罪门槛。2013年6月"两高"(即最高人民法院和最高人民检察院,下同)发布的《关于办理环境污染刑事案件适用法律若干问题的解释》首次界定了"严重污染环境"的14项认定标准。但并未解决有关大气污染犯罪取证难的问题,对危险废物犯罪产业化迹象的处理的争议也未明确。为此,"两高"于2016年底制定了新的《关于办理环境污染刑事案件适用法律若干问题的解释》,全面修改和完善了2013年解释规定的不足。明确了非法处置进口的固体废物罪、擅自进口固体废物罪、环境监管失职罪定罪量刑的具体标准;明确了破坏环境质量监测系统的定性及有关问题;明确了监测数据的证据资格。该解释第十二条明确规定,环境保护主管部门及其所属监测机构在行政执法过程中收集的监测数据,在刑事诉讼中可以作为证据使用。公安机关单独或者会同环境保护主管部门,提取污染物样品进行检测获取的数据,也可以在刑事诉讼中作为证据使用。

---

①顾培东:《当代中国法治共识的形成及法治再启蒙》,载《法学研究》2017年第1期。
②劳东燕:《公共政策与风险社会的刑法》,载《中国社会科学》2007年第3期。

中共中央、国务院《关于推进安全生产领域改革发展的意见》中提出，"研究修改刑法有关条款，将生产经营过程中极易导致重大生产安全事故的违法行为列入刑法调整范围"。目前，刑法条款尚未有重大修改，但最高人民检察院、公安部于2017年4月联合下发《关于公安机关管辖的刑事案件立案追诉标准的规定（一）的补充规定》，对2008年立案规定作出了修改和完善，其中就明确了不报、谎报安全事故案的立案追诉标准。

3. 执法"不得不"与"不必要"。环境保护、安全生产领域的问题成因十分复杂，执法状况是其中的一个重要因素。申言之，执法的实然状态与应然状态之间存在着差异。执法的现实图景由"傲慢"逐渐转变为"审慎"，其深层次的机理是什么？莫纪宏研究员指出，在寻求价值论意义上的应然性的确定性的过程中，"合并同类项"与"排除法"是在逻辑上可以采用的两种有效的求证路径。合并同类项，意指寻找最低限度的相似性；排除法，即寻找与"应该"相斥的逻辑对应项，即对应然性的否定程度。前者表现为通过价值论体现出来的"不得不"。呼吸、吃饭、喝水、睡觉对于自然人而言是"不得不"为的，这些行为超越主体性，因此，构成了价值判断上的"应该"。人应该呼吸、吃饭、喝水、睡觉，是作为主体的自然人的最低限度的应然性，也是人权理念的逻辑基础。也就是说，"不得不"是超越主体性的，是主体对应然性的最低限度的选择。后者的逻辑形式是"不应该"，是模糊易变的，受价值判断主体的喜好、愿望的支配。①环境保护、安全生产领域的执法由"傲慢"逐渐转变为"审慎"，可以从"不得不"和"不应该"中获得阐释。随着国家对环境保护、安全生产的日益重视，责任体系的不断健全，国家反腐败的强力推进，加之环境保护、安全生产工作成效的显性化特征（事故的发生，将导致责任的倒查，这一点，在安全生产领域表现尤为明显），导致行政执法在理念、方式、程序上"不得不""审慎"，并以力求廉洁为其底线。而现实经济发展水平和产业结构等诸多因素的交叉影响，使得执法在"不应该"与"应该"之间纠结徘徊。

4. 政治体制改革、司法改革中的检察权变迁。2016年10月27日，十八届六中全会公报指出："各级党委应当支持和保证同级人大、政府、监察机关、司法机关等对国家机关及公职人员依法进行监督，人民政协依章程进行民主监督，审计机关依法进行审计监督。"同年11月7日，中共中央办公厅公布了《关于在北京市、山西省、浙江省开展国家监察体制改革试点方案》，部署在上述3省、

---

① 莫纪宏：《审视应然性——一种宪法逻辑学的视野》，载《中国社会科学》2001年第6期。

市设立各级监察委员会。从试点情况来看，检察机关的反贪污贿赂和反渎职侵权部门将转隶到新成立的监察委员会。在这种背景下，检察职能的边界及检察权的运行模式面临着重新设计、整合和完善。加强对执法特别是环境保护、安全生产等关系国计民生的执法领域的监督，将成为检察职能调整的重要探索路径。针对环境保护、安全生产领域的执法监督，传统的检察职能主要体现在：（1）直接对国家工作人员贪污贿赂渎职犯罪立案侦查和预防；（2）对公安机关的立案监督；（3）对刑事案件的审查逮捕和公诉。在职务犯罪侦查职能移转到国家监察机构之后，检察机关与行政执法机关的法律联结点由多元变为单一，由直接的联系变为间接的关联，行政执法行为的监督方式、手段及效果评估等方面都面临着新的课题。

5. 对环境权的研究有待深化。实践中承载着快速应对环境问题使命的"法律工程"思维模式，导致环境法研究中不同维度、不同面向上的"权利"不断出现。具体表现在：一是对景观、眺望等非传统的环境权的司法保护薄弱。二是对具体个案中通过司法裁判完成的环境治理在时间和空间上并不具备明显规律性，而裁判的准绳最终被交付给了政治判断。比如对噪声污染类案件的司法裁判呈现出极强的"多样性"。三是地区经济发展水平和产业的差异化，导致环境权与生存权之间的矛盾并进而直接导致司法裁判的形成。加上应对环境突发事件的"打补丁"式的环境问题的应对策略使环境权利的保障呈简单的"问题—对策"型。[1]这些因素累积到一起，致使我国在环境权的研究方面比较薄弱，进而影响到执法与司法领域。

三、司法执法边界二元化

在环境保护、安全生产领域，主要是通过对公民权利的救济而间接对执法权进行监督，还是以对执法权的监督为核心而间接对公民权利进行救济？这两个方面，何者是第一位，何者是第二位，是分析司法执法边界不可回避的问题。通过对司法执法的现实权力运作的理论分析，我们发现，检察、审判机关与执法的边界模型呈现出不同的样态：检察机关应以对执法权力的监督为核心从而间接实现对公民权利的救济展开司法叙事，审判机关应以对公民权利的救济为核心从而间接对执法权力的监督展开司法叙事。

---

[1] 吴凯：《论环境法上权利的异质性及其类型化的方法论功能》，载《上海大学学报》（社会科学版）2017年第2期。

此外，应该注意到，由于执法处于司法的前端，对于司法个案的信任危机不能简单地归结于来自司法或者立法单一方面，而应该放在法治体系中加以整体性考量。正如有学者在评论"天津老太赵春华摆射击摊被判非法持有枪支罪"案件所指出的，"一审判决引发的司法信任危机，表面上看来是由于机械司法造成的，但其根源确是由于执法机关没有严格执法，进而导致公众对于枪支管理的认知标准和国家立法标准之间产生了严重偏差造成的。执法不严，进而导致公众未能够严格守法，甚至因此悄然改变国家法律的操作标准，并借实际操作标准指责国家立法有误、司法判决不公，是当下很多司法案件折射出来的中国法律运行的系统性危机。化解类似危机引发的司法难题最为关键的环节还在于严格执法，而不是简单地诉诸于修改法律、指责司法不公。"[①]

在司法执法二元化的基本框架下，当下应重点考虑以下几个方面：

1. 符合宪法秩序的要求。现行《宪法》第一百三十一条规定："人民检察院依照法律规定独立行使检察权，不受行政机关、社会团体和个人的干涉。"第一百三十五条规定："人民法院、人民检察院、公安机关办理刑事案件，应当分工负责、互相配合、互相制约，以保证准确有效地执行法律。"但上述规定的意旨在于保证司法权的依法独立行使，而并不关涉行政与司法的合作关系问题。此外，《立法法》第八条规定，诉讼制度、犯罪与刑罚制度均属于全国人大及其常委会法律保留范围，而现有的"两法衔接"制度试验却是以行政法规、地方性法规、司法解释甚至规范性文件为制度载体，有必要从宪法秩序的角度来重新审视对两法衔接的法律制度安排。

2. 进一步激活法律、党内法规中的存量资源。"存量资源"这一概念主要意指政治制度的发展与建构，须基于和充分利用本国已有的政治资源，才可能稳定地、持续地以较低成本实现较高政治绩效。[②] 从民事公益诉讼试点、行政公益诉讼试点情况来看，截至 2017 年 5 月份，各试点地区检察机关共办理诉前程序案件 6952 件，占全部公益案件的 88% 以上，其中行政公益诉讼诉前程序案件 6774 件，除了未到一个月回复期的有 935 件外，行政机关纠正违法或者主动履行职责的 4358 件，占 75%。也就是说，3/4 的行政机关在行政公益诉讼的诉前

[①] 杨建军：《法律的系统性危机与司法难题的化解——从赵春华案谈起》，载《东方法学》2017年第3期。

[②] 汪波：《"存量政治资源"与中国特色的权力制衡》，载《浙江社会科学》2009年第3期。

程序当中纠正了违法行为，履行了法定的职责。① "诉前程序"的设计，是存量资源的典型盘活和运用。在司法对执法的监督过程中，我们还有很多的存量资源需要激活。比如，在生态环境损害责任追究体系/链条中，司法机关应认真研究与《党政领导干部生态环境损害责任追究办法（试行）》的对接，充分运用、不断完善检察建议等形式，加强与国家监察机构、组织人事部门的工作对接。

3. 建立与区域性治理相适应的跨区域司法机关（构）。"十三五"规划纲要提出，实行省以下环保监测监察执法机构垂直管理，探索建立跨地区环保机构，推行全流域、跨区域联防联控和城乡协同治理模式。环境生态系统的整体性、环境介质的流动性以及自然资源的公共属性，决定了环境治理必须打破传统行政区划的界限，按照流域或生态系统等进行统一管理。针对环境生态系统的特点以及对跨地区环保机构的设置的新动向，我们必须将传统地建立在与行政区划高度统一基础上的地方法院、检察院，重组或构建成跨行政区划的具有专业特色的司法机关或机构。

4. 司法解释与规章规范"互相关照"。目前，刑事司法解释与行政规章规范之间还存在很多的脱节甚至相互冲突的地方。以《刑法》第一百三十四条对重大责任事故罪的认定情节为例，该条将重大责任事故罪的情节区分为"发生重大伤亡事故或者造成其他严重后果"和"情节特别恶劣"两档。在第一档中，最高人民法院、最高人民检察院《关于办理危害生产安全刑事案件适用法律若干问题的解释》认定的"发生重大伤亡事故或者造成其他严重后果"，具体包括死亡1人以上或者重伤3人以上，或者造成100万以上直接经济损失等三种不同的情形，而根据《生产安全事故报告和调查处理条例》（国务院令第493号），生产安全事故共分为四档。其中，重大事故是指"造成10人以上30人以下死亡，或者50人以上100人以下重伤，或者5000万元以上1亿元以下直接经济损失"的事故。可见，在危害后果标准的认定上，安全生产行政法规范与刑法规范有着明显差异。② 司法解释与规章规范之间存在着重要的差异，导致司法执法无法在同一个平台上对话。因此，必须全面梳理安全生产领域行政执法规章规范与司法解释条款。

---

① 胡卫列：《75%的行政机关在行政公益诉讼诉前程序中纠正了违法行为》，载人大新闻网，http://npc.people.com.cn/n1/2017/0627/c14576-29366677.html，最后访问日期：2017年7月11日。

② 代海军：《安全生产行政执法与刑事司法衔接研究——基于实体法的分析》，载《河南财经政法大学学报》2017年第3期。

5. 倡导刑事与行政同步协调的程序规则。十八届四中全会强调不得"以罚代刑"以及《行政处罚法》中所要求的"不得以行政处罚代替刑事处罚",其重心在哪里?是强调"刑事责任追究程序的优先性",抑或是落实"行政执法与刑事司法衔接"程序性的要求?"刑事优先"原则渊源于民事与刑事交叉领域,并且在民事诉讼法中有所体现,但是在晚近的司法活动中,"民事优先"原则得到了一定程度认可。"行刑衔接"中的"刑事优先"原则已经不是铁板一块了!"立足于效率与公正以及客观的法秩序的维护,我们应放弃'刑事优先'原则,代之以'同步协调'原则,即无论是行政执法机关,还是刑事司法机关,一旦发现同一违法、犯罪行为的线索,就先立案、先调查、先处罚,行政执法机关针对涉嫌犯罪行为采取移送而不停止调查及处罚,刑事司法机关针对需要及时采取能力(资格)罚的犯罪行为则商请行政执法机关及时作出处罚决定。"[①]

6. 司法影响公共政策的形成需要规范。司法影响公共政策,一般的途径主要为:检察建议、司法建议、专题报告、调研报告等形式,还有司法活动特别是人民法院行政诉讼裁判对于行政公共政策的直接或间接的影响。对于司法影响公共政策,在认知上存在两种倾向:一种观点认为有利于拓展司法参与社会治理的深度广度,并同时也在有意无意中形成了中国特色的法官造法的"合理边界"。另一种观点认为,在合法律性方面,司法建议在建议内容、适用对象、适用条件上已经超越了《民事诉讼法》与《行政诉讼法》的制度预设;在合宪性方面,司法建议存在可能侵越立法权、模糊行政权与司法权权力分工、偏离司法机关审判权能等影响宪法确定的权力结构的问题;在正当性方面,司法建议使司法权保护少数的立场弱化、民主立场被过度秉持,同时,也使司法权承受主动而开放的知识管理风险,这些问题已经背离了司法权性质。[②] 笔者认为,应区分不同类型进行处理。对类似造法形态的公共政策参与形式应予以肯定,而具体针对行政机关的司法建议、检察建议需要由国家立法机关予以明确,制定《司法建议法》,在这部法律中突出设计与国家监察机构在工作上的对接。在《司法建议法》出台之前,应将检察建议、司法建议、专题报告、调研报告等统一为司法研究专题报告的形式,逐级汇总至最高检察、审判机关,过滤、提炼、总结,按提案、建议、意见等予以分流。

综上,本文所展示的我国环境保护、安全生产领域中的执法与司法"权力版

---

① 练育强:《行刑衔接中的行政执法边界研究》,载《中国法学》2016年第2期。
② 刘志欣:《司法建议的正当性问题研究》,载《河北法学》2016年第11期。

图"，其实是现阶段治理策略和政治权力格局之必然体现。我们应当可以预计，司法权力发挥更大影响力的可能性只会越来越大，与之对应的行政权力的运作会越来越规范，更符合生态文明社会和安全社会的需求。这也就是司法执法新边界呈现的样态和必然结果。而监察委的成立使两者关系发生相应变化，这些都有待于我们进行深入的研究。

社会转型时期的法治建设规律初探*

——《刑事被害人国家补偿制度研究》导论

一

法治作为治国的基本方略必须立基于一定的社会生活条件与环境。当前我国正处于社会转型时期,社会转型的过程是一个价值更替、秩序重构和文明再生的过程,法治进程也必然会深深地打上时代的烙印。法与社会变迁研究的先驱者——弗里德曼教授曾经提出如下命题:相对于社会变迁而言,法既是反应装置又是推动装置,在这两种功能中,尽管法对于社会的被动反应得到了更普遍的认知,但法对社会的积极推动作用正逐步加强。对于这一命题,孙谦教授评论说,法与社会的发展是一个相互进化的过程,法对于社会变迁的两种功能存在着逻辑上的递进关系,即在法治初建和形成阶段,法主要体现出对社会的被动反应,法治建设主要应当表现在对这种被动反映的认知和推动方面。而当法治基本建立并积聚了一定形态之后,法对于社会变迁的推动作用才逐步强化。[①]

上述抽象意义上的法与社会变迁关系的分析,对于研究法治特别是转型时期的法治(包括刑事被害人国家补偿制度的构建)是有指导意义的。从比较法的视角来看,西方国家转型时期,法治也曾经历过深刻的历史变革,这种变革为两种因素所推动:一是工业化的发展与完成,二是福利国家的兴起与发展。大凡转型比较成功的国家,其法治建设的总体价值取向总是集中反映了特定国家特定时期的社会情况和基本矛盾。根据我国学者的研究,西方国家转型时期法治建设的共性特征主要表现在四个方面:第一,法治建设的重心从私法转移到公法。具体

---

* 本文系专著《刑事被害人国家补偿制度研究》导论,中国检察出版社 2008 年版。

① 参见孙谦:《检察:理念、制度与改革》,法律出版社 2004 年版,第 5—6 页。

来看,大致体现为私法的完善、社会法的出现和公法的崛起三个阶段。第二,遵循"国家辅助性作用"之原则。在社会转型时期,西方各国的法治建设都着重处理"政治国家"与"市民社会"的关系,将两者明确区分,以避免政治的社会化,也避免社会的国家化,并在总体上遵循着"国家辅助性作用"的基本原则。具体而言体现在国家公权力的归位、社会权力的勃兴和公民权利的拓展三个方面。第三,国家权力格局趋于均衡。体现为司法审查的普遍确立、行政权的不断扩张以及中央与地方关系的时代发展。第四,公共行政改革的"服务行政"倾向。体现为公共行政过程的民主化与公共行政主体的社会化。其基本经验在于:第一,坚持法治规律与本国国情相结合。第二,坚持立法引导与政府推进并举。第三,坚持形式法治与实质法治统一。第四,坚持理论变革与制度创新互动。①

当代中国社会正历经着深刻的历史变革。以工业化建设而言,中国共产党第十七次全国代表大会报告指出,到2020年全面建设小康社会的目标实现之时,我们将成为工业化基本实现、综合国力显著增强、国内市场总体规模位居世界前列的国家。我国的现代化发展具有其内在的特性。从发展类型来分析,我国属于"后发型现代化"。亨廷顿指出,后发型现代化还具有"一揽子解决"的特点,"在欧洲和美国,现代化进程已经持续了几个世纪,在一个时期内只解决一个问题或应付一项危机。然而,在非西方国家的现代化进程中,中央集权化、国家整合、社会动员、政治参与及社会福利等诸项问题,不会依次,而是同时出现在这些国家面前。"② 为此,十七大报告提出要加快推进以改善民生为重点的社会建设,指出必须在经济发展的基础上,更加注重社会建设,着力保障和改善民生,推进社会体制改革,扩大公共服务,完善社会管理,促进社会公平正义,推动建设和谐社会。加快建立覆盖城乡居民的社会保障体系,保障人民基本生活。社会保障方面要以社会保险、社会救助、社会福利为基础,以基本养老、基本医疗、最低生活保障制度为重点,以慈善事业、商业保险为补充,加快完善社会保障体系。由此可见,现阶段我们离"福利国家"还有一定的距离,但是,"当下社会保障政策的充实与调整,既是对民生问题的回应,也是国家为人民谋求福利而必须构建的基本社会制度,是一种长远规划。(而)十一五、十二五将是该制度走

---

① 参见袁曙宏、韩春晖:《社会转型时期的法治发展规律》,载《法学研究》2006年第4期。
② [美]塞缪尔·亨廷顿著:《变动社会中的政治秩序》,李盛平等译,华夏出版社1988年版,第3页。

向定型、稳定、可持续发展的关键期。"① 由此可见，转型时期中国社会建设事业的不断发展与经济的发展同步，已经成为社会的共识。这个共识也是我们研究法治建设的重要背景因素。

二

在中国社会这种特定的转型背景下，上述法与社会变迁的一般原理及域外法治建设的经验对于我国法治建设尤其是刑事被害人国家补偿制度构建有如下启示。

第一，以理论变革为主线，以制度创新为重点。法学研究、法律知识的生产必须以解决社会现实问题为出发点，不能为了研究而研究，为了学术而学术，无的放矢。唯其如此，才能使理论有所突破并得到提升，在继承、批判、反思与构建中，推动法律和制度的发展与完善。经典的刑事司法理论认为，被害人的经济损失是犯罪人造成的，理应由犯罪人赔偿。然而，在现实社会中，大多数侵犯人身与侵犯财产的犯罪行为人，一般都处于社会底层，其自身缺乏赔偿能力，犯罪所得的赃物在短时间内挥霍殆尽，绝大多数案件无赃可追。所以，被害人或其家属即使能拿到一纸判决，往往也成为"空判"。2006年底，杀害11人的邱兴华最终伏法，让这起轰动全国的特大杀人案尘埃落定。在法庭上，邱兴华一句"我愿意赔，但我没钱"让神圣的法院判决书变为11个被害人家庭手中的"法律白条"——他们无法从邱兴华那里得到法院判决的刑事附带民事赔偿。被害人熊万成的妻子尹行巧在给媒体的信里说，"我家唯一的顶梁柱倒了……绝望得不知怎么办"，"希望能通过政府帮助，挽回我这个身弱无助女人对生活的信心"。②2007年8月27日，北京市房山区人民法院一审判处用硫酸泼残18岁少女的丧子母亲韩浪有期徒刑13年。外来务工人员韩浪来京后暂住在房山区韩村河镇下中院村，2005年4月24日，韩浪6岁的儿子被同村13岁的男孩小强掐死后扔到井里，小强被劳动教养3年，法院判决小强家长赔偿韩浪15万余元。可是，时间过去了一年多，韩浪没有从小强父母那里得到一分钱的赔偿。小强父母不赔的理由是，家里困难，没钱赔偿。2006年11月26日早晨，没有得到赔偿的韩浪，尾随回家看望父母后返回城里上班的小强的姐姐晓丽，在晓丽乘坐的公交车上，将

---

① 郑功成：《中国离"福利社会"还有多远？》，载《解放日报》2007年12月20日。
② http://zhangwei330414579.blog.163.com/blog/static/23554573200702235135543/，最后访问于2008年2月26日。

一斤浓硫酸迎头泼到了晓丽的头部和身上，致使晓丽被烧成重伤。2007年8月27日，房山区人民法院以危险方法危害公共安全罪判决韩浪有期徒刑13年，赔偿包括晓丽在内的两名被害人各项损失共计48万余元。①这个案子给人们的启示是，在被害人及其家庭损失得不到犯罪人赔偿的情况下，被害人或其家属有可能因此而演化为犯罪人。这些现实中存在的问题，促使我们对保障被害人民事权利的单一化的司法模式提出疑问和反思：现行的刑事附带民事诉讼的合理性及其缺陷是什么？是不是有更好的制度、措施来实现对被害人权利的救济，保障被害人权利的恢复？②建立起刑事被害人补偿制度，对受到犯罪侵害而又未能从犯罪人或其他渠道得到充分赔偿的刑事被害人或其家属，通过法定程序给予一定补偿，是有关国家和地区解决此类问题的成功经验。这里面既有理论的变革，也有制度的创新。一方面，我们必须结合中国的实际情况，对其有所借鉴、有所扬弃、有所批判、有所吸收，防止"南橘北枳"现象的发生，实现本土化构建；另一方面，要注意整合现有法律、制度的资源，注意与当下国家司法改革动向、措施的配套与衔接，探索对同一个社会问题，从多个角度、不同层面研究救济的方式和渠道。③

第二，法治建设必须以立法为引导，以政府推进为主导。以立法为引导，就是说，在法治的初建和形成阶段，法主要体现为对社会的被动反映，应以宪法为依据，加强国家立法工作。中国法治建设的近期目标，是适应社会主义市场经济发展、社会全面进步和加入世贸组织的新形势，加强立法工作，提高立法质量，到2010年基本形成较为完善的社会主义法律体系。当代中国，受历史上长期封建"人治"传统思想的影响，加上社会经济基础比较薄弱等诸多客观因素的影响，法治仍处于初级的创建阶段，而急剧的社会转型所需要的法律、制度供给等存在着空缺与不足，完善立法，使国家政治、经济和社会生活有法可依，至今仍然是法治建设的重要研究课题。立法机关作为具有制度创新的权力能力和行为能

---

①案件来源：《对建立国家刑事补偿制度可行性的调查》，载《法制日报》2007年8月29日。

②当然，社会的现实需要的确是立法出台的重要背景因素，但是，我们要注意，单纯的社会事件可能带有一定的偶然性，或只是个案。这要求，立法者要对社会现实中同类现象进行全面、深入的调研，以获得对于现实社会状况的清醒而又完整的认识。

③正如P. 诺内特、P. 塞尔兹尼克所说的："社会科学的态度是把法律经验看作是可变的和场合性的。当人们在一维的意义上刻划法律的特性或者认为法律具有不变的属性时，就违反了这一原则。……我们所持的观点是，法律秩序是一种多维事物，只有把多种维度当作变项，才能对法律进行彻底的研究。我们不应该空谈法律与强制、法律与国家、法律与规则或法律与道德之间必要的联系，而应该考虑这些联系在什么程度上和在什么条件下发生。"参见［美］P. 诺内特、P. 塞尔兹尼克著：《转变中的法律与社会：迈向回应型法》，张志铭译，中国政法大学出版社2004年修订版，第10页。

力的主体，应广泛地听取民意，把握时代的脉搏，敏锐地发现社会现实生活中的"制度需求"，并通过一系列重大的立法活动来实现整个社会的制度供给。以政府推进为主导，在中国的语境中，就是指在贯彻依法治国方略过程中，坚持依法执政的执政理念：要紧紧抓住制度建设这个带有全局性、根本性、长期性的重要环节，坚持依法治国，引导立法、保证执法，不断推进国家经济、政治、文化、社会生活的法治化、规范化，从制度上、法律上保证国家方针政策的贯彻实施，使这种制度和法律不因个人的改变而改变，不因个人的看法和注意力的改变而改变。2004年中国共产党第十六届四中全会审议通过了《中共中央关于加强党的执政能力建设的决定》，科学、民主、依法执政成为中国共产党执政建设的目标。依法执政，"是在法治条件下政党执政方式转变和执政能力提高的必然要求，是对依法治国方略的再次确认和理性升华，是依法治国的核心内容和要求。"[1] 立法的引导与政府的推进，是符合中国法治建设的路径选择。

第三，法治建设必须以形式法治为基础，以实质法治为导向。形式法治的核心和要义在于实现程序正义和法律的平等保护。19世纪后期英国法学家戴雪提出法治三原则："除非明确违反国家一般法院以惯常合法方式所确立的法律，任何人不受惩罚，其人身或财产不受侵害""任何人不得凌驾于法律之上，且所有人，不论地位条件如何，都要服从国家一般法律，服从一般法院的审判管辖权""个人的权利以一般法院中提起的特定案件决定之"。[2] 这被誉为西方现代法治特别是形式法治的肇始。形式法治是西方法治发展的初始阶段，对于反对特权，限制政府的权力，实现法律上的人格平等，统一市场和提高市场效率具有重要的意义。但是这种形式法治在西方社会转型时期，根源于自由竞争的市场经济向国家干预的转变，也暴露出其理论上的缺陷，特别是基本人权观念的强调和社会福利理念及体系的创新，推动其向实质法治的演化。当今西方世界法治，呈现出形式法治与实质法治统一的态势。当然，实质法治只是对形式法治的修正与补充，事实上，实质法治正是建立在形式法治的基础上，基于某种"自然法"的理念对于形式法治的张扬。笔者认为，由中国法治的初级阶段所决定的，对形式法治的追求与恪守仍然是我们法治建设的重要价值追求。"如果我们在形式法治没有充分发展的条件下，超前刻意追求实质法治，或者盲目追随西方后现代的解构思潮

---

[1] 孙谦：《论依法治国与提高执政能力》，载《中国法学》2005年第4期。
[2] 参见高鸿钧：《法治：理念与制度》，法律出版社2002年版，第744页。

而对形式法治急于解构，则可能是一种时代倒错（anachronism）！"① 但是，由于中国现代化建设属于"后发型"，具有"一揽子"解决的特征，在工业化没有完成的时候，我们又面临着新型工业化、信息化的压力与动力；我们在经济发展的同时，要努力构建"环境友好型""资源节约型"社会，不走西方发达国家的"先污染、后治理"的老路。同样，在法治建设中，我们必须注意修正和弥补形式法治的缺陷和不足，注重实质法治的价值及其在法治建设中的张扬，并通过法律方法、法律技术的中介，以此形成形式法治与实质法治的良性互动。在刑事司法与实践中，从纵向和横向两个层面比较，我们发现，作为犯罪直接"两极"的被害人与犯罪人，在法律上权利的配置与实务中的保障两个方面都存在着严重的失衡。这种不平衡现象，必然会在一定程度上损害相对权利不足的一方。作为法治昌明和进步标志的罪刑法定、罪刑均衡、刑法适用面前人人平等以及无罪推定、有利于被告等原则与理念，无不涉及国家与犯罪人之间的权利义务配置，"如果说把一度作为客体的犯罪人提升到主体的地位，是贝卡里亚以来的现代刑法理论的重要成就之一；那么，把被害人贬为刑事法律关系的客体，则是它的令人头痛的副产品"②。这种形式上的不公平、不公正，不仅是形式法治缺损的表现，而且会导致诉讼结果产生实体上不公平、不公正，戕害了实质的公平和正义。刑事被害人国家补偿制度的构建，就是在追求实质公平正义的法治理念导向下，实现对犯罪人权益与被害人权益的平等对待与保护。

第四，国家公权力的归位与公民权利的拓展相互呼应，相互映照。随着社会的发展，公民的需求日趋多样化，权利的内容也日益丰富。最终由经济发展水平所决定的权利随着社会的不断发展而逐步扩大和增多，个人享有法律权利的范围、内容的广泛丰富程度与社会发展进步程度呈正比增长的态势。社会文明程度愈高，人们对权利的渴求愈是强烈，法律也会相应赋予人们更多的权利。根据宪制与法治理论，国家公权力与公民权利是手段与目的的关系，国家公权力存在的目的就是保卫与增进公民的各种自由与权利。政府的全部职责就是"尽其所能保

---

① 高鸿钧：《法治：理念与制度》，法律出版社2002年版，第789页。
② 参见劳东燕：《事实与规范之间——从被害人视角对刑事实体法体系的反思》，载《中外法学》2006年第3期。劳东燕博士这段论述无疑是深刻的，她揭示了这么一种趋势，即现代刑事司法理论研究对被告人权利的日益重视与对被害人权利保护的日渐式微。但是，认真研读贝卡里亚名著可以知道，贝氏并没有忽略对受害人的重视，而是把它等置于被告人同样的高度。他说，"然而，当犯罪侵害的是第三者时，法官就一半是与罪犯地位相等的人，一半是与受害者地位相同的人，这样，那些改变包括无意中改变事物面目的各个私人的利益得以平衡，这时候，发言的便是法律和真相。"参见［意］贝卡里亚著：《论犯罪与刑罚》，黄风译，中国大百科全书出版社1993年版，第20页。

护每一个在其管辖下的人的人权,并且必须尊重因而绝不以任何行动侵犯与它有关的所有人的人权"①。刑事被害人与犯罪人固然可以从权利配置失衡的角度进行考察,但如果我们转换思路,并跳出刑事司法这个狭隘的圈子,从国家与犯罪被害人的视角进行审视,我们发现,当国家替代私人复仇或者说私人让渡出复仇权力而成为暴力的合法垄断者时,国家就必须承担起保护公民生存、自由等权利的职责。改革开放以来,特别是社会主义市场经济建设推动了我国法治建设的发展,随着构建和谐社会理论的提出与实践,我国传统法律文化、域外法治理念与社会主义法律文化三者呈现相互借鉴、相互推动的格局。一般而言,中国传统法律文化具有价值上的团体本位、法律伦理化、规范上的义务主导、公法制度发达以及人治精神和无讼倾向等特征。② 针对这一定位,有学者指出,这种法律文化的现代化发展已经出现了全面转型的态势,"至少也出现了与其相对应的特征即价值上的个体本位、规范上的权利主导、私法制度的发展以及法治精神的取向"③。从"义务本位"模式走向"权利本位"模式是法律文化模式变化的"文化焦点"或文化主题,这种流动的法律意识最终凝聚了当代中国法律文化当中一个重要的理论支点:"自然法"理念的观念正在成长。即人们开始反思旧有的法律观并接受这样一种理念:法律,包括刑事法律,其价值目标在根本上不在于实现社会控制,而是实现对人的根本利益、对人类幸福生活的保障。④ 从技术上分析,现代国家基本上都是宪制国家。纵观宪制史,宪法作为根本法,呈现出由单纯地约束主权者到与保障公民基本权相交织的发展趋势,宪法中关于人权与公民权利的规定,对于公民权利的拓展而言,是一个开放的体系。例如,2004年我国宪法修正案第24条增设"国家尊重和保障人权"条款为宪法第33条第3款,这个条款连接着国家公权力与公民权利,为国家公权力的归位与公民权利的拓展相互呼应、相互映照提供了广阔的空间。刑事被害人国家补偿制度,正是这样一种国家权力对于包括被害人在内的公民权利的深度关注的制度。

以上四点认识并不孤立,而是相互交织、融合。

三

刑事被害人国家补偿制度,是指国家对受到犯罪侵害而又未能从犯罪人或其

---

① [英] A·J·M·米尔恩:《人权哲学》,王先恒等译,东方出版社1991年版,第293页。
② 参见张中秋:《中西法律文化比较研究》,南京大学出版社1999年版。
③ 参见程竹汝:《司法改革与政治发展》,中国社会科学院出版社2001年版,第142页。
④ 孙谦:《检察:理念、制度与改革》,法律出版社2004年版,第19-20页。

他渠道得到充分赔偿的刑事被害人或其家属，通过法定程序给予一定补偿的制度。

刑事被害人，可以从不同的视角对其进行定义。从加害－被害关系的视角，犯罪被害人是指因犯罪行为而使人身或财产遭受损害的人，是相对于犯罪人（加害人）而言的。① 这是从犯罪学视角所做的对于被害人的定义，因此可以称之为刑事政策学意义上的犯罪人。从"刑事一体化"的方法论出发，② 有学者将被害人分为"广义的被害人"和"狭义的被害人"。其中，广义的被害人是指遭受犯罪行为侵害的人，包括公诉案件的被害人、自诉案件的被害人、附带民事诉讼的原告人以及反诉成立的部分反诉人。狭义的被害人专指公诉案件的被害人。③

1985 年 11 月 29 日联合国大会通过的联合国《犯罪被害人及权力滥用被害人司法基本原则宣言》（Declaration of Basic Principles of Justice for Victims of Crime and Abuse of Power）④ 关于犯罪被害人的定义及认定共有三条：（1）犯罪被害人，系指个别或集体因违反会员国现行刑法或禁止滥用职权犯罪之法律之作为或不作为而受生理或心理、情绪之伤害或经济之损失或基本权利之重大损害之人。（2）本宣言关于犯罪被害人之认定，不受加害人是否发觉、逮捕、起诉或判罪之影响，亦不受加害人与被害人间有无亲属关系之限制。犯罪被害人一词并包括直接被害人之近亲属或其所抚养之人及为救助危难中之被害人而受伤害之人。（3）本宣言所定之条款，应全体适用，不得因种族、肤色、性别、年龄、语言、宗教、国籍、政治或其他意见、文化信念或习惯、财产、身世、家庭背景及能力之不同而有所差别。显然，这里对犯罪被害人作了十分广义的解释。

笔者认为，在刑事被害人国家补偿的"论域"内讨论被害人，应注意以下三点：

---

①赵可主编：《被害者学》，中国矿业大学出版社 1989 年版；张智辉、徐名涓编译：《犯罪被害者学》，群众出版社 1989 年版。

②刑事一体化的思想肇始于贝卡里亚的《论犯罪与刑罚》一书，在这本名著中，他以饱含激情的笔触将刑法和刑事诉讼法思想融合在一起。而犯罪学先驱龙勃罗梭、菲利、加洛法罗以实证的眼光开拓研究犯罪的新视角，将刑法理论从狭窄的法律概念中解放出来，后历经李斯特"整体刑法学"、安塞尔及其社会防卫理论，至甘雨沛教授在 1984 年提出"全体刑法学"，储槐植教授于 1989 年正式提出"刑事一体化"，到陈兴良教授及其《刑事法评论》对这一理念进行群体化实践。理论贡献在于：刑法观念上的革命、研究方法论上的突破、推动学术规范化和现代化以及塑就学术大师。参见付立庆：《刑事一体化：梳理、评价与展望——一种学科意义上的现场叙事》，载陈兴良主编：《刑事法评论》（第 14 卷），中国政法大学出版社 2004 年版。

③刘根菊：《关于公诉案件被害人权利保障问题》，载《法学研究》2000 年第 2 期。

④亦译为《为罪行和滥用权力行为受害者取得公理的基本原则宣言》。

第一，犯罪形态的变化。犯罪形态可以从不同视角和层面予以划分：一是根据储槐植教授的观点，在最大时空维度上，可依据社会危害程度等级将犯罪形态分为三大类。第一类形态是 20 世纪有组织犯罪出现以前的几千年人类社会中存在的犯罪形态，其基本特征是犯罪的无组织性。20 世纪出现的有组织犯罪是犯罪发展的第二类形态，其基本特征专指由多人组成的，在一定时期内存在的，为了实施一项或多项严重犯罪而一致行动的有组织结构的集团。20 世纪末的恐怖主义作为有组织犯罪的极端发展，是犯罪发展的第三类形态，它的主要特征是以战争形式出现的滥杀无辜，其巨大危害是同时危害三种安全，即公共安全、国家安全和个人安全。[①] 这说明，随着犯罪形态的发展，犯罪被害人已经脱离了简单的加害－被害关系。在某种意义上，对于第三类形态的被害人中"个人安全"的保护是与对国家、社会的保护紧密联系在一起的。个人的命运从某种意义而言就是国家和社会的命运。二是所谓"有被害人犯罪"和"无被害人犯罪"。无被害人犯罪最早由美国学者埃德温·舒尔提出，他对处于犯罪边缘的同性恋、堕胎以及滥用药物等三种行为进行分析后认为，他们的行为是所谓的无被害人犯罪，因为他们并不认为自己是被害人，相反，交易双方两厢情愿，甚至对此有强烈的需求。这个概念的提出引起了广泛的争议。有的学者对其推崇备至，并在此基础上形成了刑事政策上的"非犯罪化"思潮。[②] 有的学者则批判说，犯罪学研究无被害人犯罪和刑法将某些无被害人犯罪规定为犯罪的意义，是保护社会利益、维系社会道德及预防犯罪的需要。[③]

第二，犯罪的概念的多维。在犯罪的概念中，犯罪的法律概念影响最大，在人们的观念中，"犯罪的法律概念几乎成为垄断一切犯罪概念中的概念"。显然，犯罪学上的"犯罪"概念的内涵与外延要广于刑法学上的"犯罪"概念。"由犯罪概念的主体性决定，研究犯罪概念问题，首先要明确犯罪概念的论域，不能把法律论域的犯罪概念与社会论域的犯罪概念相混淆。社会危害性是社会论域犯罪概念的本质，法律论域犯罪概念的本质则是法益危害性；观察和讨论法律论域的犯罪概念，应当在法律论域里，以本体论的理论原则和逻辑进行；如果不分法律

[①] 参见储槐植：《美国刑法》，北京大学出版社 2005 年版，"第三版代前言"。就刑事被害人国家补偿制度而言，有的国家如法国对恐怖犯罪被害人和恐怖犯罪以外的其他暴力犯罪被害人补偿制度作了区分，二者适用不同的补偿标准和程序。

[②] 典型的当属梁根林教授在其"刑事政策研究系列"《刑事法网：扩张与限缩》中对于"卖淫""同性恋"及"滥用毒品"的非犯罪化研究，法律出版社 2005 年版，第 244 页。

[③] 张远煌：《犯罪学原理》，法律出版社 2001 年版，第 116 页。

论域还是社会论域，混在一起进行讨论，必然出现混乱。"① 笔者认为，王牧教授的分析和阐述是十分深刻的，在相当数量的情况下，危害行为虽然造成了权益人人身和财产权益的损失，但是由于刑法并没有将该行为规定为犯罪（比如行为人刑事责任能力欠缺以及刑法未作行为犯罪化），不能从刑法角度去判断是否成立犯罪；若从被害人保护的角度去分析，则有对其进行保护和恢复之必要。司法实践中，相当一部分案件没有侦破，由于一些地方的公安机关奉行"不破不立"的潜规则，导致被害人申诉、控告无门，得不到有效的法律救济；有的被告人出于刑事政策的考量作不起诉处理，或因证据不足、犯罪情节轻微作无罪处理，导致无法从刑事的犯罪概念对被害人予以判断，进而给予相应救济。这些情形下，虽然他们可以依照民事司法程序去争取自己的权益，但是如果涉及国家补偿，则很可能被排除在外。然则，从最广泛的犯罪的角度界定，即"凡是违反人类自然、怜悯、正直的情操，或违反社会规范之行为都可称为实质犯罪"②。当然，用所谓"实质犯罪"的标准来界定犯罪，是过于宽泛了。但如果把犯罪的概念局限于刑法上的犯罪概念，对于刑事被害人权利的救助来说，则是一种形而上学的认识。

第三，被害形态的多样性。根据我国台湾学者陈幸慈的研究，被害之分类与学说派系主要有：一、西林等的"被害过程说"。将被害过程分成下列不同形态：①初级被害；②次级被害；③三级被害；④相互被害；⑤无被害。二、门德尔松的"罪责说"。依被害者本身所具有之罪责大小，将被害者分为六大类型：①完全无责任被害；②责任程度较轻或因疏忽之被害者；③责任程度与加害者相等之被害者和自发性被害者；④责任程度较加害者深之被害者；⑤责任程度较深之被害者和责任完全在被害者一方者；⑥伪装性和想象性被害者。前者指，在事实上并没有被害行为之发生，但被害者却有意无意地将自己伪装成被害者，陷人于罪；后者则是意味着因被害者之精神状态异常现象，而以为自己是犯罪之被害者。三、孟横犯罪分类学说。将被害者分为三类：①直接性被害者；②间接性被害者；③潜在性被害者。四、张甘妹的"被害性轻重说"。以被害性之轻重做分类，可将被害者区分为机会性被害者与状态性被害者。"机会性被害者"是指因外界之偶发原因，使自己不幸成为犯罪之被害者。"状态性被害者"则是指因被害者在性格或素质上本身就具有潜在之被害倾向。五、亨悌的"生物学与心理物

---

①王牧：《犯罪概念：刑法之内与刑法之外》，载《中国法学》2007年第2期。
②许福生：《刑事学讲义》，2001年中国台北自版，第315页。

性分类说"。将被害者分为：①少年被害者；②女性被害者；③老人被害者；④心智缺陷及患病之被害者；⑤移民、少数民族之成员及智能不足之被害者；⑥抑郁型被害者；⑦贪得型被害者；⑧轻率型被害者；⑨孤寂和悲痛型被害者；⑩暴君型被害者；⑪挫折型被害者。① 笔者认为，对被害形态的划分至少有三方面的重要意义：一是更好地预防犯罪的发生；二是全面保护犯罪被害人；三是就刑事被害人国家补偿制度而言，只将完全无责任之被害与责任程度较轻或因疏忽之被害者纳入补偿的范围，既符合人类生活的常理，又体现了法律的公正与合理性。

---

① 参见陈幸慈：《组织犯罪与被害者学》，涛石文化事业有限公司2005年版，第148页。

刑事被害人国家补偿制度的立法设计*

一、制定刑事被害人国家补偿法的理念

刑事被害人国家补偿制度的提出是基于人权保障、社会保障、法治原则这三个宪法基础。如果说人权保障与法治原则主要靠法律理念变革来实现,那么社会保障则主要倚系于经济发展和国家经济实力来实现。郝铁川教授指出,目前我国的经济发展水平大体上相当于19世纪的英国和美国。当时英美两国的法制发生的六个主要变化,①正是我们研究当代中国法制能否超越19世纪英美法制发展水平的重要参照系。实践表明,凡是主要靠法律理念变革来实现而不靠或者较少靠经济发展和国家经济实力来实现的法制项目,中国可以超越19世纪英美法制的发展水平;凡是主要靠经济发展和国家经济实力来实现的法制项目,中国则没有超越英美法制的发展水平。因此,法制最终只不过是经济关系的记录而已。②郝铁川教授的认识无疑是正确而深刻的,只是需要进一步予以阐释。根据马克思主义的观点,法具有相对独立性的一面。恩格斯指出:"根据唯物史观,历史过程中的决定性因素归根到底是现实生活中的生产和再生产。无论马克思或我从来没有肯定过比这更多的东西。如果有人在这里加以歪曲,说经济因素是唯一决定性因素,那么他就是把这个命题变成毫无内容的、抽象的、荒诞无稽的空话。经济

---

* 本文系专著《刑事被害人国家补偿制度研究》第六章内容,中国检察出版社2008年版。

① 郝铁川教授提到的六个主要变化是:(1)围绕工业化目标的实现,进行国家具体政治法律制度的改革;(2)选举权从不平等向平等转变;(3)婚姻由不自由向自由转变;(4)刑罚由野蛮向文明转变;(5)保障工人利益的劳动法从无到有;(6)义务教育制度逐步建立。郝铁川:《当代中国法制的阶段性与超越性——与19世纪英美法制之比较》,载《中国法学》2007年第2期。

② 参见郝铁川:《当代中国法制的阶段性与超越性——与19世纪英美法制之比较》,载《中国法学》2007年第2期。

状况是基础,但是对历史斗争的进程发生影响并且在许多情况下主要是决定着这一斗争的形式的,还有上层建筑的各种因素,阶级斗争的各种政治形式和这个斗争的成果——由胜利了的阶级在获胜以后建立的宪法等,各种法权形式以及所有这些实际斗争在参加者头脑中的反映,政治的、法律的和哲学的理论,宗教的观点以及它们向教义体系的进一步发展。这里表现出这一切因素间的交互作用,而在这种交互作用中归根到底是经济运动作为必然的东西通过无穷无尽的偶然事件向前发展。"① 法具有相对独立性的一个要点在于,法和经济发展之间存在着不平衡性。"对于上层建筑,特别是法同经济基础或经济状况之间的发展不平衡问题,马克思在研写《资本论》的过程中,已敏锐地发现了。当时,马克思指出两种情况:其一,法现象的'变异'。他说,相同的经济基础——按主要条件来说相同——可以由于无数不同的经验的事实、自然条件、种族关系,各种的外部发生作用的历史影响等,而在现象上显示出无穷无尽的变异和程度差别。其二,法现象发展的'不平衡性'。马克思早就提醒人们注意这里要说明的真正困难之点是:生产关系作为法的关系是怎样进入了不平衡的发展。"② 恩格斯也对上层建筑存在的"不平衡性"给予了深切的关注,他不仅讲到经济上落后的国家在哲学上仍然能够演奏第一提琴,更强调法是如此。③ 笔者认为,这种法与经济之间的发展不平衡的原理,促使我们在承认法是由经济基础决定的前提下,思考如何在通常情况下所不可避免地出现法落后于经济这一现状的同时,使立法具有一定的前瞻性,使之成为引领经济及社会发展的向标。针对我们国家的经济发展水平与构建刑事被害人国家补偿制度的种种质疑,有学者在千禧年就指出,我国目前的经济状况不应成为阻碍建立刑事被害人国家补偿制度的理由,我国之所以至今尚未建立该制度,是因为立法者对此问题没有给予足够的重视,经济状况不过是个借口而已。早在3600多年以前,刑事被害人国家补偿制度就产生了。难道说我国目前的经济状况还不如3600年以前的巴比伦吗?④

"在社会福利体系之内,人们无法逃避各种价值选择","以中立的价值立场讨论社会政策是没有意义的事情"。也就是说,以追求社会公正为己任的社会保障制度,无论其产生发展、历史沿革、模式选择还是制度变革,都是与价值判断密不可分的。如果说,我国的社会主义实践从单纯的计划经济向市场经济模式的

---

① 《马克思恩格斯全集》第37卷,第460－461页。
② 李光灿、吕世伦主编:《马克思、恩格斯法律思想史》,法律出版社2001年版,第878页。
③ 《马克思恩格斯全集》第37卷,第490页。
④ 李玉华:《论刑事被害人国家补偿制度》,载《政法论坛》2000年第1期。

转制是根据社会生产力发展的实际情况而做出的符合历史唯物主义的调整的话,那么在这个阶段,国家如何通过再分配的方式积极地推进社会正义,就成为一个必须引起关注的严肃问题。[①] 贝卡利亚认为,神明启迪、自然法则和社会的人拟协约,这三者是产生调整人类行为的道德原则和政治原则的源泉。从本质上说,神明公正和自然公正是永恒不变的,因为,两个对象之间的关系总是相同的。但是,人类公正,或曰政治公正,却只是行为与千变万化的社会状态间的关系,它可以根据行为对社会变得必要或有利的程度而变化。如果人们不去分析错综复杂和极易变化的社会关系,就会对此辨认不清。一旦这些本质上相互区别的原则被混淆,便无望就此公共议题作出正确解释了。神学家的任务是根据行为内在的善或恶来确定正义与非正义的界限。公法学家的任务是确定政治上的正义与非正义的关系,即行为对社会的利弊关系。既然每个人都看到纯粹的政治美德会屈从于上帝颁发的永恒的宗教美德,上述对象就绝不可能相互妨害。[②] 刑事被害人国家补偿制度是当代社会保障制度的重要组成部分,也是刑事政策的重要组成部分,这项制度现在已经成为理论研究的焦点、实务部门的试验点和高层关注的热点。然而,笔者所关注的首要问题是"实际地解决问题,实质地推进中国的法治"(孙谦教授语)——尽早在中国推进刑事被害人国家补偿立法。要实现这个目标,无不以坚定、清晰的理念为前提、为支撑。事实上,中华人民共和国成立初期就有关于社会保障思想的渊源。现行宪法更为之提供了坚实的法律保障。目前,构建社会主义和谐社会、全面建设小康社会已经成为我们国家既定的发展目标,贯彻落实科学发展观已成为时代的主旋律。时代的关键词必将从单纯的效率增长扩展到理性、公平、正义、法治、协调与和谐等现代文明词汇。刑事被害人国家补偿制度具有恢复正义、保障人权、增强效益等诸多价值,是制度文明、国家发展和社会进步的重要标志。"一项法律的制定过程,往往是对某一制度理性思考的结果,一部良好的法律应当能够蕴涵社会所公认的准则与价值"。[③] 在这样的时代背景和潮流中,我们必须树立起这么一个理念:中国需要建立刑事被害人国家补偿制度,也必须建立刑事被害人国家补偿制度,这是社会公平正义的需要,是构建和谐社会刑事政策使然。

经济和社会的发展有着它本身的规律。也许,我们不可避免地要经过一种类

---

①参见胡威:《社会保障制度及其政治价值原则研究——以社会正义为视角》,2005年吉林大学博士学位论文。

②[意]贝卡里亚:《论犯罪与刑罚》,黄风译,中国大百科全书出版社1993年版,第2-3页。

③朱勋克:《社会救助立法的一般指向》,载《重庆社会工作学院学报》2004年4期。

似原始积累的阶段。但是经过三十年的改革开放，我们的发展目标、发展方式和发展环境，毕竟已不等同于资本主义的原始积累时期。我们经过不懈努力和艰苦卓绝的奋斗，步入工业化国家行列，科学发展观成为国家发展的指导思想，执政为民、以人为本的施政理念正在得到落实。胡锦涛总书记在十七大报告中，明确提出了加快建设覆盖城乡居民的社会保障体系、全面改善民生的发展取向，这些当然都意味着社保制度将加快建设步伐，人民从这一制度获得的保障将更加全面。对社会公平的追求、对人的基本权益的保障和对弱势群体的关怀，已经成为制度文明、国家发展和社会进步的重要标志。而且，我国的现代化发展具有后发型现代化的"一揽子解决"的特点。因此，我们在坚持"法制最终是经济关系的记录而已"的同时，必须根据时代发展的要求和社会发展的规律，直面这些问题，寻求解决之道，这是一个负责任的政府应有的理念和胸襟。实现从"权力政治"走向"崇高政治"，把各种特殊利益的原始冲突和调和与实现某种政治体理想的深思熟虑的努力相区分。① 中国需要建立刑事被害人国家补偿制度，也必须建立刑事被害人国家补偿制度，这是发展的目标，而不是发展的障碍。

在刑事被害人国家补偿制度的构建过程中，国家应该是而且必须是主导力量。中国正处在社会结构的转型时期，要谨防国家的过分退出留下的制度真空和政策缺位。

"中国权利结构的变迁关键在于明确国家对权利结构形成中的作用，以及国家在权利结构中所处的地位。国家对于权利结构而言，应处于确定权利边界，为维护有效的权利交易而提供保障。"② 依据这个理论前提，国家有责任提供公共产品。所谓公共产品，是现代经济学中对一类物品或服务的概括。其共同的特点是，它们的消费具有"不排他性"。也就是说，凡是在消费上不具有排他性的就是公共产品，包括刑事被害人国家补偿制度在内的制度供给是公共产品的重要内容。刑事被害人国家补偿立法在性质上应属于介于公法和私法之间的社会保障法。我国社会主义市场经济法律体系包括九个方面，即宪法、行政法、经济法、行政诉讼法、民商法、民事诉讼法、刑法、刑事诉讼法和社会保障法。有学者指出，社会主义市场经济法律体系是以公法和私法为主体框架和主要内容的二元结构模式，介于公法和私法之间的社会保障法（或者社会救助法）对社会救助的

---

①参见［美］P. 诺内特、P. 塞尔兹尼克：《转变中的法律与社会：迈向回应型法》，张志铭译，中国政法大学出版社2004年修订版，第132页。

②张树义：《中国社会结构变迁的法学透视》，中国政法大学出版社2002年版，第116页。

规范"盛名难副",内容和体系还有待进一步扩充和完善,但是社会救助法治不能搞统一的社会救助法。所谓统一的社会救助法有两种理解,一种是条文简练,仅为原则性规定的"宪法式"的法律规范,另一种是内容翔实,条文多而全的社会救助法典。在后一种情况下,简单的叠加或抽象忽略了社会救助业务的复杂性和多样化,无助于公民基本权利的实现,立法、执法和司法,甚至学理研究,均不可趋之。以法治的旗号勉强地把社会救助的各项业务用法律语言拼凑在一起,无异于拔苗助长。制定统一的社会救助法典,目前条件不成熟,也没有必要。① 循此思路,笔者认为,在立法的形式上,应效仿大多数国家和地区的单独的立法体例。刑事被害人国家补偿制度,虽然具有社会救助法的特性,属于社会保障法的范畴,但是,我们更应强调刑事被害人国家补偿制度的刑事政策寓意。

从权利的视角而言,刑事被害人国家补偿制度是对被害人权利保障的制度。关于权利保障,有学者指出,应从广义和狭义的视角对之予以深入探讨。"通常讲权利保障,有两个层面的含义:一是指权利实现时的无阻却性保障;二是指权利实现出现障碍时的司法救济性保障。无阻却性保障又包含双重含义:一方面是保障权利人的权利处于权利人的合乎法律规范的意志支配之下,权利或被行使或被放弃或被转让,都不得受到权利人以外的其他任何义务人的阻止或干预;另一方面是权利的实现必须依靠国家的帮助行为,表现在国家不仅为公民权利的实现提供各种物质条件上,还有为公民权利的实现提供社会保障上。司法救济性保障,则不仅指司法审判保障,还包括行政司法救济保障。"② 我国学者杨春福认为,权利保障应有广义和狭义之分,狭义的权利保障是指权利在未受侵犯或破坏之前就存有的各项措施或制度的保障。广义的权利保障除上述含义外,还包括权利受侵犯、破坏之后而存在的权利救济。在界定广义和狭义的权利保障基础上,他进而对两者的区别作了分析:

第一,发生的时间不同。权利保障是指权利未受到侵犯时就已存在的保障。而权利的救济则是指权利受到侵害后才出现的补救措施。相对而言,权利保障在前,而救济在后。

第二,提起的主体不同。权利保障无需权利主体的特别提起就已存在,主要是国家和社会所承担和采取的措施。权利救济的发生则需权利人或其法定代理人或与之相关的特定主体的提起。

---

① 参见朱勋克:《社会救助立法的一般指向》,载《重庆社会工作学院学报》2004年第4期。
② 范进学:《论权利的制度保障》,载《法学杂志》1996年第6期。

第三,方法不同。权利救济主要靠司法或准司法(如行政复议)的方法,而权利保障则是一般的制度或措施的设置。

第四,内容不同。权利救济限于对权利主体的第一性权利受到侵害后的补救,即满足权利人的第二性权利。而权利保障的内容较为广泛,既有政治上的、经济上的保障,又有思想文化上的保障。

第五,后果不同。权利救济能产生很强的法律效力,相对人必须履行相应的义务,否则将遭到国家暴力机关的制裁,而权利保障不具有这样的效力。[1]

根据以上学者对权利保障和权利救济的分析,笔者认为,对于人权保障而言,刑事被害人国家补偿制度是在被害人受到犯罪侵害而不能从刑事附带民事诉讼等渠道获得赔偿的情况下,由国家依据一定的程序而采取的补救措施。这种补救措施或制度一旦被法律规定,其本身也就成为被害人的一种权利。根据"凡有权利必有救济"的法学原理,我们在刑事被害人国家补偿立法时,必须从实体和程序两方面科学设计,这样才能更好地保障被害人权利的实现。

二、刑事被害人国家补偿立法的基本原则

在对刑事被害人国家补偿立法的具体制度作出阐述之前,有必要分析一下刑事被害人国家补偿制度的基本原则。原则,在现代汉语中的意思是说话或行事所依据的法则或准则,基本原则强调某些原则的根本性,有别于具体原则。刑事被害人国家补偿立法的原则决定着一项法律制度的基本走向,也体现着补偿立法所蕴含的基本思想,它们与立法的价值与理念共同构成立法的内在精神品格和主体框架。

刑事被害人国家补偿法应当确立下列原则。

(一) 弘扬公平正义原则

在犯罪学上有个观点,每一个人都是潜在的被害人。被害人无法从犯罪人那里获得赔偿或完全赔偿,又不能通过其他渠道得到实质性救济的时候,国家有责任和义务通过包括刑事被害人补偿制度在内的救济体系与救济机制,恢复破坏了的社会正义,恢复其与其他社会成员平等的社会、经济地位。实行刑事被害人国家补偿制度的目的就在于保障遭受犯罪侵害的弱者——被害人的合法权利,使其损失能得到最大限度的弥补。同时,维护国家的整体法秩序和利益,以此,在社会上弘扬公平正义及法治精神。在这种原则之下,见义勇为等公众受益行为必须

---

[1] 参见杨春福:《权利法哲学研究导论》,南京大学出版社2000年版,第162-163页。

纳入国家刑事补偿法的范围。

(二) 有条件取得补偿原则

补偿虽然带有一定的援助性，但也不是"阳光普照式"的公共福利，补偿必须是有条件的取得，而不能是无条件的任意取得。从有关国家和地区的刑事补偿的规定来看，在补偿对象方面，通常限于被害人的人身权利遭受到严重侵害，包括因见义勇为行为而遭受严重侵害的人。国家向被害人提供的补偿力度应当与被害人遭受的实际损害程度相适应，而不能是无原则无标准的，如人身伤害范围内，有致人死亡、重伤、轻伤、轻微伤的差别，一般只对故意实施的严重伤害案件予以补偿，而且各种类型都要依据不同的等级标准。一般的过失犯罪及财产犯罪的被害人不属于补偿对象。在补偿的条件上，获得补偿的被害人在主观方面应该没有严重的故意过错责任；同时必须与司法机关合作，积极配合司法机关提供破案线索、收集证据材料、出庭指认作证，等等。这说明，虽然从国家补偿的性质而言，具有援助性的特点，但它绝不是社会公共福利，而是要符合比较严格的条件。

(三) 以赔偿为主、以补偿为辅的原则

尽管在司法实践中，刑事附带民事诉讼存在一定的缺陷，并进而影响到被害人获得民事赔偿权利的行使。但是，刑事附带民事诉讼制度毕竟有其合理的一面。国家补偿只有在犯罪人对被害人的赔偿不能实现或者基本不能实现的情况下才能被提起。从根基上说，这是由于犯罪人赔偿和国家补偿的价值目标不同而形成的对于刑事被害人保护的次序上的差别。被害人通过刑事附带民事诉讼不仅保障了其在程序上参与诉讼的可能性和便捷性，而且也能及时地救济被害人实体上的权利。归根结底，这是由于随着社会的变迁，犯罪形态发生巨变的结果。我们不可能回到初民社会那种"被害人的黄金时代"，相反，我们在强调被害人权利的复归和保障的时候，离不开"利维坦"这个强大后盾。在一般情况下，刑事被害人的民事权利的恢复和弥补离不开国家机器的运转，刑事附带民事诉讼有利于被害人从程序和实体上实现其权利。因此，在刑事被害人补偿立法中，我们应当确立以犯罪人的赔偿为主、国家补偿为辅的指导思想，尽可能让犯罪人为自己造成的损害承担责任、进行赔偿，一般情况下国家不应当主动提出补偿。当然，在特殊情况下为使被害人尽快能够维持生活，可以设定先行给付对被害人进行补偿，然后再向被告人追偿。

(四) 正当程序原则

司坡森博士在谈到我国有关补偿立法的程序问题时指出，我国现有的一系列补偿制度是在从计划经济向市场经济发展过程中,整个社会急剧转型的背景下逐步形成的。在计划经济条件下,"政府之于社会经济的关系,从一开始就具有'全能'特征,政府介入、干预、调控社会经济的范围、程度、方式、频率、权威性等,是西方政府所不可比拟的。"在经济转型过程中,各级政府及其职能部门依然热衷于尽可能控制更大的权力和更多的资源,却不想把自己置于严格的法律约束之下。我国涉及国家补偿的立法,也受到计划经济体制下"全能"政府观念意识的影响,以国家目标的实现为主要目标,把国家补偿作为一种纯粹的管理手段的辅助工具和措施,强调国家公权力的宽泛和深入行使以及所追求的公权力目标的达成。这样,我国国家补偿制度的设定通常是以方便公权力行使、强化国家管理为目标,公权力的本位的色彩较为浓厚,公平服务理念和公民权利保护意识较为淡薄。① 与刑事补偿制度最具有"血缘"联系的是《国家赔偿法》。1995年1月1日实施的《国家赔偿法》,对于有着数千年"官贵民轻""官无悔判"封建传统的中国,具有里程碑的意义。这部法律对于保障公民、法人和其他组织受到国家侵权时有依法取得赔偿的权利,促进国家行政机关和司法机关依法行使职权,是十分必要的,也是切实可行的。然而,由于一些地方赔偿委员会和国家机关对于国家责任理念认识上的偏差,导致赔偿义务机关对应当予以刑事赔偿的案件,相当普遍地存在着误用、滥用国家免责条款,规避赔偿义务的行为。经组织对1995—2001年间安徽、湖南、湖北、河南、重庆等省级检察院问卷调查,证实大部分没有得到赔偿的案件,都是适用《国家赔偿法》免责条款的结果。② 因此,强调国家的责任,就是对公权力本位的否定和对公民权利的张扬;强调国家的责任,对于立法的程序设计尤其是保障、救济条款具有深刻的意义。我们在构建刑事被害人国家补偿制度时,必须认真吸取已有的补偿性立法及实践中的经验教训,遵循正当程序原则,立基于国家责任,以权利保护为本位,将被害人合法权益的救济作为首要因素进行考虑。在此前提下,提高公权力行使的效率。

三、刑事被害人国家补偿的立法设计

(一)补偿的范围、对象与条件

有关国家和地区刑事被害人补偿的对象,主要有三种情况:第一种是只限定

---

① 参见司坡森:《论国家补偿》,中国政法大学2007年博士学位论文。
② 尹伊君、陈晓:《惩罚与保护的平衡点》,载《中国社会科学》2004年第1期。

为暴力犯罪的被害人,而且是特定(法律中有具体规定的)暴力犯罪的被害人。如新西兰法律规定的补偿对象为:凡因特定的(法律中具体列举的)暴力犯罪而受伤害者或死亡者的遗属。该法列举的特定暴力犯罪主要是指侵犯人身权利的犯罪,如伤害、杀人以及造成妇女身体伤害的强奸等犯罪的被害人。美国、德国、日本、韩国以及我国台湾地区的犯罪被害人补偿法均有类似的规定。第二种是虽然把补偿对象限于暴力犯罪的被害人,但其补偿范围相对较广,如英国及美国大多数州的规定。英国《刑事损害补偿法》的对象是1964年8月1日以后遭受犯罪的被害人,同时如果被害人因为遭受犯罪而死亡的,被害人的家属也是补偿的对象。此外,英国补偿法规定,因下列事由而成为受伤者,也可以成为补偿的对象:其一,因逮捕或意图逮捕犯罪嫌疑人而受到伤害的;其二,因阻止或意图阻止正在实行的犯罪行为而受到伤害的;其三,因帮助从事逮捕犯罪人或负有防止犯罪发生任务的警察人员而受到伤害的;[①] 其四,由纵火、投毒等暴力犯罪导致的损害等。关于暴力犯罪的范围,英国犯罪伤害补偿委员会于1991—1993年报告中进行限制,具体包括:身体伤害(含生理伤害和心理伤害)、强暴、乱伦、鸡奸、猥亵伤害等,此外,因盗窃侵入住宅所造成的精神沮丧亦能请求国家补偿。[②] 长期以来,美国传统刑事司法的重心主要关注的是"被告人",被害人陈述充其量不过是刑事诉讼程序中的一项证据。近年来,由于犯罪数量的不断攀升,被害人群体越来越庞大,在各方面的推动下,从1965年加利福尼亚州建立犯罪被害人补偿制度到现在,联邦政府和半数以上的州均建立起了被害人补偿制度。在补偿的犯罪类型上,各州均以暴力犯罪作为补偿的犯罪类型,联邦政府则将"酒后驾车肇事"和"家庭暴力案件"也纳入补偿范围。最具典型意义的加州犯罪补偿法规定补偿的对象为:(1)须是直接因暴力犯罪被害而致死或受到伤害的;(2)须是依法由被害人所扶养的人,即依赖被害人生活的人;(3)犯罪发生当时,是被害人的家属或者近亲属的;(4)被害人死亡时,应当支付或愿意支付医疗丧葬费的人;(5)申请人须在犯罪发生当时为本州居民,暂时离开本州的居民,在本州外被害的,也可申请;(6)须是因犯罪被害而经济陷入严重困难时,方可申请(意即在支付一切必要费用后,其流动资金不超过三万美元)。这种规定是因为如果被害人能够承受得起该不幸遭遇,生活并未陷入贫困,

---

[①]英国对于公民因协助警察等"见义勇为"的行为而造成的伤害和损失的情形,纳入了国家补偿的范围。

[②]参见张平吾:《被害者学》,台湾"中央"警察大学出版社1996年版,第629-630页。

国家就不用予以补偿，这就是所谓的"保护生活理论"。[①] 与英国相类似的是，美国联邦及大多数州将我们所谓的"见义勇为者"也纳入补偿的对象。《联邦犯罪人被害人法》规定，"因帮助被害人而受伤或死亡或因司法人员要求协助拘捕人犯或预防犯罪受伤的人"可以成为补偿的对象。根据加州补偿法的规定，如有下列情形之一的，则不予以补偿，即：（1）被害人故意参与犯罪的；（2）被害人对于犯罪人的逮捕与审判不能与司法机关合作的；（3）被害人的经济并未因犯罪而发生严重困难的。第三种是所有的犯罪被害人都是补偿对象。例如加拿大的被害人补偿法。因为加拿大是一个高福利的国家，实际上把对被害人的损害补偿作为一种社会福利。

根据笔者提出的以国家责任说为主、社会保险说为辅的倾向性学说，笔者认为，补偿金分为伤害补偿金和死亡补偿金。伤害补偿金的对象为：（1）因刑事不法行为侵害而丧失全部或部分劳动能力，且无法从加害人那里或其他渠道获得赔偿的人；（2）因刑事不法行为导致生活危机或生活陷入困境，且无法从加害人那里或其他渠道获得赔偿的人。死亡补偿金的对象为依靠被害人生前收入维持生活的近亲属。上述人员因家庭成员死亡或者丧失劳动能力，自救能力受到严重影响，需要国家补偿予以救济。对其进行补偿的条件是：（1）以被害人积极寻求法律规定的补偿途径（如提起附带民事诉讼而未能从这些途径中得到相应的赔偿）为前提，即已经穷尽了其他法律规定的渠道，当然，对于较长时间无法捕获犯罪嫌疑人的，可以对此类案件预先补偿；（2）被害人在主观方面对自己的被害不存在故意或者重大过失；（3）被害人积极配合司法机关行使职权，提供破案线索、收集证据材料、出庭指认作证，等等。

此外，对于补偿法所说的刑事被害人，应从多维度进行分析。从犯罪的主观故意形态分析，一些国家和地区将补偿的范围限制在故意犯罪或者特定的故意犯罪造成的被害，但将交通肇事等过失犯罪排除在外。例如德国《暴力犯罪被害人补偿法》第1条规定，"任何人于本法有效法域内，或于德国船舶或航空器上，因对其本人或他人之故意不法加害行为，或者基于正当防卫以致产生健康损害者，得以其健康上或经济上所遭受之结果，请求救助"。但德国法律明确规定过失犯罪、交通肇事罪以及可由保险公司赔偿的被害人不能得到补偿。美国南卡罗莱州《犯罪被害人补偿法》规定，"犯罪是指行为触犯州法、联邦法或习惯法导致被害人身体伤害或死亡的"，但是不包括交通肇事等犯罪。笔者认为，这些国

[①] 参见许启义：《犯罪被害人权利》，台湾五南出版公司1987年版。

家不将过失犯罪的被害人纳入补偿对象固然与它们的保险业的发达有一定的关系，但这并不足以成为不将交通肇事等过失犯罪纳入刑事补偿范围的理由。因为从法理上说，这是对不同被害人的不公平对待，尤其是对因犯罪行为造成重伤残疾或死亡的被害人而言。因此，笔者认为，犯罪的主观形态对于刑事补偿对象的设计并不产生影响。补偿法中的刑事被害人，既包括故意犯罪的受害人，也包括过失犯罪的受害者。另外，从刑法意义上的犯罪与犯罪学意义上的犯罪分析，补偿法所说的刑事被害人，既包括犯罪行为（刑法意义上的）受害者，也包括不负刑事责任的人（如精神病人、未满十四周岁的人）实施的刑事不法行为造成的受害者。虽然这些行为的法律后果不同，但都可能对受害人造成严重损害，因此都应当纳入国家补偿范围。

　　刑事执法过程中合法执法造成伤害的被害人是否可以获得国家补偿？正在进行的国家赔偿法的立法修改过程中，多数学者提出，对于合法执法造成伤害的被害人，应予以国家补偿。具体包括：一是对于尚未构成"错拘、错捕、错判"的"合法行为"致害的被害人，应予以国家补偿。二是对滥用法定自由裁量权的"合法行为"致害的被害人，予以国家补偿。这两个方面实际上涉及国家赔偿的归责原则问题。目前，世界上大多数国家和地区国家赔偿的归责原则主要有过错原则（包括主观过错、客观过错、职务过错或公务过错）、违法责任原则和结果责任原则三种。我国目前采取的是单一的违法责任原则。有学者分析认为，单一的违法责任原则适用范围受到了极大的限制：一是大大缩小了国家赔偿的致害行为范围，将致害行为只限于"违法"，从而使得赔偿只是基于违法的前提才能发生。二是不能适用于国家赔偿制度的全部，从而使原则规定不能涵盖具体的制度，原则不具有包容性。如《国家赔偿法》第14条规定："赔偿义务机关赔偿损失后，应当责令有故意或重大过失的工作人员或者受委托的组织和个人承担部分或全部赔偿费用。"既然国家赔偿的归责原则是"违法"原则而不承认其他原则，那么为什么在求偿时又以主观过错为归责标准呢？三是排除了若干的例外责任，包括危险责任、补偿责任，从而不利于国家赔偿制度的发展与完善。[①] 因此，从这几个方面考量，国家刑事赔偿与刑事被害人补偿可以相互补充，从而构成比较完整的国家责任体系。关于刑事补偿方面，具体表述为：司法机关及其工作人员合法执法行为造成伤亡，被害方不存在故意或重大过失的，应予以刑事补偿。

---

① 参见杨解君、蔺耀昌：《国家赔偿的制度欠缺及其完善》，载《中国法学》2005年第1期。

此外，笔者建议，对因逮捕或意图逮捕犯罪嫌疑人或因帮助从事逮捕犯罪人或负有防止犯罪发生任务的司法工作人员而受到伤害的被害人或造成死亡的被害人的遗属、受抚（扶）养人，即见义勇为行为人，给予国家补偿。这种情形下，应不论见义勇为行为人的伤害程度如何。我国古代虽然没有对见义勇为作出单独的立法，然而在历史记载中我们发现古代统治者在立法中主要围绕对见义勇为者的法律保护、对见义勇为者的物质奖励及严惩见义不为者展开。古代对见义勇为的保护与鼓励，是通过正当防卫的规定反映出来的。除此之外，我国古代也有对见义勇为者进行物质保护的内容，如，清康熙二十九年刑部规定"其犯罪拒捕拿获之人被伤者，另户之人照军伤，头等伤赏银五十两，二等伤赏银四十两，三等伤赏银三十两，四等伤赏银二十两，五等伤赏银十两"。古代立法不仅对见义勇为者的合法权益予以保护，而且还有相应的奖励措施。唐玄宗二十五年，政府正式颁布了对见义勇为捕获犯罪分子者予以奖励的法令，"诸纠捉盗贼者，所征倍赃，皆赏纠捉之人。家贫无财可征及依法不合征倍赃者，并记得正赃，准五分与二分，赏纠捉之人。若正赃费尽者，官出一分，以赏捉人"。这一规定开创了国家对见义勇为者给予物资奖励的先河。唐以后也有类似的规定，如《大清律例·刑律贼盗》中记载："如邻佑、或常人、或事主家人拿获一名者，官给赏银二十两，多者照数给赏。"从古代这些规定中可以看出，对于见义勇为行为，当时虽然没有现代社会意义上的受益者或侵害人自行补偿的规定，但主要通过王权统治的国家机器来鼓励和兑付。目前，全国人大及其常委会制定的法律虽然对见义勇为引发的补偿纠纷案件没有专门立法，但全国绝大部分省份的地方性法规和地方政府规章已对其认定和损害补偿作出了规定。[①] 综合分析这些规定可知，对见义勇为者的补偿可以通过政府相关职能部门如公安机关、民政部门、见义勇为基金会或者社会治安综合治理委员会（办公室）等取得，同时还可以依法向受益人、侵害人进行诉讼赔偿。笔者认为，在见义勇为者依法向受益人、侵害人提起诉讼赔偿不能实现的情形下，应由国家对之予以补偿。

由此，刑事被害人国家补偿的对象可以概括为三种情况：（1）因刑事不法行为侵害的受害者或依靠被害人生前收入维持生活的近亲属；（2）因刑事合法执法行为侵害的受害者或依靠被害人生前收入维持生活的近亲属；（3）因刑事见义勇为行为而受到侵害的受害者或依靠被害人生前收入维持生活的近亲属。

[①] 目前，国内有山东、北京、内蒙古、江西等25个省、直辖市、自治区对见义勇为行为出台了地方性法规或规章。

（二）补偿方式、标准

国家补偿方式，即国家承担补偿责任的方式，又称国家补偿方法，是指国家公权力主体承担补偿责任的各种形式或方法。在我国已有的补偿性立法及实践中，有两类补偿，即经济性补偿和政策性补偿。经济性补偿涉及金钱或财物给付的补偿，而政策性补偿，主要是提供政策优惠，比如解决农转非指标、优先安排就业、减免税费、子女入学升学照顾等。笔者认为，在刑事被害人国家补偿立法中应采取经济性补偿这种直接补偿的方式。在补偿的标准上，笔者不赞成一些学者提出的参照域外通行的所谓最高限额的标准。因为随着国家财力的增强以及社会物质生活水平的提高，补偿的最高标准亦应随之而进行调整，而立法具有一定的稳定性，如果参照《国家赔偿法》的计算标准，以某一年度职工平均工资为计算基准，则更具有一定的合理性。笔者同意孙谦教授提出的适当参照《国家赔偿法》中的数额标准的意见：（1）造成被害人部分丧失劳动能力或全部丧失劳动能力的，支付医疗费、残疾补助费以及其抚（扶）养的人的必要生活费。部分丧失劳动能力的最高限额不超过国家上年度职工平均工资的10倍；全部丧失劳动能力的最高限额不超过国家上年度职工平均工资的20倍。（2）造成被害人死亡的，支付丧葬费、受抚（扶）养人的必要生活费，最高限额不超过上年度职工年平均工资的20倍。[①]

（三）补偿资金的来源与管理

补偿资金问题是刑事被害人国家补偿制度的核心问题，亦是这项制度成功与否的关键，先后在1929年试行这一制度的墨西哥和古巴两国，均因资金不足而以失败告终；在我国，率先试点此制度的一些司法机关也因资金难以保障而举步维艰，因而，只有切实解决资金来源的问题，才能有效保障这一制度的顺利推行。

对于补偿资金的来源，多数国家和地区采取国家建立专项基金的做法，至于基金的来源，美国联邦政府的特别基金来源于联邦犯罪案件中所判处的罚金收入，各州的补偿经费除了联邦补助40%外，其他经费来源包括州政府税收、罚金、附加罚金、假释后工作收入、监狱作业成品所得和保释金等。我国台湾地区犯罪被害人经费的来源有三种：一是"法务部"编列预算；二是从监狱作业者的劳动报酬总额中拨出一部分；三是犯罪行为人因犯罪所得或者其财产经变卖所得。

[①] 孙谦：《构建我国刑事被害人国家补偿制度之思考》，载《法学研究》2007年第2期。

笔者赞同理论界关于设立"刑事被害人国家补偿基金"的观点，该基金来源其一是国家预算。主要由中央财政和省级财政提供。其二是其他社会资金。其他社会资金包括：①罚金的一部分。②监狱服刑者的劳动收入的一部分。我们可以借鉴域外国家和地区的成功做法，把犯人的劳动报酬分为三部分：一部分交给政府，作为政府投入监狱资金来源的一部分；一部分归入犯人的个人银行账户，并且在此中拿出一部分作为犯人刑满释放后生活和就业的费用；一部分上交给犯罪受害人基金用于补偿受害人。③犯罪人的犯罪所得或其财产依法没收的变卖所得。④法院收取的诉讼费的一部分。⑤上交国库的无主财产的一部分以及社会捐助款，等等。因其他社会资金部分的来源牵涉面较广，且必然会触及一些相关部门的局部利益，所以，刑事被害人国家补偿制度的建立和实行，亟需国家相关司法改革措施、方案的配套跟进。考虑到中国司法机关特别是基层司法机关的实践运作状况，笔者认为，如果涉及经费保障等相关司法改革方案、措施未能取得实质性的进展，笔者建议罚金、诉讼费等不纳入刑事被害人国家补偿基金的组成部分。此外，有序、高效、简化的补偿金管理与科学的管理机制是分不开的。这不仅是确保社会保障制度良性运行的前提条件，而且还是降低社会运行成本、减少有限的补偿基金滥用现象的重要保证。域外国家和地区曾经出现过因其社会保障管理机构与队伍过于庞大，造成管理成本高昂和效率低下的局面。笔者认为，应成立专门的基金公司，建立补偿金的裁定机构与支付机构相分离的体制。专门的基金公司对基金采取稳妥的商业化运作，有利于基金的保值增值；补偿的核准权与补偿的具体发放事宜相分离，有利于保证补偿基金的正常运作，从源头上预防和减少腐败行为的发生。

（四）补偿机构的设置

由于各国刑事司法制度的差异和呈现出不同的样态，各个国家和地区有关被害人补偿的裁定机构不尽相同，有的采取独立设置模式，由专门委员会司补偿事宜，有的由行政机关决定，有的则采取司法机关裁决的模式。英国设立刑事损害补偿局（Crimimal Injuries Compensation Authority），负责补偿案件的审核以及补偿金的核发。该机构是非政府的公共组织。美国联邦司法部下设刑事被害人署（Office of Victims of Crime），负责被害人补偿事务。在各州，则规定不一，多数州设有类似联邦被害人署的专门机构，其他州则分属法院、监察局或劳工局等部门管辖。德国由地区补偿局直接负责受理申请，而诉讼程序则由社会法院负责。这实际上是一种法院作为裁定机构的模式。

在我国，法院、检察院、公安机关、司法行政机关、民政机关等诸多"候选"主体中，多数学者似乎更倾向于由法院行使补偿裁定权。其主要理由有以下三方面：一是法院是刑事案件的最终裁判机关，它使案件有了最终结果，已确定了被害人。案件在公安、检察院机关时，因为没有最后结果，被害人的构成尚未定论。二是法院审判人员熟悉案情，便于确定补偿的数量。三是审判机关有审级设置，可采取两审终局制，有利于对裁定的监督。[1] 为弥补法院审结后再行补偿所带来的局限性，有人提出，对于已侦破并已审结的刑事案件，被害人或遗属应向审理案件的终审法院提出申请。对于公安机关已经立案但尚未侦破的案件，或破案但疑犯尚未抓获的，被害人或遗属应向侦查案件的公安机关提出申请。[2] 有的认为，应将专门机构设在检察院内。其理由是：检察机关作为法律监督机关，在刑事诉讼过程中发挥着承前启后的作用，对刑事案件比较了解，且检察机关拥有一定的调查取证手段，能有效组织对引起国家补偿的犯罪情况及被害人损失的调查取证。[3] 有的认为，被害人补偿机构应当是民政机关。其理由是：民政机关作为我国管理此类补偿性质的行政机关，具有丰富的工作经验，在实践中能够较好把握救济被害人的补偿范围和补偿标准。由民政机关直接对被害人的补偿作出裁定并当面兑付，有利于尽早帮助被害人摆脱困境，尽快缓解被害人的心灵创伤。[4] 亦有人提出由司法行政机关管理。[5]

笔者认为，上述机构管理案件的补偿，均有其不合理之处。比如将国家补偿的裁定机构设于法院的前提是案件已审理终结，案件事实查清，加害人已经被定罪，被害人的身份也已经被确定。而这与我国刑事案件的破案率存在一定的差距。

以 2003 年为例，该年全国共立刑事案件 439 万起，破案 184 万起，破案率仅为 41.9%，这还没有考虑到"犯罪黑数"的问题，如果把这些全部纳入视野，估计全国目前刑事案件破案率只在 30% 左右。[6] 这一现状意味着很大部分刑事案件因未能破案根本无法最终进入刑事诉讼程序。因而，被害人需要救助的情况远不止于法院诉讼阶段，而是渗透在全部的司法环节。比如，有的案件在移送检察

---

[1] 房保国：《被害人的刑事程序保护》，法律出版社 2007 年版，第 372 页。
[2] 郑洲蓉：《构建我国犯罪被害补偿制度之设想》，载《湖北民族学院学报》（哲学社会科学版）2006 年第 4 期。
[3] 郭琼：《关于构建刑事被害人国家补偿制度的几点设想》，中国犯罪学研究会第 16 届学术研讨会论文，2007 年 8 月。
[4] 罗大华、孙政：《论刑事被害人国家补偿制度》，载《河南司法警官职业学院学报》2004 年第 1 期。
[5][6] 参见郭建安：《论刑事被害人国家补偿制度》，载《河南政法管理干部学院学报》2007 年第 1 期。

院审查起诉时，也可能因为证据不足而决定不诉，从而出现需要国家补偿的被害人。检察院管理的弊端在于，从其侦查职能上分析，法律将其限定在一定的权力范围之内，即对贪污贿赂、渎职和侵权案件进行立案侦查，不具有对人身伤害这类刑事案件的侦查职能；同时，检察机关的宪法定位是"国家的法律监督机关"，它不同于我国台湾地区具有浓郁行政色彩的检察机关。从工作性质上而言，刑事被害人补偿工作类似于民政部门的工作性质，但是，如笔者前述论证的，对刑事被害人的补偿与救济不仅具有社会保障的性质，更重要的是这项制度具有刑事政策上的意义。因此，它不同于一般的社会救济和救助，需要裁定机关对案件事实及被害人的损害等情况进行专门的调查取证，而民政机关显然不具备这样的工作能力。

笔者建议，应建立一个能协调各个司法环节的刑事被害人补偿委员会，由该委员会行使刑事被害人国家补偿的裁定权。注重对被害人权利的保障，目的是恢复受损的利益，因此，国家补偿制度将促使司法机关在各个诉讼阶段加强保护被害人。刑事案件往往涉及各司法机关，引进一个"中立方"协调司法机关、犯罪人、被害人之间的关系，更有利于国家补偿的公平和效率。补偿金的审核决定对象并非法律争议，不需要司法机关通过司法途径解决。此外，考虑到在补偿案件中的先期给付等问题，在案件尚未侦破的情形下，由独立的专门委员会进行补偿更有利于问题的解决。具体构想是：在市、州、盟一级设刑事被害人补偿委员会，负责办理本辖区内的被害人国家补偿案件。同时，为体现权利的"程序救济"原则，省、自治区、直辖市设刑事被害人补偿复议委员会，负责办理本辖区内的被害人国家补偿复议案件。县一级不设补偿机构。这主要是考虑到此类案件数量不是很多，集中到市一级办理，更为经济，也更有利于严格依法办事，保障申请人合法权益。为方便申请人获得补偿，保障补偿机构依法办理补偿案件，立法应明确规定，补偿机构应该有补偿调查权以及相关机关的配合义务。

从机构的精简与效率出发，在《国家赔偿法》修改时，可考虑单列这么一个专门机构，司国家赔偿与刑事补偿之职能。对于国家赔偿机构的设定，目前主要有两种典型的观点，一种是"完善论"。具体方案是：将赔偿义务机关与侵权行为机关分离开来，由特定的赔偿义务机关支付赔偿金；对前置程序进行改造，简化确认程序并与协商相结合，取消复议程序；改革国家赔偿争议裁决机构设置，以建立合议庭代替办公室。赔偿合议庭由3～5人组成，一般为赔偿委员会委员，如工作需要也可指定个别非委员的法官参加合议庭。合议庭审理后作出的处理意见经赔偿委员会主任、必要时经全体赔偿委员会委员审查同意后以赔偿委员会决定的形式宣布。同时，引入听证程序、增加申诉程序。① 第二种是"改革论"。具体方案是：将目前设立在审判机关的国家赔偿机构和人员成建制划归中央、省、市三级人大内务司法委员会（法律委员会、法制委员会），并适当充实力量、增加职权、规范程序。其理由主要是：第一，将赔偿委员会设在人民法院，是在当时社会环境下不得已采取的折中做法。在当时众多的备选方案中，考虑到增加国家机构编制以及法院的办案经验素质等，才将其设在人民法院。第二，与"任何人不能做自己案件的法官"基本原则相违背。第三，与我国现行法院与检察院并行设置的司法体制相抵触，也很难从理论上说清作为法律监督机关的检察院如何成为赔偿案的被告。第四，对赔偿委员会设在法院一直有争论，表现为《国家赔偿法》对赔偿委员会的性质一直没有定位，赔偿委员会是否为法院的审判机构、有何权力，赔偿委员会并没有明确，等等。将设立在审判机关的国家赔偿机构和人员成建制划归中央、省、市三级人大内务司法委员会，其必要性和可行性表现在：第一，工作难度不大，基本不涉及增加编制、机构问题，不会影响司法赔偿工作的正常进行。第二，可以理顺最高法院与最高检察院对立法理解差异而作出不同司法解释的非正常关系，提高司法赔偿决定权威。第三，为解决国家赔偿执行难创造条件。② 笔者认为，后一种改革的思路无论从法理上还是在实践中都是可行的，笔者进而倡导刑事补偿与国家赔偿由同一机构司掌。具体设想如下：一是根据"任何人不得做自己的法官"的法理，改变在中级以上人民法院设立赔偿委员会的规定，设区市和省一级设立刑事赔偿、补偿委员会和刑事赔偿、补偿复议委员会，将现行在法院内部的赔偿委员会改造成一个相对独立的、专门负责审理和执行司法赔偿、补偿案件的机构，其成员从司法机关人员和独立人士中遴选，由各级人大常委会任命，使刑事司法赔偿及补偿的公正性、独立性得到保证。二是废除赔偿义务机关对司法赔偿案件先进行内部确认及复议的程序，由刑事司法赔偿、补偿委员会直接受理并作出是否赔偿、补偿的决定。赔偿申请人直接把申请提交给赔偿、补偿委员会，由赔偿、补偿委员会作出受理与否的决定，对决定受理的案件，由赔偿委员会通知赔偿义务机关参加，对不予受理的案件，允许申请人在时限内向上一级赔偿委员会提出复议。补偿案件由于不存在补偿义务机关，应由补偿委员会直接裁定并实行复议制。三是改革司

---

① 陈光中、赵琳琳：《国家刑事赔偿制度改革若干问题之探讨》，载《中国社会科学》2008年第2期。
② 陈春龙：《论国家赔偿委员会的设置与改革——中国司法体制改革的一项课题》，载中国法学网，http://www.iolaw.org.cn/"学者专栏"，最后访问于2008年5月4日。

法赔偿的非诉性。对司法赔偿不以诉讼方式受理，对避免法院自我审判和作出相互矛盾的判决而言有意义，而对于当事人就不一定有利了。我们认为，赔偿、补偿委员会在审理国家赔偿、补偿争议时，可以借鉴审判程序的做法，采用公开审查的方式，允许当事人提出证据，进行陈述、辩论、质证，还可以就专门问题举行听证和咨询，听取专家意见并接受公众的监督。同时，为了保证赔偿金的支付储备充足和支付的便捷，应将财政预算列支的赔偿及补偿费用转入独立的赔偿、补偿基金，交由独立的基金委员会管理，赔偿请求人可以凭赔偿协议书、决定书或判决书直接从该基金中申领。①

笔者认为，在现阶段，刑事被害人国家补偿的机构应以设置在社会治安综合治理委员会为宜。作为一个信息枢纽和综合协调部门，社会治安综合治理委员会掌握着各地区、各部门社会治安综合治理工作的进展情况，并通过开展调查研究，推动各地区、各部门落实综合治理的各项措施。从某种意义上说，刑事被害人国家补偿制度是一项"公共政策"或措施，而"公共政策"就其实质而言，它是"执政党和政府就具体公共事务或社会问题作出的权威性的价值选择和权威性的资源配置"，社会治安综合治理委员会承担起这一职能无疑具有其他部门所不可比拟的权威性。

（五）补偿程序

补偿程序应当体现出"公平""快速""便捷"的原则。刑事被害人国家补偿的程序主要包括权利告知、申请、调查和决定的主要步骤。为解决某些被害人及其家属的紧急困难，保障其请求权得以真正实现，应规定先予支付程序和不服决定的救济程序；同时，为了防止被害人通过申请国家补偿获取不法利益，应严格审查、规范运作，对重大、疑难案件设置"听证"程序。

第一，权利告知。司法机关应当告知被害人有提出补偿的权利。

第二，申请。刑事被害人国家补偿金的申请人应当在被侵害后的2年内，以书面形式向设区市的刑事被害人补偿委员会提出申请。如果申请期限超过5年，

---

① 我国《国家赔偿法》规定的赔偿义务机关即为侵权机关，这种设置模式存在着很大的弊端，司法实践中常常将国家赔偿与机关赔偿相混淆，导致赔偿义务机关常常出于面子、业绩等原因而回避、拒绝赔偿，或者使用本机关的"小金库"垫付了赔偿费用后却不向财政部门申请核拨，从而一方面使受害人获得赔偿的难度加大，另一方面国家赔偿金却大量闲置。因此，将赔偿义务机关与侵权机关分离开来，由特定的赔偿义务机关支付赔偿金是解决这一问题的根本出路。参见陈光中、赵琳琳：《国家刑事赔偿制度改革若干问题之探讨》，载《中国社会科学》2008年第2期。我们在制定刑事补偿法的时候应该吸取这方面的经验教训。

则丧失申请资格。① 申请书主要应载明以下事项：申请人与被害人的关系；申请人的基本情况，如申请人的姓名、性别、出生日期、职业和住所；损害程度及相应的证明；申请补偿的项目、金额及理由；已经获得的补偿金额，包括社会保险赔偿金、损害赔偿给付金额和其他能获得金钱给付的情形等。

第三，调查。补偿委员会收到被害人补偿申请后，应当及时进行形式审查。对于申请不符合规定程序或有关材料不符合要求的，应当确定合理补正日期；逾期不予补正或补正不全，不符合受理要求的，应当裁定驳回。如果出现犯罪地不明或存在管辖争议时，应由省、自治区、直辖市复议委员会指定管辖，补偿委员会认为申请成立予以受理后，应对下列事项进行调查：（1）被害人与加害人的关系、被害的程度及治疗费的数额、被害人有无过错及过错程度；（2）被害后的影响，即该犯罪引起的被害人的职业、收入、家庭生活及其他方面所发生的变化；（3）损害赔偿情况，包括是否领取过损害赔偿金、保险金、社会捐助及其金额；（4）加害人态度及相关情况。补偿委员会在调查过程中，可要求申请人和其他有关人员到场陈述意见、提供文书或其他必要材料，还可以要求刑事侦查机关及其他政府机关或金融、保险和税务等方面的专业人员提供必要的协助，相关部门和人员应依法予以配合。

第四，决定。补偿委员会对于补偿申请经审查认为有理由的，应当做出补偿裁定，并确定补偿金额及支付方式；认为理由不充分的，应当做出不予补偿的裁定。补偿委员会对于补偿申请应自受理之日起一定时间内做出裁定。补偿委员会决定支付补偿金，申请人即取得受领补偿金的权利，此权利的时效期可定为 2 年，并且不得转让，不得用于提供担保和质押。补偿金的支付机关应及时根据裁定向申请人支付补偿金。

第五，不服决定的救济程序。申请人不服补偿裁定的，应在 10 日之内向补偿复议委员会申请复议，补偿复议委员会须在接到复议申请之日起 30 日内作出最终裁定。

第六，先行支付。补偿委员会受理申请后，当无法确知加害人或者被害人的伤害程度而不能做出补偿决定，但如果被害人的生活状况因犯罪而极度恶化或被害人急需抢救治疗费用时，补偿委员会有权在审核核实后作出先行支付的决定。如果申请人的补偿申请被驳回或者先行支付的补偿金高于补偿决定所确定的金

---

①日本法律规定，犯罪被害人申请的时效为发生犯罪被害后 7 年或得知犯罪被害发生后的 2 年。参见裴苍：《日本国检察研究》，商务印书馆 2003 年版，第 160 页。

额，申请人应将其不应获得的部分返回。

第七，补偿金的追偿。补偿委员会在付给被害人补偿金后，应对其他负有赔偿责任的人或单位有赔偿能力而没有赔偿的人在赔偿金的范围内进行追偿。以下是我国台湾地区的"犯罪被害人事件处理流程图"。兹附于此，以供立法时参考。

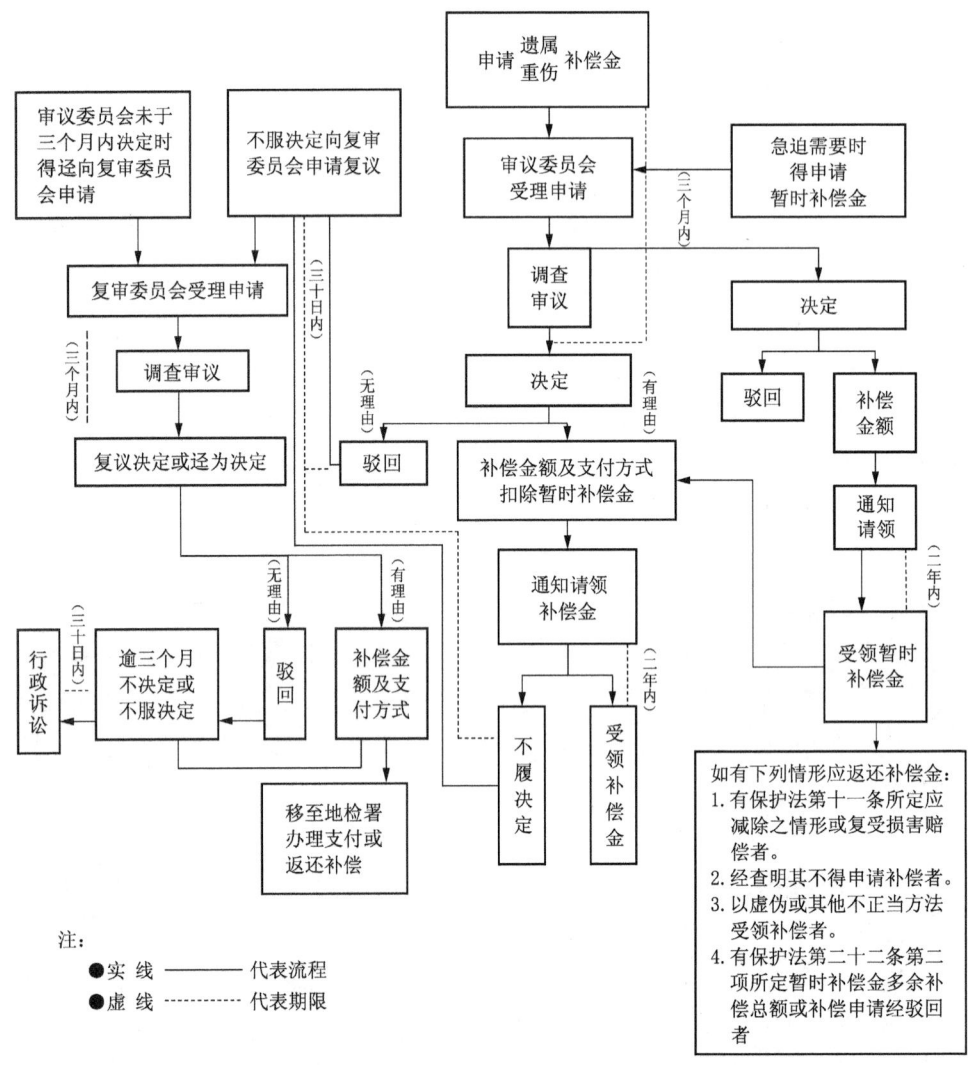

图1　我国台湾地区的犯罪被害人事件处理流程图①

---

①以上犯罪被害事件处理流程示意图，来源于许启义《犯罪被害人保护法之实用权益》，永然文化出版股份有限公司2001年版，第282页。

此外，需要提到的是被害人国家补偿立法的溯及力问题。就世界其他国家和地区的立法例而言，国家补偿法一般不具有溯及力。但是从经济分析法学的视角考量，要使国家最终推动这项立法，有赖于社会各方面的努力，这其中一支重要的大军就是被害人群体。如果被害人补偿制度没有溯及力，那么，对于这些为该制度的推动付出心血、做出贡献的被害人来说是不公平的。那么在立法中如何理性设计以体现这个原则？有学者提出将溯及力限定为若干年，补偿的额度逐年递减，如溯及力以4年为限的话，年递减额为20%。反过来也可以先确定补偿的年递减额，然后推出溯及力的年限。[①] 这种设想，有相当的合理之处。

四、刑事被害人国家补偿立法的评估

法不足以自行。法律的生命在于其实施。在制度设计过程中，我们应力求科学性、可行性，而且制度的实施过程是一个不断试错的过程，因此，我们有必要对其进行科学的评估，主要包括对其是如何运行及运行的效果两方面的评估。对该制度的实行过程的评估，也就是对该制度在实践中是如何运行的进行的评估。我们知道，世界上主要发达国家和地区已经建立起了刑事被害人国家赔偿、补偿制度，并取得了很大的成效，但是这些制度在设计和运行等方面仍存在着一些缺陷，这与制度设计的本质并不相称。例如，德国1993年共有约16万的暴力犯罪被害人，其中只有约2.5万人提出了赔偿申请，最终被认可符合《暴力犯罪被害人法》的被害人，仅有5000多人而已。在奥地利，根据相关的被害人保护法律的规定，警察当局、法院等机关负有对被害人保护法进行宣传、介绍的义务，但被害人保护法并不为很多奥地利居民所熟悉，从而使被害人保护法成为奥地利法律制度的一个"异物"。正是由于广大居民对被害人保护法的不了解，所以，实践中较少有犯罪行为的被害人根据该法提出帮助申请。事实上，被害人的损失主要由社会保险机构予以赔偿，几乎没有人提起针对联邦的民事诉讼。在日本，《犯罪被害者等给付金支给法》实施14年来，被裁定或决定给付的被害人约3140人，每年也只有200多个被害人被认可。因此，德国学者汉斯·约阿希姆·施奈德甚至夸张地说："在暴力犯罪的被害人中，几乎没有人获得国家赔偿。"即使是在法治相对健全的美国，也存在着纸面上的权利与现实中的权利的差距。1980年，多纳和拉比对补偿运行情况进行了调查，调查结果显示，与被拒绝补

---

① 参见田思源：《构建犯罪被害人补偿制度框架的基本设想》，载《法学杂志》2001年第6期。

偿者相比，接受补偿者对实施补偿的官员（相对于警察、检察官和法官而言）更为满意；接受补偿者表示，如果将来受到侵害的话，他们会到犯罪补偿计划处登记索赔，而不愿与其他的刑事司法官员合作。这表明，补偿制度并没有对其他司法制度起到"溢出"效应或者"晕轮"效益。由于资金不足和补偿范围不充分，过程评价的结果表明，补偿计划并没有达到人道主义的目的。由于资金有限，许多补偿委员会只能维持较低的补偿。复杂的申请程序和烦琐的财产审查吓住了一些被害人，接受补偿过程中的长期等待、补偿过程高度秘密化、极少的补偿金使另一些人丧失了申请的信心。针对这种情况，联邦犯罪被害人署于1998年建议提高获赔率和加快补偿申请的处理速度，建议包括用新技术受理和处理补偿申请、加强申请补偿机构之间的合作和加强补偿机构与被害人援助机构之间的联系等。此外，对于结果的评价显示，通过实施补偿制度的四个州与其他没有实施补偿制度的州的对比及来自加拿大的几个实施补偿制度的省的数据（均为官方数据）表明，没有任何证据可以支持"四高"（即提高了报案率、破案率、起诉率和定罪率）的效果。（美国）国家犯罪调查小组对26个城市的调查表明（非官方调查），实施补偿制度的地区（仅对暴力犯罪的被害人进行补偿）与没有实施补偿制度的地区在犯罪的报案率（包括暴力犯罪和财产犯罪）上相似。另一项调查显示：补偿计划的实施没有提高公众参与刑事司法的积极性。与被拒绝补偿的被害人相比，得到补偿的被害人并没有明显地表现出对警察、检察官和法官工作的支持；冷漠的对待、烦琐的财产审查、处理的拖延和不公的补偿使得到补偿的被害人感到再次遭受伤害。由于补偿机构处理不及时、申请的限制不合理、申请花费过高、申请的诸多不便、补偿官员的冷漠态度以及补偿金不充足等原因，四分之三的获得补偿者表示再次受到犯罪侵害时不会申请补偿。[1]

由此可见，我们必须认真对待法律实施的评估问题。具体到刑事被害人补偿法运作过程的评估，笔者认为，最少应该包括以下内容：国家实际上用于补偿被害人的资金有多少，资金的主要来源，各种来源所占的比例，社会捐助主要来自哪些个人或组织；哪种类型的被害人或其亲属可向国家申请救助，实际得到补偿的人占申请补偿的被害人的比例，以及实际得到的金额占申请数额的比例；从申请到最后获得补偿的实际周期是多长；被害人向国家申请补偿的具体程序及补偿机构的调查程序、决定程序如何；对补偿决定不服提出复议和申诉的渠道如何，占申请补偿的比例，等等。对该制度的运行效果进行评估，就是对其是否达到预

---

[1] 参见周欣、袁荣林：《美国刑事被害人补偿制度概览》，载《中国司法》2005年第2期。

期的目标进行评估，具体包括如下方面：得到补偿的被害人与家人的生活是否能得到一定程度的改善；他们对于司法公信力的信任程度是否在提高；整个社会的刑事报案率、破案率、起诉率、定罪率是否得到提高；获得补偿的被害人作为证人的出庭率是否提高；司法实践中存在的"私了"现象是否有一定程度的下降，等等。这些调查评估反馈给制度的制定者和实施者，可以降低一些不必要的代价，最大限度地实现这项制度的价值。

综上可知，刑事被害人国家补偿涉及诸多方面，对刑事被害人国家补偿的立法宜采用程序和实体一体化的立法模式，宜对补偿的基本原则、补偿对象、补偿范围、补偿来源、补偿标准及补偿限制等实体方面的内容，以及申请补偿、如何确定补偿等程序方面的内容在统一的《刑事被害人国家补偿法》或者在其他法律修改中作出相应的规定。同时，要遵行立法先行、循序渐进、不断完善的指导思想，重视对立法的评估。

检察长列席审委会会议制度思考*

摘　要：历经法律的数次修改，检察长列席同级人民法院审判委员会会议制度终被保留下来。然而，学术界和实务界对检察长列席审委会会议制度的合理性等问题却一直没有达成共识。最高人民法院近期发布有关健全完善人民法院审判委员会工作机制的意见，对作为审委会制度伴生制度的检察长列席审委会制度必然产生一系列影响。对检察长列席审委会会议制度的相关问题进行再思考，既是不断完善该项制度的基本要求，也是与审委会制度改革同步的现实需要。检察长列席审委会会议制度合理性的认定标准，是公诉职能、审判职能、审判监督职能的严格区分以及由此衍生的"审判相关性"。检察长列席审委会会议时的法律地位，原则上只是审委会议决活动妨碍审判公正情形的见证者和提示者，其即席发表的意见要转化成检察机关正式的审判监督意见，须经其所在人民检察院检委会讨论决定。

关键词：检察长列席审委会会议制度；公诉职能；审判监督职能；审判公正

检察长列席同级人民法院审判委员会会议制度（以下简称"检察长列席审委会会议制度"）肇始于革命根据地时期。1954年制定的《中华人民共和国人民法院组织法》（以下简称《人民法院组织法》）是新中国第一部正式规定这一制度的法律。此后的60多年间，检察长列席审委会会议制度历经曲折，直至2018年新修订的《人民法院组织法》和《中华人民共和国人民检察院组织法》（以下

---

* 基金项目：2017年度北京市中国特色社会主义理论体系研究中心、北京市社会科学基金重点项目"我国监察体制改革与国际比较研究"（17GLAL001），最高人民检察院2019年度理论研究课题"宪法'民营经济'条款与新时代检察担当"（GJ2019D07）。发表于《法商研究》2020年第3期。

简称《人民检察院组织法》）才明确规定该项制度，从立法层面解决了该制度的合法性问题。法的合法性评价属于法的事实评价，它所要解决的是法的真假问题，即回答以法律的名义颁布的规范性文件是否对人们有法律的效力、人们是否应该认可和遵守它的问题。当然这个评价只能从表面上和形式上对这个问题作出初步的回答，真正和彻底的回答还需研究其内容，即要看它是否合情和合理。①虽然关于检察长列席审委会会议制度的合法性问题已经得到解决，但是关于该制度的合理性等问题学术界和实务界一直争论不休，进而影响到该制度的有序运行及制度效能的发挥。

  检察长列席审委会会议制度是我国审判委员会制度的伴生制度。就审委会制度而言，议决事项的"秘密性"是其重要的运行特征之一。1982年《中华人民共和国宪法》第130条明确规定："人民法院审理案件，除法律规定的特别情况外，一律公开进行。"审判公开作为一项重要的宪法原则，在三大诉讼法和人民法院组织法中都有明确的规定。从司法改革的方向看，2014年党的十八届四中全会提出构建"开放、动态、透明、便民的阳光司法机制"，最高人民法院发布的一系列司法政策性文件对审判流程公开等不断强调和深化，②这些都对以"秘密性"为内核的审委会制度产生深刻的影响。2019年8月2日施行的《最高人民法院关于健全完善人民法院审判委员会工作机制的意见》（以下简称《审委会工作机制意见》），正式在制度层面对审委会工作机制进行了深层次的改革。其要点如下：第一，审委会职能的"实质性"增强。《审委会工作机制意见》列举了6种"应当"提交审委会讨论决定的案件，以及5种"可以"提交审委会讨论决定的案件，这从实质上增强了审委会的职责范围。第二，对提请审委会讨论的案件区分"事实问题"与"法律问题"。《审委会工作机制意见》第31条明确规定："审判委员会讨论案件，合议庭、独任法官对其汇报的事实负责，审判委员会委员对其本人发表的意见和表决负责。"第三，列席审委会会议人员的范围进一步扩大。《审委会工作机制意见》第18条增加新的规定，可以在必要的时候邀请人大代表、政协委员、专家学者等人员列席。在征得会议主持人同意的前提

---

①参见严存生：《合法性、合道德性、合理性——对实在法的三种评价及其关系》，载《法律科学》1999年第4期。

②2009年12月8日，最高人民法院印发《关于司法公开的六项规定》，将司法公开扩大到立案公开、庭审公开、执行公开、听证公开、文书公开、审务公开6个方面。2014年7月9日，最高人民法院发布《人民法院第四个五年改革纲要（2014—2018）》，对审判流程公开、裁判文书公开和执行信息公开提出更高的要求，进一步强调和深化了司法公开。

下，列席人员可以提供说明或者表达意见，但不参与表决。这样，列席审委会会议的人员范围从原来仅检察长出席进一步扩大到现在人大代表、政协委员、专家学者等均可出席。当然，结合《审委会工作机制意见》出台的背景及语境来分析，这里的"等"应当不包括辩护方。第四，明确裁判文书应当公开审委会议决案件的决定及理由。第五，明确了相配套的保障、监督措施。这包括将审委会委员履职情况纳入考核体系以及对审委会委员、列席人员及其他与会人员的保密要求等。

《审委会工作机制意见》的上述 5 个要点，直接或间接地与检察长列席审委会会议制度相关。为实现检察长列席审委会会议制度与《审委会工作机制意见》要求同步的目标，很有必要对该制度的相关问题做些探究。

一、检察长列席审委会会议制度的存废之争

1954 年《人民法院组织法》规定，全国人民法院设立审判委员会，审判委员会的任务是总结审判工作经验，讨论重大的或者疑难案件和其他有关审判工作的问题，同时还规定同级人民检察院检察长有权列席同级人民法院审委会会议。这一规定无疑是确立了检察长列席审委会会议制度的合法性。1954 年《人民检察院组织法》第 17 条亦规定："最高人民检察院检察长列席最高人民法院审判委员会会议，如果对审判委员会会议的决议不同意，有权提请全国人民代表大会常务委员会审查处理。地方各级人民检察院检察长有权列席本级人民法院审判委员会会议。"

1979 年修订的《人民法院组织法》又将检察长"有权"列席审委会会议修改为"可以"列席审委会会议，这一修改表明检察长列席审委会会议已由主动变为被动。① 与此同时，1979 年《人民检察院组织法》却删除了 1954 年《人民

---

①关于由"有权"变为"可以"，有学者指出，1979 年《中华人民共和国人民法院组织法》第 11 条使用虚词"可以"进行的授权因属于在具体语境下的授权，而在实质层面与 1954 年《中华人民共和国人民法院组织法》第 10 条使用虚词"应当"进行的授权没有差别，此时"可以"与"应当"应作同义解释。其理由是：(1)"'可以'既被用于一般而预先地授权，此时往往意味着'可以不'。同时，'可以'也被用来表示具体语境下的授权，此时并不意味着'可以不'，而往往意味着某种必为性（确定性指引）"。(2) 虚词"可以"被用于授予私权时通常意味着"可以不"，而被用于授予公权时通常不意味着"可以不"。然而，对"可以"用于设定授权性规则时的两种语义的不加区分，使列席监督被看成是检察机关的一项具有极大不确定性的权力，也使人民法院作为这项权力的义务主体寻找不承担或懈怠承担积极义务之借口的做法有可能得以实现。参见刘加良：《论列席监督的正当性转向》，载《政治与法律》2009 年第 6 期。

检察院组织法》有关检察长列席审委会会议制度的规定。这样,检察长列席审委会会议制度的法律依据仅限于1979年《人民法院组织法》。从笔者收集的文献看,对于删除1954年《人民检察院组织法》有关检察长列席审委会会议制度的原因,至今尚没有特别权威的解释。但是,在司法实践中,这一修改使检察长列席审委会会议讨论案件的规定日益沦为形式,检察长列席审委会会议制度基本处于虚置状态。①

此后,有关检察长列席审委会会议制度的修改在1983年、1986年最高人民法院、最高人民检察院组织法的两次修订和2006年的修正中得以承继。20世纪80年代末,关于审委会审判职能存废的争论开始升温,并且在学术上分为"取消派""保留派"以及"限制派"三大流派。② 1993年9月,最高人民法院发布《最高人民法院审判委员会工作规则》,使受检察长委托的检察委员会委员也得以列席审委会会议,首次扩大了审委会会议列席人员的范围。1997年,中国共产党第十五次全国代表大会部署以"保证司法依法独立公正地行使审判权和检察权为主要目标的司法改革",由此也引发学术界对审委会制度存废的再次讨论。2004年,中央司法体制改革领导小组发布《关于司法体制改革和工作机制改革的初步意见》,强调要"健全人民检察院派员列席人民法院审判委员会会议制度"。2005年,最高人民法院《人民法院五年改革纲要》(2004—2008)确立了检察长可以委托副检察长列席审委会会议制度,并清晰地传递出最高人民法院仍然保留审委会制度的基本思路,同时也强调了要从"行政化"向"司法化"方向转变的观念。

2010年,最高人民法院、最高人民检察院联合发布《关于人民检察院检察长列席人民法院审判委员会会议的实施意见》,对检察长列席审委会会议的性质、范围、方式等进行了细化。近几年来,伴随新一轮司法体制改革的推进,在司法实务界以及律师界和学术界的积极推动、影响下,有关审委会制度存废的争论又风起云涌,进而影响到对检察长列席审委会会议制度正当性的评价。纵观检察长列席审委会会议制度在法律上和实践中的演变,可谓筚路蓝缕,有研究者将其概括为"实践—虚设—实践"的过程。③

2018年10月26日,全国人民代表大会常务委员会修正《人民法院组织法》

---

①③参见山东省肥城市人民检察院课题组:《检察长列席审委会制度研究》,载《国家检察官学院学报》2010年第2期。

②参见徐向华课题组:《审判委员会制度改革路径实证研究》,载《中国法学》2018年第2期。

《人民检察院组织法》，检察长列席审委会会议制度的相关条款在《人民法院组织法》中得以保留，而《人民检察院组织法》则将已被删掉40年的列席条款重新恢复，从而终结了仅以《人民法院组织法》作为检察长列席审委会会议制度法律根据的不正常状况。在这样的时代背景下，关于检察长列席审委会会议制度的存废之争应转向在既定的法律框架内进行改革完善，已成为学术界和实务界的共识。

然而，这种共识又由于某些热点案件或事件的发生而被"撕裂"。据最高人民法院官网报道，2019年6月4日，福建省高级人民法院召开2019年审判委员会第16次会议，讨论研究一起被告人故意杀人上诉案件，在这次会议上，福建省高级人民法院在邀请福建省人民检察院检察长列席审委会会议的同时又邀请了相关的律师到会陈述意见。①

福建省高级人民法院的"创新"举措又引起了学术界和实务界的激烈争论。有论者认为：第一，检察长列席审委会会议是行使法律监督权的一种方式，律师列席审委会会议是人民法院基于审判权解决个案的一种方式，不能将人民检察院与律师相比较并作为论据来驳斥律师受邀列席审委会会议；第二，人民法院邀请律师列席审委会会议，会导致以合议庭的庭审为中心异化为以审委会的"庭审"为中心，必然会打破人民法院内部的庭审法官与审委会之间的机制平衡，造成内部权力失衡和法官责任制的落空；第三，对检察长列席审委会会议所扮演的监督者角色与公诉人角色不做明晰、实质的区别和切割，律师参与审委会会议作为制约人民检察院的平衡力量将会导致审委会会议异化为二度"庭审"。② 概言之，问题的焦点在于：现行审委会制度的封闭性/开放性，特别是"控"③ 辩双方参与和介入的方式、深度，其深层次的问题则直击检察长列席审委会会议制度的合理性。

关于合理性与合法性的关系，有学者指出，形式上的合理性重在社会规则体系包括法律体系的统一性，这种统一性主要表现为逻辑上的统一；实质上的合理性重在对社会行为的判断符合公认的伦理、价值共同取向。形式意义的合理性与实质意义的合理性应辩证统一。人们在交往中坚持理解、论证、说服、反思、达

---

①参见《增进良性互动 提升司法公信——福建高院审委会听取检察机关与辩护律师意见》，http://courtapp.chinacourt.org/zixun.html，最后访问于2019年12月16日。

②参见王梦遥：《福建高院审委会首邀律师发表辩护意见 学者担忧或架空庭审》，http://china.caixin.com/2019-06-06/101424382.html，最后访问于2019年12月16日。

③这里的"控"表明，检察机关不是单纯扮演控方的角色，而是同时扮演法律监督者的角色。

成一致是交往行为合理性的体现，也是建立社会制度实质合法性的重要途径，只有达到"视阈融合"，才能达到法律制度的有效运行。①

从历史的角度看，检察长列席审委会会议制度与审委会制度的自身发展、演化休戚相关。自进行新一轮司法体制改革以来，这项制度的发展面临一系列新情况、新问题。在司法实践中，在辩护人"缺位"的场合，检察长列席审委会会议可能带来使其演变为"第二公诉人"的风险，即打破"控"辩平衡给公正审判带来直观的负面影响，破坏检察机关客观公正义务与法律监督的宪法定位的关系，损害以审判为中心的诉讼制度改革对检、法关系的重组调整等。这需要我们从检察长列席审委会会议制度的法理基础、基本内核以及边界或限度等方面对该制度的合理性等问题进行整体性反思，并提出符合中国特色社会主义法治建设规律的具有可操作性的对策。

二、检察长列席审委会会议制度的法理基础

我国检察机关所承担的"国家的法律监督"职能，是其全部活动终极正当性的根据。由于"国家的法律监督"本身是一个集诸多属性不一、内涵外延各异子概念于其中的集合概念，且以各个子概念为基点必然演绎出互不兼容甚至强烈排斥的不同结论，因此论证检察长列席审委会会议制度的合理性，必须在"国家的法律监督"这一基础之上确定一个具体而非泛化的基点，并由此演绎拓展开来。

关于检察长列席审委会会议制度的合理性，一个貌似无懈可击实则不值一驳的论据即是检察机关具有法律监督或者其中之"一般监督"职责。② 且不说原本涵摄于"国家的法律监督"中的"一般监督"自 1957 年以来即已在我国的检察理论、制度、实践层面同时被抽取或者搁置以后且至今没有恢复，③ 因而检察长

---

① 参见唐志国：《审判制度合理性、合法性分析》，河北大学 2005 年硕士学位论文，第 10－11 页。
② 有论者认为，检察长列席审委会会议是检察机关行使法律监督权的重要形式和途径，旨在发挥检察机关的"法律监督"作用。参见陈潇、柯葛壮、田欢忠：《检察长列席审委会制度合理性研究》，载《东方法学》2010 年第 4 期。也有论者认为，检察长列席审委会会议的根据在于我国宪法和人民检察院组织法规定检察机关是国家的法律监督机关，并且具有刑事诉讼法、民事诉讼法、行政诉讼法规定的包括审判监督在内的诉讼监督权，能够制约审判委员会并弥补审判的缺陷。参见余捷：《检察长列席审委会工作的价值与规范》，载《人民检察》2009 年第 24 期。
③ 1957 年最高人民检察院张鼎丞检察长在全国省、市、自治区检察长会议的报告中指出："一般监督工作不要普遍做，可以保留为武器，由党来掌握。"他虽然没有明确提出废止或者取消"一般监督"，但是实际上否定了其实践价值。

列席审委会会议制度的设立，显然与检察机关的"一般监督"并无关联性，单就该概念本身的意蕴而言，所有的国家机关、社会团体和个人，均是检察机关"一般监督"的对象。① 但是，源于苏联的检察机关法律监督尤其是一般监督制度，主要是为了解决全国各地法制不统一的问题，而此问题在我国并不突出，我国检察机关在整体上不必担心不同人民法院援引不同法律或者对同一法律存在不同的理解，进而需要对之实施法律监督的问题。从更基础的方面说，近现代国家对民主法治理念的贯彻，主要是依靠配置给不同国家机关各具制衡性的权力而不是依靠特设某一国家机关专司平衡或监督之职来实现的。循此思路，断言我国的检察权与审判权的配置模式是国家权力在司法领域"二次分化"的结果或表现，② 有其合理性，但断然推导不出检察机关监督审判机关的正当性。至于所谓检察机关派员监督审委会的正当性论据——我国检察机关与审判机关之间存在"分工负责，互相配合，互相制约"关系，则因检察机关抑或审判机关并不能根据其"配合"或者"制约"职能影响或者改变对方的决定，并且监督具有明显的单向性，因而暴露出其偷换概念的不足。我国检察理论的奠基人王桂五在谈到有关监督与制约的关系时就指出，监督与制约在法律上是两个不同的概念。互相配合、互相制约是公、检、法机关在办理刑事案件时处理相互关系的准则，而法律监督是一种国家权力。不能将公安机关、检察机关、审判机关在刑事诉讼过程中的"互相制约"说成是"互相监督"。只有检察机关对公安机关和审判机关的制约，才同时具有法律监督的性质。③

在探讨检察长列席审委会会议制度的合理性时，一个人们习以为常但明显错误且导致检察长在列席审委会会议时出现角色混同、职能错位的论据，是检察机

---

① 第九届全俄中央执行委员会第三次会议决定通过的《检察监督条例》第 2 条规定了检察机关的职权："（一）以对犯罪人追究刑事责任及对违法决议提出抗议之方式，代表国家对一切政权机关、经济机构、社会团体、私人组织以及私人的行为是否合法，实行监督。"1950 年 8 月 6 日，最高人民检察署李六如副检察长在第一届全国司法会议上所作的《人民检察任务及工作报告大纲》中指出："人民检察署……根据法律，实行检察全国政府机关、公务人员和国民，是否严格遵守法律、法令、决议、政策等为其主要任务。"

② 有论者指出："在分权与制衡思想的影响下，国家权力在资本主义社会发生了它发展史上的第一次分化，立法权、司法权同行政权分开，司法权独立出来。列宁建立世界上第一个社会主义国家后，创立了社会主义法律监督思想，设立了独立于行政机关和审判机关之外的、实行自上而下垂直领导的、专门行使法律监督权的法律监督机关——检察机关。国家权力在人类历史进入到社会主义社会的时候，发生了第二次分化，检察权同审判权和行政权分开，独立出来。"李兴友、任国强：《关于检察权优化配置的几个问题》，载《河北法学》2008 年第 11 期。

③ 参见王桂五主编：《中华人民共和国检察制度研究》，中国检察出版社 2008 年版，第 340 页。

关具有公诉职能,更有甚者对检察长之公诉角色与监督职能言之凿凿。①

其实,关于这个问题的争论由来已久。早在1963年4月13日,学界对于"当事人应否包括支持公诉的检察长和被害人的问题"就进行过讨论。有论者认为,检察长是国家法律监督机关的代表,不应作为当事人,即不应把检察长降低到与被告人同等的地位;而被害人是犯罪活动的直接受害者,与案件有切身的利害关系,应当作为当事人,使其在诉讼中享有与被告人同等的诉讼权利,这样才符合群众的心理,才能使被害人积极参加诉讼活动和充分维护其合法利益。也有论者认为,在我国的司法实践中,检察长从来都是公诉案件的原告人,是诉讼的一方,当事人也包括检察长。不过,检察长虽然是当事人,但是其在诉讼中享有的权利和所处的诉讼地位与被告人的并不相同,把检察长作为当事人,并不会减损其作用。②

且不说检察机关如欲派员在审委会会议上重申、强调、修改或者补充公诉意见,承办案件的检察官因掌握案件相关信息的全面性和准确性明显优于通常不直接承办案件的检察长,其列席审委会会议具有更强的优先性和适配性,单就检察机关之公诉职能本身及其延伸而言,检察机关之派员履行公诉职能时,仅是该讼争事项的原告,既不应比被告人处于某种更为优势的地位,也不能对人民法院依法独立行使审判权形成某种不恰当的干预、威慑和影响。能够成为审委会会议议决的事项,双方当事人的意见通常已在或者应当在开庭审判时得到充分的表达,并不允许任何一方当事人在审委会议决该事项时尤其是在对方缺席的情况下不合时宜地重申、补充或者修改原来的主张。当检察长以公诉人的实质身份列席审委会会议时,如果不能对审委会的决定产生某种实质性的影响,那么其就是一个毫无意义的旁观者;如果能对审委会的决定产生某种实质性的影响,那么其不仅妨碍了审委会依法独立行使审判权,而且因被告方此时的缺席破坏了控辩双方应有且原有的对等(称)平衡结构,反而会严重妨碍审判公正的维护和彰显,势必获得事与愿违的后果。由此可见,审委会的性质和职能绝对地排斥检察机关的公诉性质和职能。

依据检察机关诉讼监督职能之下的审判监督职能,所有行使审判权之主体或

---

①有学者认为,检察长列席审委会会议对所讨论案件"发表意见,依法履行法律监督职责",实质上是把公诉权与法律监督权捆绑在一起行使,势必招致对检察机关"既是运动员又是裁判员"的强烈质疑。参见顾永忠:《检察长列席审委会会议制度应当取消——写在〈人民法院组织法〉修改之际》,载《甘肃政法学院学报》2017年第4期。

②参见闵钐:《中国检察史资料选编》,中国检察出版社2008年版,第450页。

者对审判权之行使产生影响、支配作用之主体，均是检察机关实施审判监督的应然对象；所有已经或者可能妨碍审判公正及其彰显之情形，均处于检察机关审判监督的范围。由于审委会是人民法院审判业务的核心领导和决策机构，且其承担"总结审判经验，讨论重大的或者疑难的案件和其他有关审判工作的问题"的任务，不可避免地会对案件审判（无论是个案还是类案）产生影响，尤其是其有关"重大的或者疑难的案件"的议决结论会直接成为裁判文书的主体内容，因此其自当成为检察机关实施审判监督的对象。就审委会议决"有关审判工作的问题"而言，无论是议决结论还是议决过程，抑或议决形式甚至审委会成员会前或者会中的言行，都可能对公正审判的实现和彰显产生某种直接或间接的、显性或者隐性的影响，都应当被纳入检察机关审判监督的范围。与此同时，审委会作为人民法院的内设机构，虽然有其封闭性、独立性和自治性的一面，但是其独立性和自治性应当限于"依法独立行使审判权"，不得因此排斥、抗拒检察机关依其"依法独立行使检察权"所必然衍生的依法独立监督审委会的职权，因此必须对检察机关保持便于其行使审判监督职权的开放性。这既是审委会接受检察机关审判监督的当然内涵，也是检察机关履行审判监督职责必备的前提条件。"当取消审委会的裁判权力在短期内不可行时，改变此权力以往的运行模式便成为次优的选择，检察机关的参与于是成为审判委员会之裁判权力运行的拐杖，列席监督随之成为间接满足案件当事人和一般社会公众对审判过程的正当性所长期持有之诉求的制度载体，可以说，在现有的体制框架内，审判委员会会议对重大或疑难案件的讨论因为列席监督的存在而正当。"[1] 检察长作为检察机关之派员列席审委会会议的合理性的确切论据即在这里。

三、检察长列席审委会会议制度的基本内核

从检察机关所具有的审判监督职能可以推导出其派员监督审委会活动具有合理性，但何以非检察长不可、何以非列席方式不行，依然有待做进一步的论证和阐明。事实上，检察机关介入审委会议决审判相关性问题的活动，无论是就其派员要求而言，还是就其介入方式而言，都不是随意、偶然的，归根结底是由审委会的组织机构特性、议决问题方式以及检察机关监督审委会活动的目的决定的。

---

[1] 刘加良：《论列席监督的正当性转向》，载《政治与法律》2009年第6期。

审委会因其议决事项与审判工作的相关性而成为检察机关审判监督的当然对象，进而必须保持相对于检察机关审判监督的开放性。但是，审委会毕竟只是人民法院内部"有关审判工作问题"的最高级别议决机构，具有明显的封闭性和即决性特征。会议一旦结束，一个严谨和完整的会议纪要也难以向检察机关提供其实施监督所需的、近乎"还原"式的审委会活动的相关信息，从而使得检察机关不可能像侦查、庭审、裁判执行阶段那样，可凭借审查批准逮捕、审查起诉、出庭公诉或者受理其他社会主体之举报或者投诉，获得履行诉讼监督职责必要且充分的信息，即时或者及时表达诉讼监督意见，采取诉讼监督措施，只能指派检察人员在审委会议决问题时现场收集审判监督的主要信息。尤其是审委会通常只是一次性地议决相关事项，不可能等待检察机关仔细考虑是否提出监督意见，也不可能等待检察机关指派临会人员将审委会议决的相关情况报告检察机关且经其内部议决后再正式提出监督意见，而是原则上要求检察机关即时提出监督意见以便即时议决和回应，毕竟检察机关的监督意见尤其是重大意见最终须由审委会议决，且绝大多数可能妨碍审判公正及其彰显之问题，可通过双方的简单商谈得到及时解决。综合考虑以上因素，在检察机关中既能够满足上述要求，同时又能够满足审委会代表人民法院与检察机关之派员代表人民检察院之身份的对称性或对等性要求，进而代表检察机关列席审委会会议的最合适人选，只能是检察长或者是经其授权的副检察长。

就"列席"语词的一般用法而言，有两个方面的核心内涵：第一，列席者原本不具备参加会议的资格，只是应会议组织者的邀请观摩会议，汇报与会议议题相关的事项或者听取会议精神。第二，列席者不参加会议议题的讨论和表决，也不评价会议过程及其议决结果，更不得基于任何理由直接要求撤销或者变更议决结论。然而，在我国检察长列席审委会会议制度的语境中，检察长肩负代表检察机关监督审委会公正审判的职责，其列席审委会会议并非以备审委会议决相关问题时调查核实情况或者咨询之需，亦非为了观摩或者见证，更不能"友情客串"法官角色，而是一个置身于控辩双方诉求之外、独立于审委会的监督者。与此同时，"监督"语词的核心内涵，是指监督者决定、支配或者影响被监督者的行为。但是，检察机关是一个集体决策机关，对审委会的正式监督意见须经检委会集体议决。检察长列席审委会会议期间，虽然可以质询或者质疑审委会可能妨碍公正审判及其彰显之情形，审委会亦可就此于现场做出合理解释或者妥当处置，但是如果检察长不能接受审委会的解释或者处置，那么其质询或者质疑并不直接且必然地具有审判监督效力，是否确实要转化成具有法律效力的审判监督意见，尚待检委会议决以后并以检察机关的名义提出。由此可见，无论是用"列席"还是用"监督"，抑或用其他语词，都不足以精确且全面地描述检察长（检察机关）与审委会（审判机关）之间的微妙关系，综合比较而言，采用"列席"一词相对较为妥当。

检察长列席审委会会议实施审判监督，必须具备与之相匹配的监督方式和话语权。关于此问题，最高人民检察院与最高人民法院达成的检察长列席审委会会议可以"对于审判委员会讨论的案件和其他有关议题发表意见"的共识似乎还存在一些需要明确之处。① 目前，在司法实践中普遍存在应然监督异化为实然公诉、应然审查异化为实然商谈的偏颇做法。② 究其原因，在于没有深刻认识到检察长列席审委会会议的目的以及检察机关与审判机关尤其是检察机关公诉职能与审判监督职能的差异性。检察长列席审委会会议可以重申、修改、补充公诉意见的谬误前已论及，此处不再赘述。而所谓检察长与审委会成员通过商谈甚至相互妥协消除分歧、达成共识，实际上是将检察长由审委会会议的监督者降格为审委会会议的参与者和实际表决者。就检察长而言，这是对审判权的不合理入侵；就审委会而言，这是对审判监督权的不合理妥协。检察长列席审委会会议虽然难免与审委会委员交谈，但是双方的交谈不是平等、可逆的。检察长的口吻显然始终是质询、质疑式的，具有明显的单向性，只存在检察长能否接受审委会及其委员

---

①最高人民检察院、最高人民法院于2010年联合发布的《关于人民检察院检察长列席人民法院审判委员会会议的实施意见》第2条规定："人民检察院检察长列席审判委员会的任务是，对于审判委员会讨论的案件和其他有关议题发表意见，依法履行法律监督职责。"2017年7月4日，最高人民检察院发布《人民检察院刑事抗诉工作指引》，将之前的"可以列席"修改为"应当依法列席"。

②例如，《最高人民法院关于贯彻宽严相济刑事政策的若干意见》规定："各级人民法院要加强与公安机关、国家安全机关、人民检察院、司法行政机关等部门的联系和协调，建立经常性的工作协调机制。要根据'分工负责、相互配合、相互制约'的原则，加强与公安机关、人民检察院的工作联系，既要各司其职，又要进一步形成合力。"该规定没有明确检、法协调的具体内容是否涉及具体个案的审判问题，至于地方检、法机关将检、法协调办案作为经验介绍和推广的不在少数。这充分表明检察机关的公诉职能与审判监督职能的区分问题并未引起足够的重视。与之相反，《最高人民法院最高人民检察院关于建立"两高"工作协商制度的意见》关于"对具体案件的协调，依照法律规定办理，不属于工作协商的内容"的规定，则有利于正确区分检察机关的公诉职能与审判监督职能。

的解释或者处置的问题，而不存在双方平等交谈和相互妥协的问题。① 审委会虽然可以不顾检察长的意见径行议决"审判相关性"问题，但是很可能遭遇不以其意志为转移的来自检察机关的抗诉。检察长列席审委会会议行使话语权不充分，并不足以动摇审委会受检察机关基于审判监督目的而实施影响的实质。

质疑检察机关的审判监督权特别是检察长列席审委会会议制度合理性的观点，可以追溯到对审判机关依法独立行使审判权的认识。有论者认为："检察官对法官实施法律监督，会干预审判，破坏司法独立和司法公正。"② 这种观念的产生有一个深刻的背景，那就是以英美法系国家的检察官角色为模型来度量我国的检察官和审判监督制度。③ 有研究成果表明，检察机关对审判机关的审判活动进行监督制约，并不是我国司法制度的特例，而是在国际上具有普遍性。考察一个国家的检察制度，可以从政治体制、司法体制及诉讼程序三个方面进行。④ "之所以西方国家的检察机关在法律上未被明确列为法律监督机关，主要是因为在其政治体制下，法律监督权不具有独立的宪法地位，检察机关附属于行政机关，但是这并不可以简单地等同于或者推导出这些国家的检察机关行使公诉权时，不具有审判监督的职能作用。即使是在实行当事人主义和对抗制诉讼模式最为彻底的美国，也存在一定的检察官对审判的监督。"⑤ 我国宪法规定，我国的国体是工人阶级领导的、以工农联盟为基础的人民民主专政的社会主义国家。由国体所决定的政权组织形式即政体，是人民代表大会制度。在人民代表大会制度的框架下，人民检察院与人民政府、监察委员会、人民法院一道由人民代表大会选举产生并对其负责，受其监督。由人大监督派生出来的检察机关的法律监督具有独立的宪法地位，2018年宪法修正案增设监察委员会作为国家的监察机关，但检察机关作为国家"法律监督机关"的宪法地位并没有改变，变化的只是在

---

①司法实务部门有论者认为，检察长列席审委会会议制度是检察机关具有明显协调特征的诉讼监督手段，在解决检、法存在认识分歧的案件方面具有重要的作用，并援引某市人民检察院检察长列席审委会会议的案例作为"说明"，即（在检察长列席审委会会议的过程中）"与会人员对一起案件的处理有较大分歧，讨论接近僵局。检察长建议暂停对案件的讨论，建议检察机关补充证据材料后，由法院再次开庭对新证据进行质证后下一次会议复议，复议时委员们意见趋于一致，取得了较好的效果。"项岩、姜伟：《司法体制改革中完善检察长列席审委会会议制度的新视域》，载《上海政法学院学报》2018年第1期。上述论者显然是将列席审委会会议制度所具有的协调性特征简单地等同于具体的操作模式，进一步而言，他们将对检察长列席审委会会议制度合理性的认识又回到混淆检察机关的公诉职能与诉讼监督职能的区别的老路上。

②参见何家弘主编：《检察制度比较研究》，中国检察出版社2008年版，第490页。
③何家弘主编：《检察制度比较研究》，中国检察出版社2008年版，第490页。
④参见谢鹏程：《检察规律论》，中国检察出版社2016年版，第6页。
⑤何家弘主编：《检察制度比较研究》，中国检察出版社2008年版，第494-495页。

法律层面将检察机关的职务犯罪侦查权调整为由监察委员会行使（但保留了14个罪名的侦查权）。这样，长期以来所谓"检察机关对审判人员职务犯罪的侦查权被视为审判监督的一种方式"、检察官成为"法官之上的法官"的忧虑将逐步减弱。事实上，检察长列席审委会会议还可以起到补强审判机关"抵御不当干扰"力量不足的作用。在论证审委会制度的合理性时，我们时常可以看到其通过集体决策"抵御不当干扰"的制度设计初衷及其实际效果的表述，实际上，检察长列席审委会会议起到了加强这方面效果的作用。因此，有论者指出："寻求外在的力量支持成为人民法院更好地排除不当干扰或排除更强大的不当干扰的必选项，以监督影响公正审判的权力主体和压力集团为主要内容的列席监督成为最佳的必选项……检察机关以其'国家的法律监督机关'的身份可以名正言顺地予以正面抗击，这也是检察机关履行列席监督职能所应尽的义务。即便压力集团不可遏制，审判机关在无奈接受其解决方案之前，可以列席监督的存在为理由让压力集团寻找检察机关进行较量，压力集团的干扰成本会因此大大增加，降低干扰预期、放弃此次干扰或以后不再进行类似的干扰就会成为可能发生的事情。"[1]

四、检察长列席审委会会议的限度

公正是司法的首要价值，确保审委会审判的公正性及其彰显是检察长列席审委会会议的目标和任务。审委会议决活动与审判职权的实质关联性及其影响公正审判的可能性，构成检察长考察评价审委会及其委员所实施的相关事项是否正当的标准；检察机关公诉职能与审判监督职能尤其是后者与人民法院审判职能的明确区分，是检察长监督审委会制度正当化的必备条件和可靠保障。

在检察长列席审委会会议制度的设计上，有的学者提出了所谓"诉讼化改造"的思路。例如，有论者指出，根据最高人民检察院、最高人民法院2010年联合发布的《关于人民检察院检察长列席人民法院审判委员会会议的实施意见》第3条、第7条关于审委会讨论可能判处被告人无罪的公诉案件、可能判处被告人死刑的案件、检察机关抗诉的案件，检察长或者受其委托的副检察长列席审委会会议，可以在人民法院的案件承办人员汇报完毕后、审委会委员表决前发表意见，具有明显的公诉化倾向与嫌疑。该论者在明确反对实践中检察长列席审委会会议重复公诉意见的同时，又明确提出诉讼化改造是检察长列席审委会会议制度

---

[1] 刘加良：《论列席监督的正当性转向》，载《政治与法律》2009年第6期。

改革可资选择的重要方案，甚至主张控辩双方均得如参加庭审一样参与审委会并享有相应的诉讼权利。① 这种观点实际上表明该论者的思维又回到了将检察机关的公诉职能与审判监督职能相混同的老路上。

　　审委会的活动与审判公正具有关联性的最为显见事项，是其议决"重大的或者疑难的"具体个案。案件事实是否清楚、证据是否确实充分、适用法律是否正确、程序是否合法以及司法人员是否恪守执业纪律和道德规范等，作为司法公正能否得到有效实现和充分彰显的决定性因素，也是检察机关判断司法是否公正并决定是否采取相应监督措施的整体性标准，对检察长监督审委会的活动具有同等的适用性。检察长代表检察机关列席审委会会议，虽然亦必须遵循一系列规范，但是其毕竟只是以审委会议决活动为中心，不是（能）重复甚至取代检察机关其他职能部门应当在其他环节、通过其他监督方式来解决的其他问题。在检察长列席审委会会议的过程中，对于此类问题，仅需提示审委会加以关注或者要求其指令本院其他职能部门加以关注和解决即可，因此，其考察评价审委会活动的重点以及标准主要在于：第一，审委会的组成及议决规程是否合理或者合法，是否贯彻了民主集中制原则；第二，审委会议决"重大的或者疑难的案件"时，承办案件的法官汇报情况是否全面、客观；② 第三，审会委议决类案或事项时的标准是否具有延续性、统一性；③ 第四，参与议决"重大的或者疑难的案件"的审委会成员与案件本身是否有利害关系，是否有违反法官执业纪律与道德规范的情形。此外，作为检察长列席监督审委会职能的必然延伸要求，检察长对经审委会议决的"重大的或者疑难的案件"的裁判文书相关内容是否与审委会议决的结果相一致负有监督的职责。

　　基于个案审判正义与审判制度正义的辩证关系，以及两者均是检察机关审判监督的事项，检察机关对后者的监督甚至处于更为基础的地位，具有更为根本的意义。审委会作为审判机关审判业务的核心领导机构，在审判制度的具体建构、

---

① 参见乔书兰：《检察长列席审委会制度诉讼化改造探析》，载《铁道警官高等专科学校学报》2013年第1期。

② 从法学原理上讲，审委会制度对于"事实问题"与"法律问题"的区分是比较清晰的。这也是中国特色审委会制度的优势所在。有论者指出，我国不实行陪审团审理制度，法官既负责认定事实，也负责适用法律，似乎没有区分"事实问题"与"法律问题"的必要。其实，这是一种误解。参见陈杭平：《论"事实问题"与"法律问题"的区分》，载《中外法学》2011年第2期。

③ 与此同时，在审委会议事程序中，合议庭应当提交拟讨论案件的类案及关联案件的检索情况，从而拓展审委会讨论案件的"信息群"，促进议决案件与类案及关联案件之间的信息开放交换，以供审委会在讨论决策时参考。

运作、优化过程中具有重要的作用，其有关审判制度的议决结果会对审判制度的正义与否、进而对不特定个案审判结果的正义与否产生深远的积极或者消极影响，应当接受检察机关审判监督（可以拓展为诉讼监督）式的考察和评价。但是，此类情形难于穷尽罗列，需要检察机关和检察长根据审委会议决事项与审判工作的实质关联性以及议决结果对审判正义可能产生的影响加以区分：只有在审委会的议决结果可能对审判权的行使、诉讼程序的运作、潜在（实在）个案的审判结果产生直接或者间接影响，包括可能侵害其他司法机关的司法职权和诉讼主体的诉讼权利时，才能成为检察长列席监督的事项。这也是检察机关监督审委会正当化根据的核心内涵和要求。从这种意义上讲，"总结审判经验"作为审委会的重要任务之一，虽然与具体个案的审判并无直接关联性，但是绝不可以因此直接将其排除在检察机关列席监督审委会会议的范畴之外。因为某种经审委会总结推行的审判经验，如果成为审委会要求法官必须遵循的法则，而法官循此经验法则审判案件可能影响程序正义或者实体正义，那么就构成与审判公正的实质关联性，应当将其纳入检察长列席审委会会议时的考察评价事项范畴。①

检察长列席审委会会议的合理性根据主要是检察机关所具有的审判监督职能。检察机关所具有的公诉职能与诉讼监督职能的区隔性，决定了检察长列席审委会会议绝对不得重申、修改或者补充公诉意见，并且也应当排除案件承办部门之主管副检察长作为检察长委派人员列席会议，以免后者先入为主，自觉或不自觉地片面维护其公诉意见。检察机关的职能尤其是审判监督职能与审委会审判职能的区隔性，决定了检察长列席审委会会议时，绝不可以与审委会成员就具体案件的裁判问题进行商谈甚至共同决疑，否则会造成审判职能与审判监督职能甚至公诉职能的交叉和混同。关于检察长列席审委会会议时其所享有的审判监督职能的范围，有论者明确指出："对审判的监督原则上应限于法官的非裁判性行为及个人行为。对事实的认定、对法律的理解和适用属于法官独立行使审判权的范畴，不应当作为监督对象。"② 由此可以看出，该论者严格区分审判监督职能与

---

①例如，有论者指出："当一个案件或者一个法律问题提交到审委会时，就已经超越了个案的判断。换句话说，审委会讨论重大、疑难案件时，投射出更多的司法政策意义，更需要检察长的参与。检察机关是法律监督机关，负有维护法律统一正确实施的职责。检察长参与审委会，了解司法政策的走向，并基于法律监督机关的角色发表专业意见，既有促进司法政策正确制定的作用，也有利于维护国家法律的统一实施。在此层面来说，检察长列席审委会属于法律监督的范畴。"邹开红、闫俊瑛：《检察长列席审判委员会制度》，载《国家检察官学院学报》2010 年第 4 期。

②乔书兰：《检察长列席审委会制度诉讼化改造探析》，载《铁道警官高等专科学校学报》2013 年第 1 期。

审判职能的立场是明确、坚定的，其有关审判监督事项范围的界定虽不周延但还比较准确。然而，其将具体个案的裁判问题——对事实的认定、对法律的理解和适用——绝对排除在审判监督的范围之外，则明显忽视了一个基本事实：法官良好的职业道德操守和公正裁判意愿并非获得公正裁判结果的充要条件，法官"对事实的认定、对法律的理解和适用"同样可能因为个体智识的欠缺而出现错误，需要由他人加以提示和纠正。因此，针对此类情形，检察长只要不是针对审委会议决具体个案本身质疑，审委会就应当慎重考虑列席审委会会议的检察长的意见。

五、检察长列席审委会会议的理想模型

就审判业务而言，审委会实际是其所属人民法院纳入议决范围事项的终端决策机构，所有"有关审判工作的问题"，无论是控辩双方的合理诉求，还是检察机关的审判监督意见，均得在此获得充分的表达和慎重议决，以便及时终结诉讼程序。检察长列席审委会会议制度的理想建构，应当服从于及时终结诉讼程序的目的，与其审判监督职能相匹配，与审委会的终结性功能相衔接。

在通常情况下，能够成为审委会议决事项的"重大的或者疑难的案件和其他有关审判工作的问题"，检委会在此之前一般也会将其作为"重大案件"或者"重大问题"进行审议。[①] 鉴于检察机关公诉职能与诉讼监督职能的区隔性以及两者与人民法院审判职能的区隔性，检委会和审委会虽然分别是检察机关和审判机关的业务核心领导和决策机构，但是两者只有机构设置形式上的对称性，并不具有实体职能上的对称性或者对抗性。检委会在审委会议决相关问题之前，既不可能准确、全面地掌握或者预测审委会可能妨碍审判公正的全部情形，以便有的放矢地进行监督，因而检察机关对审委会活动的事前监督不具有可行性；也不可能在审委会议决相关问题时双方全员对阵，以便双方同场即时决断，因而检察机关对审委会活动即决性的事中监督亦不具有现实可行性。囿于检察机关之公诉与诉讼（审判）监督的双重职能，检委会议决此类事项时，不仅应当确定最终的公诉意见，而且应当就本院其他审判监督职能部门在其他诉讼环节以非检察长列

[①]《中华人民共和国人民检察院组织法》第31条规定："检察委员会履行下列职能：（1）总结检察工作经验；（2）讨论决定重大、疑难、复杂案件；（3）讨论决定其他有关检察工作的重大问题。"该法第32条规定："地方各级人民检察院的检察长不同意本院检察委员会多数人的意见，属于办理案件的，可以报请上一级人民检察院决定；属于重大事项的，可以报请上一级人民检察院或者本级人民代表大会常务委员会决定。"

席会议的其他方式提示但人民法院尚未合理回应的审判监督情形，确定最终的审判监督建议，以便检察长在列席审委会会议时予以重申和强调。由于检委会关于此类情形的议决结果是决断性的，不以检察长个人的意志为转移，因此检察长在列席审委会会议时，只需将检委会的最终审判监督建议正式通知审委会即可。在此须指出的是，除非审判机关已经作出妥当处置或者审委会作出合理的解释，否则检察长不得未经检委会重新议决而擅自撤销或者变更审判监督建议。

检察长列席审委会会议，原则上只是作为检察机关已经确定的审判监督建议的重申者和强调者，或者只是审委会议决活动有无妨碍审判公正情形的收集者和提示者，不得干扰、中断、迟滞审委会依法独立行使审判权的会议议程。从审委会议决事项的信息量看，在审委会会议议程决定之时，就议决案件而言，其议程所涉及的信息量已经成为固定而非流变状态，信息量在审委会上只存在完整、充分传递与表达的情境，而不存在信息量的增加、减少或其他变动之情形。因此，为回应所谓控辩双方平等之质疑，审委会可以考虑进行主动、有限的开放，即在审理一些重大疑难案件时，审委会成员可以观摩法庭的审判。这种观摩既有利于提高审委会成员的亲历性或直观性，又有利于保障法庭审判控辩双方的平等性。同时，正如《审委会工作机制意见》所规定的，也可以邀请人大代表、政协委员及客观中立的专家、学者列席审委会会议。

但是，在出现特殊情况时，如审委会与检察长就某些审判监督事项出现尖锐对立的意见，而审委会在检审双方未解决分歧之前即进行议决的情况该如何处理，值得深入思考。为了有效避免此类情形的发生，有必要建立审委会议程中断机制，即在检察长列席审委会会议出现此类情形时，检察长得要求审委会暂时中止会议议程，以便其将此类情形提请本院检委会议决后再次正式提出监督建议；审委会也应当就此类情形主动或者应检察长的要求中止会议议程，并在收悉检察机关正式监督建议后再次审议并就议决事项本身作出决定。审委会议程中断机制，不仅有利于检、法双方慎重论证和妥当处置原则分歧，尽可能降低和避免司法风险，而且有利于尽可能避免将在本级人民法院和人民检察院能够有效化解的争议提交上级人民法院和人民检察院审查处理，从而降低双方当事人不服裁判结果的上诉、申诉和检察机关抗诉的可能性，及时终结诉讼程序，提高诉讼效率。有论者指出："将检察监督的重心从'纠错于既然'转移到'防错于未然'之上，事后性抗诉监督将得到减少，法院裁判的既判力和司法权威将得以更好地维护，抗诉监督程序将成为实至名归的特殊救济程序。"① 当然，审委会议程的中断，可能导致具体个案不能在法定诉讼期间内终结，因而有必要将其列为诉讼期间延长的正当化事由。

就检察长列席审委会会议所获悉的人民法院其他业务部门以及审委会可能或者已经有碍公正审判的绝大多数事项而言，其即席发表的意见并非当然且直接地成为检察机关的审判监督建议，进而对人民法院相关业务部门或者审委会当然且直接地发生审判监督性的作用和影响，而是需要转化成为检察机关的审判监督建议，并且除就上述可导致审会委议程中断的正当化事由的建议之外，只可能在该正常诉讼阶段之外对人民法院发挥审判监督的作用，以免有干扰和妨碍人民法院依法独立行使审判权之嫌疑。检察长列席审委会会议时围绕审判监督即席发表的意见，审委会未予采纳或者作出合理解释的，检察长得将其即席发表意见所涉及的人民法院方面可能有碍公正审判的情形以及应当采取的审判监督措施建议提交本院检委会讨论审议。检委会不认可的，检察长列席审委会会议的任务职责到此终结；检委会认可的，即转化成为正式的审判监督建议，并可依法采取审判监督措施。就后者而言，主要可能涉及三个方面的情形和相关监督措施：第一，对于可能或者已经妨碍审判公正的，检察机关应当依法抗诉，或者提请上级检察机关依法抗诉；第二，对于司法工作人员可能或者已经涉嫌贪污受贿、渎职侵权犯罪的，检察机关应当依法立案侦查；第三，对于司法工作人员可能或者已经违法违纪但未构成犯罪的，② 检察机关应当依法向其所隶属的纪检、监察部门以及选举人民法院院长和人民检察院检察长、任免法官和检察官的人大等提出要求核查处理的建议。③

当前，检察长列席审委会会议涉及审判权运行与检察权运行两套机制，相关司法责任的规定特别是检察机关关于检察长列席审委会会议的司法责任规定尚处于空白状态。检察长列席审委会会议虽然没有表决权，但是由于其会影响审委会委员的意见，因此其也应承担相应的司法责任。④ 检察机关落实司法责任制，有

---

① 刘加良：《论列席监督的正当性转向》，载《政治与法律》2009 年第 6 期。
② 例如，在主审法官将案件提请审委会讨论的过程中，案件承办人向审委会汇报案情时隐瞒主要证据、重要情节和故意提供虚假材料的，按照《关于人民法院完善司法责任制的若干意见》的规定，应依法追究案件承办人违法审判的责任。
③ 参见项谷、姜伟：《司法体制改革中完善检察长列席委会会议制度的新视域》，载《上海政法学院学报》2018 年第 1 期。
④ 参见项谷、姜伟：《司法体制改革中完善检察长列席委会会议制度的新视域》，载《上海政法学院学报》2018 年第 1 期。

助于缓解长期以来对列席审委会会议制度作为检察机关公诉职能延续的合理性质疑。[1]

检察长列席审委会会议制度的合理性，从本质上讲源于检察机关的审判监督职能。这一制度的适用在实践中难于且受困于检察机关审判监督职能与公诉职能的严格界分。但无论如何，检察机关具有审判监督职能的理念应当成为我国检察长列席审委会会议制度建构的理论基础、主导思路与基本进路，并循此解决检察长列席审委会会议该与不该、为与不为、如何作为等悬而未决的诸多问题，以期实现与审委会工作机制改革的同步，进而为审委会制度的不断完善提供有价值的参考。

对照《审委会工作机制意见》的规定，检察长列席审委会会议制度同样存在需要进一步完善的地方，特别是在审委会严格区分"事实问题"与"法律问题"的背景下，列席审委会会议的检察长应严格区分检察机关所扮演的公诉人角色与诉讼监督者角色，将自身定位为审委会会议的信息"收集者和提示者"，注重对审委会议决的程序性、规范性监督。在检察机关内部，将检察长列席审委会会议履职情况纳入考核体系，以述职等形式在检察机关内部予以公示，从而实现检察长列席审委会会议制度与审委会制度改革同步的目标，不断提高司法公信力，更好地维护社会公平正义。

---

[1] 参见韩旭：《检察长列席法院审判委员会制度之检讨》，载《暨南学报》（哲学社会科学版）2009 年第 1 期。

检察官角色与司法公信力

——基于中国地方经验的社会学分析

内容提要：本文基于对角色理论与政府信任理论两者之间关联性的认识及对中国 M 市检察机关的定量定性分析，研究发现地方检察官在法律、社会和检察组织中扮演的角色，决定了检察权的职能履行形态及具体行动策略，地方检察官角色与司法公信力呈现双向互动的关系样态。检察官的角色认知、"自觉"对司法公信力的形成有着重要的影响。主张从检察官制度、职业伦理、角色意识以及监督评价机制改革等方面努力，不断提高司法公信力。

关键词：地方检察官；角色；政府；信任；司法；公信力

一次不公的司法判决比多次不公的其他举动为祸尤烈。不法行为弄脏的是水流，而不公的判决则将水源污染了。

——培根《论司法》

全国政法机关要进一步提高执法能力，进一步增强人民群众安全感和满意度，进一步提高政法工作亲和力和公信力，努力让人民群众在每一个司法案件中都能感受到公平正义。

——习近平 2013 年 1 月 7 日在全国政法工作电视电话会上的讲话

中国检察机关在维护司法公信力方面承担着独特而重要的角色。《中华人民

---

* 本文系作者中国社会科学院法学研究所博士后出站报告精练版，获 2013 年第八届中国法学青年论坛征文三等奖。

共和国宪法》（以下简称《宪法》）第 129 条规定："中华人民共和国人民检察院是国家的法律监督机关。"这表明法律监督是我国检察机关的根本属性和职责。社会主义国家的公共权力配置中，监督权具有相对的独立性。① 法律监督作为中国检察机关的功能特色，也是其与西方国家检察机关作为单纯公诉机关的分水岭。中国检察机关通过依法对国家工作人员（包括司法工作人员）职务犯罪案件进行侦查、依法批准逮捕、提起公诉，以及对侦查活动、审判活动、执行活动进行监督，保障法律统一正确实施，维护司法活动公信力，捍卫法治尊严。但是，长期以来，对有关检察机关、检察官与司法公信力的研究，主要停留在检察机关法律监督的功能主义视角。这种功能主义视角主要存在着两个方面的缺陷：第一，侧重于法律监督功能的单向度输出，相对忽视对社会受众面的反馈机制的研究；第二，侧重于对检察机关作为组织层面的集体司法决策的研究，相对忽视对检察官作为主体层面的群体司法行为的研究。此外，研究的方法上，功能主义视角大多侧重于抽象的、理论层面的研究和论证，相对忽视具体的、实证层面的调研和探讨。②

本文基于中国南方 M 市检察机关 2002—2011 年检察情况（主要以工作报告为蓝本并进行适度的延伸）以及对 M 市检察机关主要负责人、案件承办检察官、一般检察官和律师等进行深度访谈得来的定量定性资料，采用社会学的角色理论与信任理论作为理论框架，以检察官在法律、社会和检察组织中扮演的角色为主线，提出的基本假设是：地方检察官在法律、社会和检察组织中扮演的角色，决定了检察权的职能履行形态及具体行动策略，并与司法公信力呈现双向互动的关系样态。

一、理论工具：角色理论与政府信任理论的暗合

（一）角色理论

角色这一概念可以溯源到戏剧学，后来被移植到社会学和心理学的研究之中。对国内学者有关角色概念的界定，童星教授做了很好的归纳，他指出，"角

---

① 参见谢佑平：《检察监督与政治生态的关系及其发展方向》，载《东方法学》2008 年第 2 期。
② 基于评估法治状况和现实发展的需要而兴起的"法治评估"热，其在评估信息与数据的收集上，采用法律统计数据与社会调查统计或者组合方式获取数据，社会调查数据主要就是通过测量目标群体对法治指标的主观感知获得的。参见钱弘道、戈含锋、王朝霞等：《法治评估及其中国应用》，载《中国社会科学》2012 年第 4 期。

色是指与个人的某种社会身份有关的行为模式;个人在一定的社会关系和社会组织中处于特定的地位,并按照这个地位的规定行为办事,这就是人的社会角色;社会角色是指与人们的某种社会地位、身份相一致的一套权利、义务的规范和行为模式,它是人们对具有特定身份的人的行为期望,是构成社会群体或组织的基础;社会角色是指与个体的地位相符合的一套行为模式,是占据某一社会地位的个体行为契约化、规范化和制度化;社会角色是指社会关系两端位置上的行为模式。"[1] 由此可粗略地看出,角色不仅强调客观的行为模式或方式,同时也与社会的期望或评价相关。

检察官角色既是法律融入社会的途径,也是社会进入法律的途径。有研究者曾经指出:"对法官行为和形象的分析不能停留在法官司法行为的表象。法官司法行为的更深层次根源在于法官作为社会角色所具有的双重人格特征。与社会生活的任何个体一样,法官一方面作为社会统治秩序的特定维护者,另一方面同时也是社会生活中的自然人,前者决定了法官的组织本质,后者决定了法官的个人自然本质。这两者共同构成了法官这一特定社会角色。"[2] 笔者认为,基于传统与现实,从司法体制的视角来看,检察机关和审判机关一样,主要是作为司法机关来发挥其职能作用的,因此,这些论断同样适用于对检察官角色的分析。

(二) 组织理论

探讨检察官的角色,不能脱离对检察院的组织结构特别是非正式结构的研究。从社会学的视角,组织是为了达到某一特定目标而结成的群体,组织就是精心设计的以达到某种特定目标的社会群体。除了清晰陈述的特定目标之外,一般而言,组织还具有下列基本特征:

第一,为了更高效率地达成群体目标而进行的劳动分工和权威的分配。

第二,权力相对集中在领导或者执行主管手中,他们使用权力控制组织成员活动并将它们导向组织目标。

第三,组织中成员不是固定的,这使得组织可以超越某一特定成员而生存;组织成员死亡、辞职、退休或者被解雇时,可以用常规性的方式来加以替补。[3]

研究组织通常必须根据组织所具有的社会结构来分析,即正式结构和非正式结构。组织的正式结构是指导组织成员活动的一套明确陈述的规定、纪律和程

---

[1] 童星:《现代社会学理论新编》,南京大学出版社2003年版,第84页。
[2] 顾培东:《社会冲突与诉讼机制》,四川人民出版社1994年版,第140页。
[3] [美] 戴维·波普诺:《社会学》,李强等译,中国人民大学出版社2007年版,第209页。

序。正式结构包括规章、法规、内部细则、命令和达成目标的时间表。组织的正式结构总是以非正式结构为补充的。非正式结构是由群体成员的互动所形成的人际关系。虽然非正式关系并不在组织的规划之中,但是对组织的功能发挥却必不可少。

正式规则和程序并不能解决组织所遇到的所有问题,在某些情况下,它甚至还不如非正式规则有效率。[①]

对组织的非正式结构的研究者发现,非正式结构总是有助于获得更高的效率。研究芝加哥机器公司的社会学家发现了一种非正式结构,他将此描述为"应付游戏"(game of making out)。应付游戏是这个工厂第一线操作工的活动核心[贝雷威(Burauoy),1984]。工人们超额完成了正式的生产定额时,他们会得到更多的激励工资。

实际上,操作工人在工作轻松时,为了能够为以后积累效率,他在整个轮班时间内都会"拼命干"。经验丰富的老工人可能会轻而易举地为一周中的工作量积累好盈余产品。但是,在工作簿上所登记完成的工作量和他们在车间所实际完成的工作量之间,总有一些差异。不过,即使没有得到高层管理者的认可,140%的下限和积累剩余产品的做法却被车间中的每一名工人认可和接受。[②]

从宪法学理论来看,权力是国家制度与宪法体制研究的起点。马克思主义经典作家认为,国家权力是统治阶级运用国家机器来实现其意志和巩固其统治的支配力量。在宪法体制下,"国家权力是指在现代社会政治共同体中,国家统治者通过国家机关,凭借国家强制力,实行政治统治,保障公民权利,实现国家职能的具有支配性、垄断性的公共权力"。[③] 根据公权力法定的基本法理,检察机关作为一个组织,承担着按照《中华人民共和国宪法》《中华人民共和国人民检察院组织法》以及相关刑事、民事、行政实体和程序法的规定,通过行使检察权,履行法律监督职能,维护国家法治的职能。[④] "检察机关的组织结构是指各级人民检察院之间、人民检察院内设机构之间及其与检察人员之间的基本关系。"[⑤] 这些基本关系主要包括检察机关的设置、检察机关的领导体制以及检察机关的内

---

① [美] 戴维·波普诺:《社会学》,李强等译,中国人民大学出版社2007年版,第210页。
② [美] 戴维·波普诺:《社会学》,李强等译,中国人民大学出版社2007年版,第210-211页。
③ 韩大元:《宪法学》,高等教育出版社2006年版,第346页。
④ 法律监督的范围和对象会随着社会的变迁而产生相应的调整。此外,检察机关的组织结构是检察权有效运行的组织载体,也是检察制度的重要内容。
⑤ 高学德、翟学伟:《政府信任的城乡比较》,载《社会学研究》2013年第2期。

设机构等。笔者认为,在这些基本关系的研究中,不仅包括对"正式结构"所进行的考查,对"外部结构"以及"非正式结构"的考查也不容忽视。

(三) 政府信任理论

相对于描述政府信任的现状,考察其影响因素和形成机理具有更为重要的理论和实践价值。对此,主要有两种理论解释路径:一种是以理性选择理论为基础的制度主义解释路径;一种是以社会学和社会心理学为基础的文化主义解释路径。制度主义路径以公众对物质主义的理性计算以及政治领域中重要事件为结果,强调人们对政府信任的根基在于政府提供公共产品和服务的能力,在很大程度上政府绩效决定了政府信任的程度,甚至是政府信任的前提。而文化主义路径更注重从更宏大的历史和文化脉络的角度来解释政府信任的机制,并且这种解释路径已经成为当前政府研究信任的主流。这种解释路径深信:政府信任是人际信任的扩展,产生于个体在其早期社会化过程中形塑而成的不同的文化价值观和社会规范。政府绩效并非解释政府信任的独立变量,政府信任因不同的文化心理而具有跨文化和跨社会的差异性。比如在传统中国,行政和司法合一造成司法官没有相对的独立性,大大小小的官员被称为"父母官",这种思想观念延续了几千年,导致在当今社会我们经常看到这种现象:老百姓在打官司时,常常"希望政府做主""感谢政府对其宽大处理",云云。

在此需要解释的是,政府在广义上泛指人大、政府、法院、检察院等机关。正如学者指出的,一个作为组织的政府,是一个"整个"的个体。[1] 中国社会学的开拓者邓初民就认为,"由于国家权力的运用,必须发生出一系列的立法、行政、司法的政治行为,必须有立法、行政、司法等政府机关(中央政府和地方政府),设官分职,各司其事。这就是政府明确质直的说明。"[2] 然而,从狭义上说,政府就是政府,司法就是司法,司法与行政的分离,是法治文明发展的萌芽,法官和检察官的控审分离,则是法治文明发展中的里程碑。把司法机关视为政府也是一种文化主义影响下自觉或不自觉的认识。当然,就学术研究而言,由于有关司法信任的研究尚没有比较成熟的、相对独立的理论体系,同时,由于司法与政府具有某种意义上的渊源及同质性,我们可以借鉴政府信任理论作为方法论。

上述分析也表明,政府信任理论不仅包含客观的政府行为及绩效,更强调社

---

[1] 高晓红:《政府伦理研究》,中国社会科学出版社2008年版,第33页。
[2] 邓初民:《新政治学大纲》,中国社会科学出版社1984年版,第110页。

会主体由于文化和历史的因素而导致的主观感受的差异。这样，政府信任理论与角色理论存在着某种程度和意义上的"不谋而合"。首先，两者都在承认客观行为的基础上，强调主观期望或判断的重要性。其次，在研究的路径上，这两种理论都重视文化主义的解释视角。

此外，理性认识政府信任理论，有两种观点值得注意：第一，政府信任的"央强地弱论"。这种观点认为，当下中国，民众偏信中央政府的政治信任结构相当明显，这种政治信任结构虽然说明政权合法性依然牢固，但是地方政府缺乏民众信任却影响了国家整体治理能力的提高、社会政治稳定和地方政府公共政策的有效执行。即所谓的"央强地弱"。① 第二，域外政治学关于政治信任的经验研究发现，人民对于政府官员、政府本身以及政治制度的信任，属于完全不同的领域。②

二、不同论域内的检察官角色

（一）法律职业共同体内的检察官角色

在人们长期的印象当中，对警察的刑事侦查职能、法官的审判职能和律师的辩护职能都有比较清晰而明确的认识，但是对于检察官的角色的认识，却多少有些混沌不清。在某些公民的心目中，检察官就是公诉人，或者认为查处贪官污吏就是检察官的唯一职责。从历史渊源来看，新中国的检察制度根植于中国的御使监察制度，并直接嫁接于前苏联模式，同时具有浓厚的大陆法系检察制度的特征，近十几年来又兼蓄英美法系的长处。从宪法体制来看，中国的检察机关属于人大制度下的一府两院机构，并被赋予国家法律监督机关的定位，而法律监督本身就是一个具有丰富色彩和思辨性的词汇。这样，检察官角色和职责定位存在着一定的困难，以至于有学者专著一书，以回答"我是谁"的问题。③

检察官作为一项制度设计和职业，创造于欧洲大陆，其后成为现代法治国家法律职业的重要一极。根据历史的分析，创设该制度的目的，主要在三个方面：第一，创设检察官制度的主要目的，是废除中古时期的纠问制度，确立诉讼上的权力分立原则。第二，创设检察官制度的另外一个重要功能，在于以受严格法律

---

① 叶敏、彭妍：《"央强地弱"政治信任结构的解析》，载《甘肃行政学院学报》2010年第3期。
② 史天健：《重视传统文化 提升政府信任度》，参见 http://www.ccg.org.cn/_d275874430.htm，最后访问日期2013年6月6日。
③ 参见林钰雄：《检察官论》，学林文化事业有限公司1999年版。

训练和法律拘束的公正客观的官署，控制警察活动的合法性，摆脱警察国家的梦魇。第三，创设检察官制度还有一个重要的法治功能是守护法律，使客观的法意旨贯通整个刑事诉讼程序，而所谓的客观法意旨，除了追诉犯罪以外，更重要的是保障民权。①《宪法》第129条规定，人民检察院是国家的法律监督机关。这说明，法律监督机关是我国检察机关在国家权力架构中的定位。法律监督是依照法律的规定、运用司法的手段监督法律实施的活动，并主要体现在具体案件中的适用，在此，检察机关更接近于被动行使审判权的审判机关，检察机关既是国家政治架构的有机组成部分，是国家的法律监督机关，也是司法体制框架内的司法机关。

检察机关在司法体制中的定位，主要体现在刑事诉讼活动中检察机关与公安机关和审判机关的关系方面，检察官的角色也由此得到体现。

《宪法》第135条同时规定，人民法院、人民检察院和公安机关办理刑事案件，应当分工负责，互相配合，互相制约，以保证准确有效地执行法律。

从宪法条文可以看出，在刑事诉讼活动中，三机关共同担负着保证准确有效地执行法律的职责。三机关的活动原则是，分工负责、互相配合、互相制约。笔者认为，分工负责是基础和前提，在分工负责的基础和前提上才谈得上互相配合与互相制约。纵观中华人民共和国成立以来的刑事法制，由于多方面的原因，三机关之间互相配合色彩更浓，而互相制约色彩相对较淡。从《宪法》第135条的视角来审视，根源还在于分工负责——三机关的角色定位不明确，导致了有些地方司法机关在办理刑事案件时"合署办公"或变相"合署办公"。

在有关司法体制的改革探索中，在检察机关与公安机关的关系上，有研究者提出了"检警一体化"的思路，并认为这种思路的优越性在于提高侦查活动的有效性，缓解公安机关与检察机关互相推诿的问题，强化检察机关的法律监督角色。笔者认为，这种思路并不可行，主要理由是：第一，它不符合国家的宪法制度。"检警一体化"思路的实质是检察机关领导公安机关，而我国的公安机关和检察机关有各自独立的国家机关地位，前者属于行政机关，后者属于司法机关。第二，这种思路不利于强化检察机关的法律监督。从法理上看，监督者必须与被监督者保持一定的距离，"检警一体化"模糊了检察机关与公安机关的界限，不利于检察机关对公安机关刑事侦查活动的监督，也不利于公安机关工作积极性的

---

① 孙谦：《维护司法的公平和正义是检察官的基本追求——〈检察官论〉评价》，载《人民检察》2004年第2期。

发挥，并造成两者之间更多的推诿，损害司法资源的科学分配。

在检察机关与审判机关的关系上，检察机关的公诉活动启动了审判程序并为审判活动设定了范围。但同时，我国检察机关对审判活动具有抗诉权这一法律监督权。[①] 承担公诉活动并同时具有抗诉权，两种角色之间似乎存在着一定的矛盾，有研究者认为这有损于审判机关的独立公正审判，因此主张限制或取消检察机关的审判监督职能。笔者认为，这种主张表面上看，有一定道理，但是存在着明显的缺陷和漏洞：第一，检察机关的审判监督活动没有违背宪法有关审判权的相关规定。宪法规定，人民法院依法独立行使审判权，不受行政机关、社会团体和个人的干涉。[②] 从宪法和法律来看，人民法院要接受党的领导、人大的监督、社会的监督，还有检察机关的司法监督。第二，检察机关的监督具有程序性的特征。为了给有可能存在错误的案件多一个救济渠道，有必要建立比较刚性的监督程序，这种监督程序可以启动法院纠偏的程序但同时又不影响法院的实体性判决和裁定，将这种程序的启动权赋予检察机关可能不一定是最好的方式，但却是目前最合适的方式。在检察机关对审判机关的刑事诉讼监督活动中，检察官并不会成为所谓的裁判员的角色，而是客观的司法官署。

法律共同体中很重要的一个角色是律师。在刑事诉讼活动中，宪法层面并没有将律师纳入分工负责、互相配合、互相制约的范畴。但是被告人有权获得辩护律师参与刑事诉讼却有宪法、刑事诉讼法、律师法等法律层面的保障，而且，律师一直以来被视为法律共同体的重要组成部分。检察官的角色虽然和律师不同，但共同的追求应该是司法的公平正义和对人权的保障。检察官有时也会客串起"律师"的角色，例如2005年12月7日周模英杀女案，作为检察官的杨斌在公诉词中提请法官在法律范围内对被告从轻判决，周模英最终被定罪为有期徒刑6年，很多人认为杨斌为被告陈情超越了职责范围，扮演了"律师"的角色。[③] 这种现象在全国并非个案，笔者认为，这与检察官署的客观性有密切联系，不能轻易下结论。

(二) 组织体系内部不同层级间的检察官角色

从组织体系内部的框架审视，笔者发现，宪法和法律赋予检察机关的各项职权都须通过检察官来实现，检察官是检察权行使的主体，但与此同时，检察官又

[①] 吴建雄：《中国二元司法模式研究》，中南大学2012年博士论文。
[②] 在此要说明的是，该宪法条文中"干涉"一词的表述值得进一步研究。
[③] 《检察官为被告求情被质疑越俎代庖》，凤凰卫视2011年4月20日节目。

不是一种独立的或独设的机构,其不能自行处理案件或检察事务。

就现行检察机关内部组织结构来看,呈现出四分的基本模式。

首先,检察长是检察机关的首长,其在检察机关的领导地位和统辖作用表明了检察长同时也是人民检察院的决策主体之一。检察长的基本职权包括组织权、决定权、任免权、代表权、直接办理案件权,以及检察政策的动议权,等等。各级人民检察院副检察长协助检察长工作,在检察长的领导下,根据分工主管某方面的检察业务或负责某方面的检察事务。其次,检察委员会是各级检察机关实行集体领导,讨论决定重大案件和检察工作中其他重大问题的决策机构。委员一般由检察长、副检察长、专职委员和担任中层领导职务的其他检察委员会委员组成,很多情况包括纪检组长以及政治工作部门负责人等院党组成员。再次,执行各项检察职能的检察业务机构。各级人民检察院的业务机构一般包括:反贪污贿赂工作机构、反渎职侵权工作机构、侦查监督机构、公诉机构、监所检察机构、民事行政检察机构、控告、申诉检察机构、法律政策研究机构等检察业务机构。最后,行政管理服务保障机构。一般包括行政管理部门、检察技术机构、政治工作和党务工作部门,以及服务装备部门等。

检察机关业务机构和行政管理服务保障机构均实行科层制管理模式,由其负责人实行业务和管理两个方面的领导。

前述研究已经揭示了是以检察院而不是检察官的名义实施法律监督,行使检察权。从检察权的行使方式来分析,检察官在处理检察业务和事务活动中,必须接受具有更高一级行政职务的上级的领导和指挥。尽管我国检察官法将检察官划分为四等十二级,但是没有明确规定上下等级之间的隶属、领导或指挥关系。同时,这种级别的划分也与行政职级的升迁密切相关,这种与行政职级挂钩的检察官制度使得检察官法规定的"检察官依法履行检察职责时不受行政机关、社会团体和个人的干涉"只能有限对抗于外部,对于组织内的不当干涉和影响虽可以依照法律规定的程序予以一定程度的抗衡,但由于受检察官在组织体系的角色定位限制,这种抗衡的力度非常有限。

(三)不同权能结构中的检察官角色

我国的检察权是由法律规定的检察机关享有的各种检察职能。有学者根据检察职能权的具体权能的性质以及所要追求的价值目标的不同,将检察权划分为执行权、决定权、请求权和法律监督权四种权力。执行权是检察机关依据法律规定享有的执行法律的权力,如检察机关的自侦权;决定权是检察机关依法作出的具有法律效力的决定的权力，如批捕权；请求权是依据法律规定向有关的国家机关提出请示事项，要求有关国家机关依法予以支持的权力，主要表现为公诉权；法律监督权是一种特定的监督权，在性质上从属于人大及其常设机构的监督权，集中在刑事、民事、行政诉讼以及监狱执行等领域。①

笔者认为，上述关于检察权能的四种分类并不是完全独立的，在某些具体的检察活动中，可能会触及若干不同性质的检察权能。此外，关于法律监督权作为四项权力之一，是从狭义方面而言的，笔者认为，从广义上来看，检察权都具有法律监督权的属性。认识到这一点，对于正确把握检察权的属性是必要的。这种分类对于研究检察官角色是非常有意义的，在这四种权能形态下，检察官的角色承担、行为方式各自具有显著的特征。

在四项权力之外，还存在着非典型的权力。这些非典型的权力主要集中在非诉讼活动中的权能，主要包括职务犯罪预防、参与社会治安综合管理、维护社会稳定、创建平安中国等方面。这些非诉讼活动，有些是由法律规定的，有些则是在检察权能的基础上的延伸。而且，这些非诉讼活动常和上述四项典型的检察权能结合在一起，使得检察官角色呈现出纷繁复杂的特征。

三、实证分析：检察官角色与司法公信力的关联互动

（一）检察业务活动的横向分析

第一，职务犯罪侦查。职务犯罪侦查是检察机关依法履行法律监督职责的重要体现。在开展职务犯罪侦查工作中，侦查人员具有侦查员和检察官的双重身份，侦查更讲究案件侦破的绩效，在工作形式上偏重主动性和攻击性，这样，就理论层面而言，容易与检察官的客观公正理念发生一定的冲突，进而有可能导致公信力的损害。在检察实践中，还要特别注意的一点是，在群体性事件及事故发生后，检察官既要有深挖事件及事故背后可能存在的职务犯罪的敏锐的侦查意识，又要特别注意保持客观公正，不搞想当然的有罪推定。要做到这一点，检察官必须要有一种非常平和的心态，也要做到善于同党委、政府、公众、媒体做好沟通、协调、解释等工作。以下是一起因群体性事件引发的职务犯罪案件：

2006 年，M 市 C 区某村在土地征用过程中，一些国家工作人员涉嫌贪污贿赂犯罪，严重损害群众利益，引发了群体性事件。M 市检察院在深入调查取证的

---

① 莫纪宏：《实践中的宪法学原理》，中国人民大学出版社 2007 年版，第 544 页。

基础上，立案查处了 C 区国土资源局党组书记周某（处级）等 9 人在内的贪污受贿、滥用职权案件，迅速平息了事件的扩大蔓延，收到了良好的效果。

（2006 年 M 市检察院工作报告）

第二，检察官在案件的侦查、审查逮捕、审查起诉、法庭审判等多个环节，履行着不同的职责，担当着不同的角色，特别是对于非法证据排除规则的适用上，可能存在着一定的角色冲突，从而对司法公信力产生一定的影响。

第三，检察长列席审判委员会会议，涉及所谓公诉角色与法律监督角色冲突的问题。审判委员会会议是最终的决策机构，检察长列席审判委员会会议，就抗诉案件而言，履行的是两方面的监督权，一方面，对审判程序的合法性进行监督，另一方面，对刑事判决、裁定的实体性内容进行监督。这种监督并没有控方律师的在场，从理论上讲，容易招来控辩失衡的疑问，同时，也对法院依法独立审判构成了一定的影响。

第四，刑事案件审查逮捕和审查起诉中的和解问题。在当事人双方不愿通过有关法律规定的方式和解，而是要求检察机关直接给予调解的情况下，有观点认为，由于《中华人民共和国刑事诉讼法》规定对当事人和解的，公检法办案人员应当主持制作和解协议书，《人民检察院刑事诉讼规则（试行）》并没有绝对排除检察人员直接进行调解，故而检察机关可以直接进行调解。

笔者认为，虽然主持制作和解协议书和主持调解本身并不存在严格的界限，但毕竟前者属于形式上的问题，体现了检察官对和解的引导性和监督性。而主持调解中的监督属性不强，检察官直接进行调解容易把检察官的引导、监督关系与居间调解人的身份混为一谈，并对检察官作出后续的司法处分产生实质性的影响，造成检察官在某种情况下"骑虎难下"的局面。针对这种困境，M 市下辖的 B 区检察院探索性地建立了人民调解驻检察院工作室制度。

第五，根据现行法律的规定，我国检察机关还不是民事公益诉讼的原告，在目前的法律规定下，检察官对于负有监管职责的机关发现侵害众多消费者合法权益、造成国有资产流失以及污染环境等损害社会公共利益的行为后，不积极、不主动地履行监管职责，可以基于民事诉讼法的有关规定督促相应的机关提起诉讼。民事诉讼法第 15 条规定："机关、社会团体、企业事业单位对损害国家、集体或者个人民事权益的行为，可以支持受损害的单位或者个人向人民法院起诉。"这一条款的立法原意是对弱势群体迫于压力不敢起诉或者限于能力不能起诉的一种法律救济手段。而针对国有资产流失案件的各级政府的国有资产管理局、环境污染案件的各级环境保护局，显然不能归入弱势群体，应该说不存在起诉上的障碍，无需由检察机关支持起诉。督促起诉应当视为支持起诉的一种形式，但法律监督的角色不明显。在此，检察机关的法律监督角色、公共利益代表角色以及法律的明确规定性之间尚有进一步探讨的空间。

2009 年，B 区检察院发现原 M 市规划国土局 B 分局与张某于 2000 年 11 月签订了使用国有滩涂的合同，但张某多年未按合同约定向国家缴纳土地管理费达 45 万余元。鉴于滩涂使用的管理权已由国土局 B 区分局移交给 B 区农业局，检察机关认为，B 区农业局有权向张某收缴合同约定的管理费，但张某仍一直未向农业局缴纳土地管理费，该案有可能会造成巨额国有资产的流失。B 区检察院向 B 区农业局发出《督促起诉检察建议书》，B 区农业局收到检察建议书后非常重视，采取了 B 区检察院的意见，向 B 区法院提起了民事诉讼，成为 M 市首例通过检察机关督促起诉而进入民事审判程序的案件。2010 年 B 区法院作出判决，判令张某向农业局支付土地管理费人民币 45 万元及相应利息。收到判决后，双方均未上诉，该判决现已经生效。（办案检察官访谈 B03）

第六，行政执法监督与检察官的角色。M 市检察院经过调查研究发现，某些行政执法部门的不作为、乱作为行为，不仅直接损害群众的合法权益，引发群众的不满情绪，而且还容易诱发职务犯罪。为加强和规范对行政执法活动的监督工作，M 市检察院专门成立了 2 个行政执法监督调查小组，制定了《行政执法监督工作流程》，编印了《行政执法活动监督实例》。据统计，2007 年至 2009 年，M 市检察院共受理行政执法监督案件 18 件，提出纠正违法意见 10 次，有效地促进了有关部门严格执法和依法行政，推动了社会管理的善治。

某住宅小区 200 多名业主联名到市检察院投诉，反映政府规划部门违反规定审批楼盘建设方案，严重影响相邻住户通风和采光。M 市检察院控告检察部门受理后，及时派员现场调查，确认情况属实后，依法向规划部门提出检察建议。规划部门应要求及时对原设计方案进行了调整，保证楼房建筑的科学合理，确保相邻居民的利益不受损害，化解了矛盾。

（摘录自 M 市检察院编《行政执法活动监督实例》）

如果说行政执法活动的检察监督主要采取检察建议等形式的话，那么，对于行政公诉制度的探讨则不仅涉及法律监督范围的扩大化问题，而且涉及我国政治体制，即检察机关与行政机关之间关系的调整。建立行政公诉制度不是一般性的诉讼程序改革，而是一项重大的政治体制改革。当然，从检察机关宪法定位来看，建立行政公诉制度是合理的；从行政不作为产生的危害和行政权缺乏监督制约来看，建立行政公诉制度也是必要的。问题主要在于可行性的考量和社会共识的形成。①

(二) 检察业务决策、监督、领导层面的纵向分析

第一,业务决策层面。经典意义上的检察业务决策是指"检察机关有效发挥法律监督职能作用,实现检察业务目标,运用科学的理论、方法和手段,制定、选择并实施最符合职责要求的业务工作方案的一项综合性活动"。② 就决策的主体而言,按照《人民检察院组织法》的规定,检察长统一领导检察院的工作。各级人民检察院设立检察委员会,实行民主集中制,在检察长的主持下讨论重大案件和其他重大问题。如果检察长在重大问题上不同意多数检察委员会委员的意见,可报请本级人民代表大会常务委员会决定。这里的决策机制带有一定的封闭性色彩,而且权力的集约行使成分明显。近几年来,M市检察院在现有的决策机制上,进行了若干的改革探索。其中,探索了主办检察官、主诉检察官办案责任制,赋予主办检察官、主诉检察官对一般案件具有一定的处分决定权,在一定程度上淡化了检察业务活动中的科层制、行政化色彩,值得进一步总结与提高。

第二,监督关系层面。当前,检察机关对自身执法活动的监督制约,主要是通过设置中间环节、实行内设机构分权、加强案件管理系统化建设以及纪检监察部门查处违法违纪的办案人员等途径进行的,总体而言,对检察官的监督制约起到了比较积极的效果,但是,少数检察人员利用职权违法违纪的现象时有发生,这在一定程度上对检察机关的形象和执法公信力产生了影响。"谁来监督监督者"成为一个时期社会各界对检察工作质疑的声音。就监督的主体而言,主要有人大及其常委会的监督、政协的民主监督、舆论监督。近几年来,全国检察机关普遍实行了人民监督员制度。当然,中国共产党对检察事业的领导本身也是监督的一种重要形式。在此着重考察人大及其常委会的监督这种监督模式。

2007—2011年,M市人大常委会共听取和审议了M市检察院专题工作报告2项,人大常委会转交办案件50件,全部在规定期限内办结。此外,在2002—2011年人大会议期间,M市人大各代表团在讨论M市检察院工作报告的过程中,代表们既充分肯定了M市检察院的各项工作,也提出了许多宝贵的意见和建议。人大代表的意见和建议既是对检察工作的监督评议,也带有对检察工作评价的色彩,内容十分丰富,以下摘取2010年部分建议和意见作为示例:

---

①谢鹏程:《论法律监督在国家权力体系中的地位和作用》,2012年12月"第五届检察发展论坛"征文。

②孙谦:《中国特色社会主义检察制度》,中国检察出版社2009年版,第304页。

（1）关于加强职务犯罪预防方面的意见。在工程招投标工作中，希望检察院在时间充足的情况下集中招投标商召开一次会议，向他们宣传一下上浮、下浮的限度，防止串标，节约财政方面的开支，同时也希望检察院多与建设局进行沟通。

（2）建议对依法行政继续加强监督，如行政执法是否依法处理了违章建筑。

（3）应进一步加强涉检信访工作。信访工作需要检察院多做工作，近两年来的劳资纠纷比较严重。

（4）维护国有土地的建议。希望对侵占国有财产的行为检察机关应代表国家起诉，在维护国有土地问题上检察机关应更有所作为。

对人大代表的意见和建议分析如下：第（1）项中提出在工程招投标工作中，还希望检察机关以"集中招投标商召开会议"的形式，进一步加强职务犯罪预防。第（2）项是对M市检察机关行政执法监督工作取得成效的肯定，提出建议的目的是要求继续加强这方面的工作。第（3）项所说的涉检信访，其实是一个很宽泛的概念，劳资纠纷除可能构成刑事犯罪的之外，大量的是纯正的民事纠纷，而政府部门的监管其实又回到了第（2）项所说的行政执法监督问题。第（4）项要求检察机关实行民事公诉，在目前的法律框架内显然还存在一定的困难。从上述分析可知，人大代表提出的意见和建议无疑会对检察活动和检察官的角色产生深刻的影响。

第三，领导关系层面。中国共产党是社会主义事业的领导核心，这是中国最鲜明的政治特色，从而也决定着中国法治以及包括检察在内的司法制度的特色。坚持中国共产党的领导既是宪法确立的一项根本性原则，也是检察机关依法独立行使检察权的基本前提和根本保证。检察机关在独立行使检察权的过程中，要自觉地把自己的一切活动置于党的领导之下，自觉地服从和服务于党的路线、方针和政策，紧紧依靠党的领导来保证检察工作的政治方向，解决检察工作中面临的困难。这既是坚决贯彻落实党的路线、方针和政策的重要载体，也是检察机关接受党的领导和监督的根本途径。检察机关和检察官特别是具有中共党员身份的检察官在履行职务的过程中，在法律层面他们是"国家的法律监督机关"或"国家法律监督者"；在政治层面，必须将检察权的行使纳入党和国家的工作大局中考量，在组织层面，必须接受党的组织部门的任免和监督，在纪律层面，必须接受党的纪律检查部门的监督。

根据笔者调研所获得的文献，M市检察机关在检察活动中存在着党政、司法一体化的互动决策模式。这种模式主要指的是党政、司法机关在处理具体案件过程中，互相协调沟通，形成解决纠纷、推动社会治理的合力。一方面，由于党政领导参与一些案件的协调，不仅使诉讼程序变成一个集合党政和社会各方面力量共同解决纠纷的过程，而且增加了行政介入司法以及司法介入行政的双向循环互动。另一方面，在某些领域因为需要协调的问题反复出现，使得有关政府部门和检察院均认为有必要在宏观层面进行整体的沟通与合作，共同讨论处理办法，达成一些共识。这样，在纠纷解决与行政管理方面，司法与党务、行政的界限在一定程度上趋于模糊化。

值得注意的是，在某些地方，党委的政法委员会承担着协调公安、检察、法院、司法四机关的职责，特别是对于一些重大、复杂、疑难案件，党委政法委员会实质上担当着案件决策机构的角色，这样，对于宪法规定的公、检、法三机关互相配合、互相制约、互相监督的原则产生了一定的影响，尤其是强调配合、协调过多，制约、监督"失血"，而中国近些年来发生的刑事错案与这种决策模式存在着一定的关联。[①]

同时，需重视检察机关的双重领导体制对检察官角色及其司法行为的影响。所谓双层领导，一方面要接受同级党委的领导，另一方面要接受上一级检察机关的领导（其中，最高人民检察院领导地方各级人民检察院的工作）。多数研究者过于关注地方同级党委对于两院的领导关系，而忽略法院和检察院在组织架构、运作模式、精神与文化特质等诸多方面与行政机关的不同特点：如两院都有专门的司法组织法律（《人民法院组织法》和《人民检察院组织法》）、司法官员法律（《法官法》和《检察官法》），都开展了审判业务专家和检察业务专家的评比，出版了机关报刊（《人民法院报》《检察日报》）、机关杂志（《人民司法》和《人民检察》）等。笔者认为，这些都很鲜明地体现了法院、检察院作为国家的司法机关以及法官、检察官作为国家司法官的特殊性质。这些努力，在一定程度上构建了检察机关的专业知识的体系，对于检察机关依法独立行使检察权，增强检察官的职业荣誉感，淡化行政色彩，起到了积极的作用。

陈永生博士通过研究，发现在某些地方的党委政法委员会，还实质上承担着

[①] 参见陈永生：《我国刑事误判问题透视——以20起震惊全国的刑事冤案为样本的分析》，载《中国法学》2007年第3期；陈永生：《冤案的成因与制度防范——以赵作海案件为样本的分析》，载《政法论坛》2011年第6期。

对于某些重大、复杂、疑难案件的协调甚至审批职能。①但是，笔者认为，迄今为止，国内外尚没有实证研究表明这种现象占据着主流。从另一个侧面来说，在目前的法治生态之下，检察机关上下级领导关系的应用和发挥的空间尚有待进一步拓展。上下级领导关系而不是监督关系的制度性安排，体现了立法者保障检察机关实现维护国家法制统一的任务的远见卓识。但是我们需要警惕检察机关的上下级领导关系，"检察一体制"可能存在的以下若干缺陷：

第一，要警惕检察一体制成为地方权力干预检察个案最便捷的通道。检察实践中，一些地方权力借检察一体制直接干预检察事务甚至发布个案指令权导致检察司法不公，错立、错捕、错判屡有发生的事情足以说明一切。

第二，要警惕检察一体制成为检察组织官僚化的温床。检察官既为启动追诉程序的主人，又控制法官裁判入口，其主动积极之角色，是被动消极之法官所不可比拟的。在这种带有强烈的积极司法角色的检察权行使中，其一体制同官僚制具有天然一致性，两者一旦结合，处于一体制顶端的检察首长即为官僚化组织的顶点，极易操纵整个检察权，更易产生滥权与专权，损害检察司法公正性。因为检察权运行过程中，官僚制通常表现出以下两方面特点：一方面，检察事务决策组织化，检察官集体负责制取代检察官个体负责制；另一方面，检察事务运行等级化，上下级检察官之间不以审级而加以制约，而以行政等级调整。上级检察官可以直接变更下级检察官的决定，下级检察官只能绝对服从。

第三，要警惕检察一体制成为检察职业精英化的障碍。我们在深化检察一体化改革中，片面强调一体制中的"上命下从"，忽视检察官个体相对独立性，忽视对下级检察官个体业务决策和处理能力的培训，如此，检察官职业精英化的路程恐怕更为遥远。②

（三）参与公共政策形成与直接介入社会事务

目前检察机关大多是以检察建议、专题报告等间接的、宏观的形式参与公共政策的形成，在个别情况下，也会以政府法律顾问咨询意见等直接的、微观的形式参与社会公共事务。从总体来看，检察机关参与公共政策的形成有适度的边界。这里要注意的是，检察机关参与公共政策的制定在一定程度上模糊了检察院

---

① 参见陈永生：《我国刑事误判问题透视——以20起震惊全国的刑事冤案为样本的分析》，载《中国法学》2007年第3期；陈永生：《冤案的成因与制度防范——以赵作海案件为样本的分析》，载《政法论坛》2011年第6期。

② 孔璋：《中国检察一体制产生、论证及规制》，载《检察论丛》（第15卷），中国检察出版社2010年版。

与政府的职能界限,同时也有可能带来社会将检察机关视为"全方位监视仪"的误读。

近几十年来,法学界和司法界的同志对于司法机关依法独立行使职权的研究,大多从司法机关与党的领导、法律与权力的关系方面提出方案和设想,相对而言,对于司法机关参与社会活动层面的关注不够。但是,在二十世纪九十年代早期,就有学者对此问题予以了关注,"它(法律活动的独立问题,笔者注)不仅指社会政治生活对法律活动的'干涉',而且指社会生活的其他方面对法律活动的'干涉',进而还包括法律部门对社会生活的非法律事务的干涉。"[1] 从某种意义上说,对社会事务,包括公共政策的深入可能会显示出司法的延伸力量和附加值,但同时也有可能为其他社会机构和组织干涉司法活动打开一扇窗,从而使司法活动处在一个不十分确定的区域,并在深层次上影响了司法职业化的进程。

"我们不能直接干预行政机关的执法活动",M市检察院主要负责人在谈到检察机关对行政执法活动监督时形象地指出检察机关应有明晰的定位。在另一份要求检察院派员参加某咨询委员会的报告中,他表示出了同样的观点,"监督者不能和被监督者混为一谈,否则,会发生角色上的错位。"

(M市检察院原主要负责任人访谈02)

与此同时,参与社会公共事务、担任法律咨询及业务招标委员会委员等身份在另一个方面对检察官在社会中的角色认知会产生一定的影响。

(四)诉讼活动视野下的检察官角色

上述内容中,笔者主要从实证研究的角度,通过案例分析的方式对检察官角色进行了描述性的分析,以下将侧重于从诉讼法的视角,进一步揭示检察官角色的复杂性,并对前述实证研究中存在的遗漏进行补充,力求全面系统地展示检察官角色的图景。

1. 角色冲突

(1) 检察引导侦查与法律监督。

从创设检察官制度的初始功能来看,"创设检察官制度的另外一个重要功能在于以受严格法律训练和法律约束的公正客观的官署,控制警察活动的合法性,摆脱警察国家的梦魇"[2]。

在立法层面,我国宪法在规定人民检察院是国家法律监督机关的同时,规定

---

[1] 苏力:《法律活动专门化的法律社会学思考》,载《中国社会科学》1994年第6期。
[2] 林钰雄:《检察官论》,学林文化事业有限公司1999年版,第17页。

公、检、法三机关在刑事诉讼中应当"分工负责,互相配合,互相制约"。不可否认的是,这种"分工负责,互相配合,互相制约"原则下的检警关系模式,已产生并可能继续产生积极的司法效果。公安机关和检察机关都是法律规定享有刑事案件侦查权的机关,这种分工有利于发挥各自的优势,体现各自工作的特色。这也是基于"文化大革命"时期特别是其后期"由公安机关行使检察机关的职权"和"群专群审群判"这一法治大倒退而进行的拨乱反正。而从检察机关担负的"社会秩序维护者"这一角色出发,公安机关与检察机关互相配合有利于双方形成合力和协调,更好地完成惩罚犯罪、保护人民、恢复秩序、维护法治的职责。

警察职能是国家职能的重要组成部分,其在一个社会中的实际运作状态,在相当程度上标志着这个社会法治文明的发展水平。"警察权力与公民权利在一定条件下是反比例关系,即警察权的扩大意味着公民权的缩小,警察权的滥用常常使公民权利化为乌有。"[1] 公安机关与检察机关的"互相制约"在一定程度上体现了检察机关对公安机关的监督制约。

作为一项宪法原则和刑事诉讼基本原则,"分工负责,互相配合,互相制约"是我国特定历史时期的产物,曾经发挥了积极的法治功能。但是,这项原则将公、检、法三机关界定为相互之间的配合与制约关系,在某种程度上淡化了审判机关依法独立行使审判权的原则,同时与刑事辩护权这一基本刑事诉讼权利相对疏离。就检察机关与公安机关的关系而言,体现为检察机关的法律监督与两者之间的"互相配合、互相监督"关系发生一定的角色冲突。一方面,在这种原则下,我国刑事司法程序就成为了"流水线型"的作业程序,检察机关的提起公诉和法院的刑事审判在某种程度上变成了确认侦查破案结果的一种仪式。[2] 另一方面,这种权力优先、国家本位的关系模式与犯罪嫌疑人权利保障的式微形成了鲜明的对照,不利于保护犯罪嫌疑人的合法权利。

从实践层面来看,为加强对公安机关侦查活动的监督,克服事后监督的弊端,检察机关在司法实践中实行过"提前介入"的做法。"提前介入"的另外一种启动模式,就是公安侦查人员有时会主动邀请检察官"提前介入",或者在提请批准逮捕法律文书送达检察机关之前,征询检察官的意见或建议。这种现象产生的原因很复杂,根据司法经验,一般有以下几个方面:第一,公安侦查人员对

---

[1] 陈兴良:《限权与分权:刑事法治视野中的警察权》,载《法律科学》2002年第1期。
[2] 何家弘:《构建和谐社会中的检警关系》,载《人民检察》2007年第23期。

案件确实拿不准，想从技术层面获得检察官的支持；第二，公安侦查人员在办案时遇到压力或阻力，征询检察官的意见可以比较好地化解职业压力；第三，公安侦查人员在办案时存在职业风险，事先征询检察官的意见可以降低职业风险。此外，不仅公安机关的侦查活动，而且检察机关的职务犯罪侦查活动中，有的地方例如 M 市检察机关出现了由公诉部门派员介入侦查，做"专案秘书"引导侦查取证的情况。

有的地方在试行"提前介入"时，认为这项措施益处多多。例如，自 2010 年底，宁夏 22 个基层检察院在本辖区案件频发地、高发地、办案数量多、特殊类型案件发案率较高、主要交通要道、辖区人口较多、人员流动快的派出所和 7 个公安（分）局分别设立了检察官监督办公室。驻派出所检察官监督办公室一方面促进了公安派出所侦查工作和行政执法规范化，另一方面，拓展了检察机关法律监督的深度和广度。驻所检察官通过提前介入案件、巡查监督、联席会议机制等措施，从源头上纠正了有案不立和不应立而立案的现象。

《刑事诉讼法》第 85 条规定，公安机关要求逮捕犯罪嫌疑人的时候，应当写出提请批准逮捕书，连同案卷材料、证据，一并移送同级人民检察院审查批准。必要的时候，人民检察院可以派人参加公安机关对于重大案件的讨论。这条规定可以视为公、检、法三机关分工制约原则的辅助性、配合性措施。《人民检察院刑事诉讼规则》第 361 条规定，对于重大、疑难、复杂的案件，人民检察院认为确有必要时，可以派员适时介入侦查活动，对收集证据、适用法律提出意见，监督侦查活动是否合法。

从"提前介入"的发展历程来看，这项举措原意是指检察机关在公安机关提请批捕和移送起诉之前，参与刑事案件的侦查活动。2000 年 9 月，在全国检察机关第一次侦查监督工作会议上，最高人民检察院提出了"依法引导侦查取证"的工作思路。[1] 2002 年 3 月 11 日，最高人民检察院检察长韩杼滨在第九届全国人民代表大会第五次会议上，向大会提出"深化侦查监督和公诉工作改革，建立和规范适时介入侦查、强化侦查监督的工作机制"。2002 年 5 月，全国刑事检察工作会议提出了"坚持、巩固和完善'适时介入侦查、引导侦查取证、强化侦查监督'的工作机制"这一改革措施。"提前介入"法律层面的渊源在于《刑事诉讼法》第 85 条规定，而且局限于公安机关提请检察机关批准逮捕的案件，

---

[1] 天津市北辰区人民检察院课题组、张铁英：《检察机关"提前介入"问题研究》，载《河北法学》2009 年第 3 期。

适用对象限于在"必要的时候"对"重大案件的讨论"。《人民检察院刑事诉讼规则》就将"提前介入"的范围扩大,将"重大案件"扩充为"重大、疑难、复杂的案件",将原来的批捕环节改为审查起诉环节,将"参加重大案件的讨论"改为可以"适时介入侦查活动,对收集证据、适用法律提出意见,监督侦查活动是否合法"。不可否认,作为诉讼规则对于落实刑事诉讼法的规定,完善检察机关的法律监督具有积极的意义。但从宪法赋予检察机关的法律监督职能及一般法理上分析,检察机关在审查批捕、审查起诉过程中必须坚持客观公正、不干预、不越位的原则,这样才能更好地发挥公安机关和检察机关互相配合、互相制约的功能。"介入"一词也存在比较强烈的干预色彩,"提前介入"侦查活动就是不按照法律规定的程序主动或被动地加入到侦查活动当中,检察官不按照法律程序履行法律监督职责,这样必然产生严重的角色冲突,导致公、检两家的职责混淆不清,检察机关在提前介入过程中投入过多精力,监督功能相对弱化。

尽管如此,2012年修改后的刑事诉讼法规定了侦查人员出庭作证的义务,此种义务必将进一步强化检警之间的合作关系。刑事诉讼法第57条第2款规定,"现有证据材料不能证明证据收集的合法性的,人民检察院可以提请人民法院通知有关侦查人员或者其他人员出庭说明情况;人民法院可以通知有关侦查人员或者其他人员出庭说明情况。有关侦查人员或者其他人员也可以要求出庭说明情况。经人民法院通知,有关人员应当出庭。"该法第187条第2款规定,"人民警察就其执行职务时目击的犯罪情况作为证人出庭作证,适用前款规定。""适用前款规定"主要是指该法第187条第1款:"公诉人、当事人或者辩护人、诉讼代理人对证人证言有异议,且该证人证言对案件定罪量刑有重大影响,人民法院认为证人有必要出庭作证的,证人应当出庭作证。"需要明确的是,第57条和第187条第2款所指的侦查人员身份是不同的,出庭的义务方向也是不同的。第57条中侦查人员主要是针对证据收集的合法性出庭作证,是其侦查职责的延伸,旨在补强公诉人的指控;第187条第2款则是针对其在案件中目击的犯罪情况作为证人出庭作证,是一般证人出庭作证,针对的是案件事实。就前者而言,实际上对检警双方在指控犯罪方面形成的合力作出了一个最新的改变。

(2)出庭支持公诉检察官的主动性与法律监督。

宪法和法律将检察机关的角色定位为法律监督机关,根据检察官法的规定,检察官的职责之一就是代表国家进行公诉。从检察官产生的历史渊源来看,检察官制度是在限制私力救济的基础上,由检察官代表国家公器代替被害的公民,向法庭阐述证据和法律,反驳辩护人的辩解意见,行使追诉权。当然,在赋予检察官诉讼程序启动角色的同时,一般并不绝对化。现代国家一般实行公诉为主、自诉为辅的刑事诉讼启动机制。这并不是为了剥夺国家的追诉权利与义务,而在于防范检察官行使国家权力时独断与滥用。与检察官角色相对应的律师,在担任辩护人时,应当根据事实和法律,提出犯罪嫌疑人、被告人无罪,罪轻或者减轻、免除其刑事责任的材料和意见,从而扮演着防御、辩解的角色。

围绕公诉检察官的主动性角色,笔者认为,由于检察官在刑事诉讼中同时具有法律监督客观性和公诉的主动性的双重角色,容易产生角色定位不准。应当承认,检察官在刑事诉讼中的地位和角色类似于当事人,其中立性远不及法官的居中裁判。检察官可以提出被告人罪轻的事实和证据,但绝不能将自己等同于罪犯的辩护人。当然,"检察官如果依审理时候所得的心证,认为被告无罪,则检察官应请求法院做出无罪判决,不受起诉书见解的拘束。这才是一个客观的法律守护人应有的作为。"① 这就是说,检察官必须具有主动性,但这并不等于检察官就可以不顾事实和法律,一味追求打击罪犯的狂热。这就涉及检察官的客观性角色问题。

(3) 检察长列席审委会的角色分析。

《中华人民共和国人民法院组织法》第 10 条规定:"各级人民法院审判委员会会议由院长主持,本级人民检察院检察长可以列席。"这条规定立法旨意在于加强对各级人民法院最高审判组织——审判委员会议事活动的"法律监督"。2010 年,最高人民法院、最高人民检察院联合出台了《关于人民检察院检察长列席人民法院审判委员会会议的实施意见》(以下简称为《实施意见》),从技术操作层面落实了《中华人民共和国人民法院组织法》的上述规定。由于审判委员会会议是各级人民法院最高审判组织的内部业务会议,其决策形式一直比较封闭,内容要求保密,因此,检察长列席同级人民法院审判委员会会议制度曾被法律学界视为检察监督职能从以往的外部监督渗透法院内部履行职能监督的试水之举。

检察长在检察院组织法中,有着特殊的角色定位。检察长是检察机关的首长,对内统一领导检察工作,对外代表检察院。因此,检察长既领导行使检察权,又与普通检察官一样,直接行使检察权。检察长列席人民法院审判委员会会议时具有双重的角色。

---

①林钰雄:《检察官论》:学林文化事业有限公司 1999 年版,第 31 页。

《实施意见》的规定还是比较有原则性的。首先,检察长的列席被确定为"可以"而不是"应当",这使得各地各级人民法院和人民检察院的实际做法各不相同。最为核心的问题是,《实施意见》对检察长列席审判委员会会议的任务界定是:"对于审判委员会讨论的案件和其他有关议题发表意见,依法履行法律监督职责。"而对于可能判处被告人无罪的公诉案件、可能判处被告人死刑的案件、人民检察院提出抗诉的案件以及与检察工作有关的其他议题,检察长均可以"在人民法院承办人汇报完毕后、审判委员会委员表决前发表意见"。

　　按照实施意见的语言逻辑,检察长列席审判委员会会议的角色更类似于公诉人,并以追求案件和事项的最终结果为目标。此外,这种制度安排也没有理由不让处于辩护的一方担心,检察长的强势介入,会使控辩双方本来就不够平衡的诉讼权利进一步发生倾斜,从而导致与加强法律监督、尊重保障人权的刑事诉讼法修改的宗旨出现背离。根据调研,有的地方的检察长在列席审判委员会会议时,仍侧重于对案件的事实、证据和量刑发表"公诉意见",从而对审判委员会委员产生实质性的影响。

　　检察长列席审判委员会会议作为检察机关行使法律监督权的一种独特方式,从实践层面来看,以列席法院审理的抗诉案件比较常见。检察机关的抗诉,即启动了法院的司法程序,这本身就是法律监督的结果,是检察机关法律监督程序性特征的具体表现。因此,列席审判委员会会议的检察长的角色是法律监督者,其与会的身份是"列席",会议的最终决定权掌握在审判委员会委员而不是列席的检察长手上。列席会议人检察长如果在履行法律监督职能的同时发表具体的实质性的意见,那么很容易沦落为"第二公诉人"角色,从而发生角色冲突和错位。

　　(4)职务犯罪侦查与检察官客观义务的角色冲突。

　　《刑事诉讼法》规定,检察机关对职务犯罪案件直接立案侦查。刑事侦查活动是侦查机关为查获犯罪嫌疑人、查明案件事实真相,而依照法律所进行的一系列专门调查工作和强制措施。刑事侦查的司法色彩比较淡,而行政色彩比较浓厚,具有主动性、攻击性的特征,从某种意义上说,侦查人员的职业心态有别于经典的法律推理和逻辑。"侦查人员不可能全面兼顾侦查程序的双重目的。……侦查人员追查犯罪这一主要职能不会因此改变,而且,他的职业决定了他无法摆脱其心理倾向性:这就是,发生了一件非常事件,他就会自然想到那也许就是一起犯罪案件;查获了一个嫌疑犯,他会努力去证明那就是罪犯;查明了一个犯罪事实,他会推测还会有其他罪行;查明了一个轻罪事实,他会估计还会有重罪事实；查获了一个罪犯，他会努力去挖可能存在的同案犯，等等。"①

然而，职务犯罪侦查活动毕竟不同于公安机关的刑事侦查活动。我国刑事诉讼法也赋予了公安机关有关客观侦查的义务。《刑事诉讼法》第五十条规定，审判人员、检察人员、侦查人员必须依照法定程序，收集能够证实犯罪嫌疑人、被告人有罪或者无罪、犯罪情节轻重的各种证据。但是在司法实务中，公安机关往往以犯罪嫌疑人被检察机关批准逮捕为侦查成功的标志，从而比较容易忽略有关犯罪人无罪或者犯罪情节轻微的证据。客观公正义务来源于大陆法系，最初只针对检察官的侦查活动而提出。这是由大陆法系检警关系所决定的，同时，也和大陆法系检察官的司法属性密切相关，而这种司法属性严格强调程序的公正。这样，在强烈的侦查意识与检察官的客观义务之间，必然会发生一定的角色冲突。主要表现在：有罪假设意识极易造成无罪推定原则不能落实；竭力发现有罪证据极易动摇公正立场；强烈的破案愿望极易导致侵犯人权行为的发生。②

2. 角色交叉与重叠

（1）民事行政检察中的调解。

民事行政检察、刑事附带民事诉讼活动中，检察官扮演着类似于人民调解员之类的角色。在民事行政检察活动中，检察官在案件受理、审查、提出抗诉或者检察建议的每个办案环节，都遵从调解优先的原则。检察官们特别注意挖掘和发现所承办案件中的和解因素，注重疏导和调解方法。根据M市所在省级检察机关的《关于民事行政检察部门建立健全检调对接工作机制的指导意见》的有关规定，如果民事行政申诉案件当事人在申诉时已经进入执行程序的，检察官可以邀请执行法官协同做双方当事人的疏导工作，以求取得和解成效。当事人达成和解协议后，应当将和解协议以有效形式固定下来，使其具有法律约束力，并将和解协议及履行情况告知执行法院，由法院依照法定程序结案，实现检察和解与法院执行程序的衔接。同时，在再审程序中，法院裁定再审后，承办检察官应当将审查案件时发现的有利于调解的信息及时通报再审法官或者出席再审法庭的下级院检察官，引导当事人积极配合法院的调解工作。案件审理过程中，承办检察官应当与再审法官协商调解方案，对于需要行政机关或者其他相关单位配合的案件，积极配合法院共同做好各方面的协调，为案件调解创造条件。

---

①李心鉴：《刑事诉讼构造论》，中国政法大学出版社1992版，第187-188页。
②苗勇：《职务犯罪侦查员与检察官的角色冲突及解决方法》，参见 http: legal. com/blogkgi/show. news/3850105946，最后访问于2013年1月22日。

（2）刑事公诉案件和解中的检察官。

2012年修改的《刑事诉讼法》第277条、278条、279条规定了当事人和解的公诉案件诉讼特别程序，明确某些公诉案件中双方当事人和解的，公安机关、人民检察院、人民法院应当听取当事人和其他有关人员的意见，对和解的自愿性、合法性进行审查，并主持制作和解协议书。在刑事和解适用的法律后果上，对于达成和解协议的案件，公安机关可以向人民检察院提出从宽处理的建议。人民检察院可以向人民法院提出从宽处罚的建议；对于犯罪情节轻微，不需要判处刑罚的，可以作出不起诉的决定。在最高人民检察院《人民检察院刑事诉讼规则》（试行）里面，又规定人民检察院对于符合条件的公诉案件，可以建议当事人进行和解，并告知相应的权利义务，必要时可以提供法律咨询。在刑事和解适用的法律阶段上，前置到审查批捕阶段，将双方当事人达成和解协议的，可以作为有无社会危险性或者社会危险性大小的因素予以考虑。对于审查认为不需要逮捕的，可以作出不批准逮捕的决定；在审查起诉阶段可以依法变更强制措施。

《刑事诉讼法》修正案和《人民检察院刑事诉讼规则》（试行）的相关规定，是刑事司法实践经验特别是检察实践经验的总结和提炼。2002年，北京市朝阳区人民检察院首次在全国试点刑事和解机制。在这个机制的探索过程中，检察官也对自己的身份和角色产生过诸多困惑。该院刑事和解工作的主要负责人、公诉三处副处长马新宇认为，刑事和解工作在最初的时候都是由承办人自行负责，承办人虽然很有积极性，可是其代表国家行使追诉权的职责又与他在刑事和解工作中的息诉做法相冲突。到底是做犯罪嫌疑人这一方的工作？还是做被害人的工作？检察官的立场是不是能够公正客观？而另一方面，检察院作为办案机关，出面主持调解，难免会对当事人形成一种无形的压力。犯罪嫌疑人担心，如果不按照承办人的要求办就会产生不利的后果，被害人也可能慑于国家权力机关的压力，而难以表达真实意愿。并且，当和解协议出来后，如果发现有问题，作为法律监督机关的检察院又如何监督呢？为了解决这些问题，2007年11月，朝阳区人民检察院与中国政法大学诉讼法学研究院联合开展了"刑事和解与程序分流"的项目研究，并在此基础上探索成立了刑事和解办公室。这个相对独立的刑事和解机构，专门负责对刑事和解案件审查把关和组织协商，不仅统一了案件的办理标准，也使检察官从原本尴尬的角色中解脱出来。日常情况下，中国政法大学都会选派7至8名研究生在刑事和解办公室"上班"，负责初步筛选具有和解可能的案件，附上书面提示，提醒承办人关注，而他们更为重要的工作是与双方当事人沟通，帮助他们达成和解。中国政法大学的封利强博士认为，在刑事和解中，他们的身份的确要比检察官更有优势。以往，在检察官与被害人沟通的过程中，很多被害人都会非常抵触，认为自己遭受了伤害，可国家不仅不惩治犯罪，还替加害人说话，做起工作来难度会更大。[①] M 市 B 区人民检察院在刑事和解过程中引入"人民调解办公室"。

  为进一步推进社会矛盾化解，加强检调衔接机制建设，促进调解资源整合，日前，B 区检察院成立"人民调解委员会驻检察院调解工作室"。这种将人民调解引入刑事和解、民行申诉并驻院办理的模式，在全市尚属首例。B 区检察院经多次与区司法局、区人民调解委员会等相关部门共同研究、协商，制定了《B 区人民检察院与 B 区司法局检调对接工作规程》，并安排专门办公场地和划拨专项经费，与 B 区司法局联合成立了人民调解委员会驻检察院调解工作室。案件类型包括以下几种：第一是进入民行检察申诉环节的当事人具有调解意愿的民事行政申诉案件，第二是进入批捕或公诉阶段的轻微刑事案件中涉及刑事附带民事、经济赔偿部分。审查事项包括以下部分：一是调解双方是与本案有直接利害关系的公民、法人或其他组织，依法对自身的实体权利有处分权，二是调解双方出于自愿，三是刑检部门移送民事部分调解案件，该案刑事部分必须是应当判处三年以下有期徒刑的轻微刑事案件。通过双方合作建立大调解工作体系，将一些进入检察机关办案环节、又可进行调解解决的案件，及时转由人民调解委员会调解解决，增强检察机关人民调解的及时性、专业性、规范性和实效性，提升执法办案的公信力，同时充分发挥了检察机关在全力维护社会和谐稳定、积极化解社会矛盾纠纷中的作用。

  应该说，2012 年修正的刑事诉讼法和人民检察院刑事诉讼规则汲取了司法改革特别是检察改革的成果，但是就和解的启动程序而言，虽然人民检察院刑事诉讼规则规定，某些公诉案件的双方当事人可以自行达成和解，也可以经人民调解委员会、村民委员会、居民委员会、当事人所在单位或者同事、亲友等组织或者个人调解后达成和解，但紧接着，又同时规定了人民检察院的刑事和解程序建议权，甚至规定检察机关在必要时提供法律咨询的权力。从这样的规定来看，人民检察院的刑事和解程序建议权在法条上并不具有优先的位置，但是，在公诉阶段，由于主导程序的是检察机关，似乎又会回到朝阳区人民检察院试点过程中遇到的角色困境。

[①]《刑事和解办公室诞生 检察官角色尴尬不再》，参见 http://news.sohu.com/2009320/n26299714.shml，最后访问于 2013 年 1 月 22 日。

(3) 职务犯罪侦查与预防的一体化。

1990年联合国《关于检察官作用的准则》规定："检察官应在刑事诉讼，包括提起诉讼和根据法律授权或当地惯例，在调查犯罪、监督调查的合法性，监督法院判决的执行和作为公众利益的代表行使其他职能中发挥积极作用。"这一条款确立了检察官在刑事诉讼中的调查权或侦查权。我国刑事诉讼法也规定，贪污贿赂犯罪，国家工作人员的渎职犯罪，由人民检察院立案侦查。对于国家机关工作人员利用职权实施的其他重大犯罪案件，需要由人民检察院直接受理的时候，经省级以上人民检察院决定，可以由人民检察院立案侦查。目前，我国反腐败机构设置呈现一种多元化的特征，党的纪律检查委员会、政府监察部门和检察院、法院等司法机关都负有反腐败工作的职责，并且这些部门都集打击和预防角色于一身。就单纯从技术上而言，集打击和预防于一身的角色定位在法理上尚需进一步反思，"监督者与被监督者保持一定距离"是一项基本的法理逻辑和监督规律。

最高人民检察院预防职务犯罪厅的一位检察官认为，预防职务犯罪工作联席会议中应当注意防止四种倾向：一是防止职能错位。一种情况是检察职能和行政职能之间界限不明。还有一种情况是放弃法律监督职能，向联席会议单位作出无职务犯罪承诺，以致发生了职务犯罪案件，因为属于联席会议的合作关系，尽量帮其掩盖犯罪，发现线索也不及时移送侦查部门处理。二是借机谋利。三是防止联席会议庸俗化。四是避免成为无所作为的摆设。联席会议机制要真正发挥作用，必须了解对方的实际需求，熟悉对方的内控机制，掌握工作运行的基本流程，从而研判对方工作存在的职务犯罪诱致因素，帮助制定有利于增效能、促廉洁的应对策略。[①]

2007年9月13日，我国成立预防腐败局，该局负责全国预防腐败工作的组织协调、综合规划、政策制定和检查指导，以增强预防腐败能力，协调各部门预防腐败的相关工作，形成预防腐败的整体合力。在此背景下，人民检察院开展职务犯罪预防工作应统一在预防腐败局的协调下进行。随着依法治国进程的推进，对于反腐败案件的查处法治化的程度要求越来越高，纪律检查委员会和监察部门应当将工作的重心放在违反政策、纪律方面案件的查处，职务犯罪案件侦查应当主要由检察机关来承担。这样，从反腐败工作的绩效考评上分析，预防机构和打击机构的相对分离也将使绩效更加科学化。

[①] 许道敏：《预防职务犯罪工作联席会议机制研究》，载《人民检察》2012年第3期。

（4）民事公益诉讼探索中的检察官。

2012年修改后的《中华人民共和国民事诉讼法》第55条规定，对污染环境、侵害众多消费者合法权益等损害社会公共利益的行为，法律规定的机关和有关组织可以向人民法院提起诉讼。以立法形式确立民事公益诉讼制度，是对民事诉讼程序制度的一大突破，也是多年以来民事公益诉讼制度改革探索的立法结晶，因而，具有特别重大的意义。特别需要指出的是，这次修改突破了传统民事诉讼原告是与本案有直接利害关系的公民、法人和其他组织的条件，把原告主体确立为与本案无直接利害关系的"法律规定的机关和有关组织"两种类型。

笔者认为，就目前而言，"海洋环境监督管理部门"是目前唯一符合"法律规定的机关"条件的法定原告主体。《中华人民共和国海洋环境保护法》第90条第2款规定："对破坏海洋生态、海洋水产资源、海洋保护区，给国家造成重大损失的，由依照本法规定行使海洋环境监督管理权的部门代表国家对责任者提出损害赔偿要求。"这样，就从法律的层面赋予行使海洋环境监督管理权的部门提起环境民事公益诉讼的权利，从而使得海洋环境监督管理部门成为第一个拥有民事公益诉讼原告资格的机关。此外，其他机关的原告资格的获取必须获得法律的直接规定。根据民事公益案件的类型，与损害社会公共利益范围相对应、承担相应监管职责的行政职能部门应当有权成为该类案件的原告主体，如侵害众多消费者合法权益的案件，质量监督管理部门、药品食品监督管理部门、工商行政管理部门等可享有原告资格；损害国有资产的案件，负有监管国有资产职责的部门享有原告资格。当然，这些机关的原告主体资格需要得到相关法律的确认。

修改后的《民事诉讼法》进一步强化了检察机关的法律监督权，对民事法律监督权的方式和范围，以及法律监督的手段等予以明确具体的规定。但是，《民事诉讼法》中所谓"法律规定的机关"是否包含检察机关在学术上仍有不同的认识。从现有的立法宗旨来看，在民事领域，检察机关可基于法律监督的宪法定位，依据《民事诉讼法》第208条规定，对生效的裁判和调解书，认为其损害国家利益、社会公共利益的，有权提出检察建议和抗诉，而不宜直接以原告身份对损害国家利益、社会公共利益的民事行为提请诉讼。

之所以认为检察机关不宜直接介入到民事公益诉讼中，是因为我国检察机关是国家的法律监督机关。作为国家的法律监督机关，其监督活动与其他国家和地区一样，必须代表国家和社会公共利益。刑事诉讼就被称为公诉活动。从检察官的职责来看，代表国家提起公诉（刑事诉讼）活动和法律监督是并行的职责。这个规定排除了检察官代表国家以原告身份对损害国家利益、社会公共利益的民事行为直接提请诉讼的权力，但可以通过以检察权监督行政权的模式，督促有行政监督职责的机关和部门提请诉讼，或者依据《民事诉讼法》第208条的规定，对生效的裁判和调解书，认为其损害国家利益、社会公共利益的，提出检察建议和抗诉，从而达到维护国家利益和社会公共利益的目的。这也正如学者所说的，"检察"概念的中国特色之一在于：检察主体的角色（身份）由"国家和社会公益的代表"提升为"国家法律监督机关"或"国家法律监督者"。①

3. 角色缺失

检察机关的法治与社会功能，随着社会时代的变迁而不断变化，检察官的角色也会随着发生相应的变化和调整，必须关注检察官角色的缺位、缺失问题。

（1）法律文件的合宪性审查提请。

《宪法》是国家的根本大法，大量的宪法问题和争议存在于具体的办案过程中。2000年3月实行的《立法法》对于检察机关在保障宪法实施、维护国家法制统一方面的权力做出了相应的规定。《立法法》第90条规定，国务院、中央军委、最高人民法院、最高人民检察院认为行政法规、地方性法规、自治条例和单行条例同宪法或法律相抵触的，可以向全国人大常委会提出审查的要求，由常务委员会工作机构分送有关的专门委员会进行审查、提出意见。2006年《中华人民共和国各级人民代表大会常务委员会监督法》第32条规定，国务院、中央军事委员会和省、自治区、直辖市的人民代表大会常务委员会认为最高人民法院、最高人民检察院作出的具体应用法律的解释同法律规定相抵触的，最高人民法院、最高人民检察院之间认为对方作出的具体应用法律的解释同法律规定相抵触的，可以向全国人民代表大会常务委员会书面提出进行审查的要求，由常务委员会工作机构送有关专门委员会进行审查、提出意见。这条规定其实是对《立法法》第90条的补充和完善，它将规范审查的范围扩大到对司法解释的审查。从立法旨意来看，《立法法》第90条的规定有合宪性和合法性双重审查的标准，从逻辑上来看，司法解释有违宪嫌疑的，当然也存在对其合宪审查的提请权。比较《立法法》规定的有权提请审查的主体可以看出，最高人民检察院作为提请的主体之一，具有比较明显的优势，也是其法律监督机关身份的应有之义。《立法法》第90条规定的拟审查对象中，行政法规是国务院制定的，由国务院主动提起从逻辑上看可能性不大，中央军委涉及地方事务的情况不在多数，而省级人大又是地方性法规、自治条例和单行条例的制定者，主动监督自己的驱动力不足。

---

① 朱孝清、张智辉：《检察学》，中国检察出版社2010年版，第14页。

人民检察院是国家的法律监督机关。在我国,有地方各级人民代表大会和地方各级人民政府组织法,但就人民检察院而言,只有一部统一的《中华人民共和国人民检察院组织法》,这说明,人民检察院对于违法行为特别是破坏国家政策、法律、法令、政令统一实施的重大违法犯罪问题,有必要行使国家法律监督权,以达到维护国家法制统一的目的。但是,迄今为止,最高检察机关也没有向全国人大常委会提出相关的审查申请,这不能不说是角色的缺位和遗憾。

(2) 刑事上诉案件中的法律监督。

有研究者通过对86件刑事上诉案件的分析发现,有一些案件存在明显的抗诉线索,属于应当提出抗诉的范围,但一审公诉机关没有提出抗诉;对部分明显存在问题的案件,也没有提出检察监督意见。一审公诉机关在履行诉讼监督职能时重实体监督,轻程序监督;忽视对相同实体问题的同一监督,即案件存在相同实体问题,但未发现同一监督的结果;忽视对违反上诉不加刑原则的监督;忽视对附加刑的监督。二审检察机关在履行法律监督职能中严重缺位的表现主要有:对上诉开庭审理案件的法律监督流于形式;缺乏主动建议二审法院对上诉案件开庭审理的法律监督方式;对于法院决定不开庭审理的案件存在监督盲区,等等。[①] 当然,也存在二审法院方面的原因,在一审法院判决存在违法或判决确有错误时,往往采用不开庭审理的方式,以此回避检察机关的监督。

在刑事上诉案件中检察官角色的缺位及不充分行使的主要症结在于:首先,在司法资源的配置上,由于检察官人力资源方面的有限性,上级检察机关通常采取任命一审承办检察官为本院代理检察员的方式来代为出庭。其次,依照《刑事诉讼法》的规定,二审案件的法庭审理方式由法院决定。第三,上诉状副本等法律文书送达方式不规范,上级检察机关只有对二审法院决定开庭审理的案件才可以掌握被告人上诉的有关情况。

M市检察院一位资深公诉检察官介绍,很多检察人员对上诉案件重视不够,在二审出庭前只是简单地将一审公诉意见过目一下,没有深入审查案件有关材料。而随着2012年《刑事诉讼法》的修改,开庭审理的二审上诉案件数量激增,无形之中会增加成本和人力。此外,从经验的角度来看,法院改判的比例也不高,近几年来在5%左右,这些因素综合起来导致了检察官在上诉案件中的法律监督方面的一定程度上的缺失。

2012年修改后的《刑事诉讼法》删除了原有"对事实清楚的,可以不开庭

[①] 成懿萍、廖乙桥:《刑事上诉案件中检察监督的缺位与完善》,载《中国检察官》2011年第5期。

审理"这一规定,同时以列举的方式规定四类案件必须开庭审理,这四类方式中包括"其他应当开庭审理的案件"这一兜底条款,对于检察机关的法律监督而言,这类情形是比较难以把握的,在某些情况下可能会造成检察官角色的缺位。

(3) 法律监督手段的综合运用。

检察权的权力结构不仅可以从人民主权——人民代表大会制度框架内的"一府两院"获得宏观的认识,还可以从其内在的微观层面予以解读。从微观的层面来看,检察权可以划分为职能性权力与结构性权力两大类型。职能性权力是指由法律所赋予的具体权力;结构性权力则是某一具体领域的法律职权所必备的基本法律构成要素。职能性权力必须以结构性权力作为其实现的基础和保障。[①] 在检察机关实践活动中,提起诉讼及纠正违法是常见的两种监督手段和方法。检察建议作为结构性权力正在日益受到重视,但在责任追究的制度建设和实践运用方面显得比较薄弱。例如,《刑法》第37条属于非刑罚处置措施,法院、检察院等司法机关与行政主管部门对当事人予以行政处罚或者行政处分两者之间衔接方面尚不紧密。而且,《刑法》第37条从立法原意来看,似乎不包括检察机关作出不起诉决定的案件,比较明确的法律规定是《人民检察院刑事诉讼规则》(试行)第409条的规定,该规定作出类似表述的用词为"检察意见",目前"检察意见"的运用尚有进一步提升的空间。一方面,体现在其适用的频度方面,可以加强其适用的频度。在司法实践中,由于诸多方面的原因,司法制裁与非刑罚处置两者之间在一定程度上存在着脱节的现象。某些案件特别是职务犯罪案件的被告人,在做出有罪判决之后,由于法院和其主管单位沟通不顺畅等主客观因素,导致被告人仍然保留"铁饭碗""照拿工资",有的甚至仍在领导岗位上工作。另一方面,在提出检察意见的层次上,可以考虑将检察机关的非刑罚处置启动权与中国特色的人大弹劾罢免制度结合起来,从而增强检察意见的实效,进一步激活中国特色的人大弹劾罢免制度。

四、探微揭秘:检察官角色与司法公信力互动的形成机理

(一) 政治生态和法律文化的影响

法律是一种文化现象。"文化的积累和变迁非一时之功。文化不同于文明,

[①] 宋聚荣、王兴安:《检察权的拓展与让渡——基于权力本质的分析》,载《中国司法》2008年第11期。

一个民族绝不可能在抛弃或否定自己祖先长期积累的文化经验的前提下学习和借鉴异族文明。我们应该从社会变迁的长期性和文化变迁的复杂性领悟到,并不存在一种长盛不衰的文明,但却存在一种绵延不绝的文化。"①

从历史的角度来分析,政治对司法工作包括检察工作影响的主要途径和方式是通过党和国家的政策、纲领来引导的。政策、纲领介入司法是由当时的革命背景所决定的。"解放区的司法工作有两条原则:一是司法工作要为政治服务,为中心工作服务;二是司法工作要贯彻群众路线。"② 新中国成立后的相当一段时间,我们还是沿用一元化的党政合一国家体制,围绕中心工作,服从和服务党和国家的工作大局,一直是政法工作的基本路线和根本原则。对此,有学者分析道:

"在建国初期的十几年里,镇压反革命、贯彻实施婚姻法、土地改革、三反、五反、反右、大跃进等,司法工作一直都是围绕中心工作而进行的。

"与'群众路线'和'司法独立'话语的谱系有所不同,对于'为中心工作服务'这一点并没有出现翻来覆去的转折,也没有什么一百八十度的'拨乱反正'。在各个时期的司法话语中,为中心工作这一点是比较稳定的,有的只是中心工作的内容不同而已。镇反时为镇反服务,土改时为土改服务,合作化时为合作化服务,大跃进时开展司法大跃进,大炼钢铁时也大炼钢铁。新时期司法工作要'为改革开放保驾护航',为'招商引资'服务,要参加'社会治安综合治理',积极开展严打整治斗争,要抽调干部搞扶贫、支教、抗洪、搞社教、抓计划生育、催公粮、抓普法、城市精神文明建设。

"服从中心工作,实际上是服务各种各样的中央/地方总动员:社会治安、招商引资、扶贫救灾、农村承包、国企改制、就业计划。这些动员目标的背后实质上是'现代化叙事'的巨大推动。"③

从 2002 年—2011 年这十年的工作报告中对国家与地方社会形势、政治任务与 M 市检察机关履职的关联阐释中可知,"维稳"主导模式与职务犯罪侦查重心和工作方式的调整、化解社会矛盾与民事检察的拓展、加强法制宣传与预防、参与社会管理创新,在特定时期的"特别侦查队",特别是 M 市检察机关"参与市容环境整治,创建文明城市、开展结对帮扶、扶贫活动"等,无一不是紧密围绕

---

① 尹伊君:《社会变迁的法律解释》,商务印书馆 2004 年版,第 465 页。
② 熊先觉:《人民司法制度概论》,中央政法管理干部学院教研室 1985 年印,第 47 页。
③ 滕彪:《话语与实践:当代中国司法"中心工作"的变迁》,载《法哲学与法社会学论丛》(第六卷),北京大学出版社 2003 年版。

大局、服务中心工作而进行的。

(二) 公民对纠纷解决存在事实上的"双轨"制的需求

尚不完善的司法救济渠道迫使公民采取被动和消极的"非讼化"策略，包括集体上访、越级上访和寻求其他党政机关救济途径。解决纠纷背后的实质就是实用主义和工具主义。应星的研究成果非常突出地显示了公民在纠纷解决中的实用主义倾向。"实际上，在草根行动者眼中，法治与人治、司法与非司法的界限并不重要，真正重要的区别是某种手段在表达利益、解决纠纷上实用与否。"①

公民对纠纷解决的双轨需求还与社会冲突的综合性相关联。有学者认为，解决社会冲突的需求对现实诉讼分类提出的更深刻的挑战还在于，由于社会关系的日益复杂化，社会冲突越来越趋于综合性。同一冲突兼具民事、经济、行政以及刑事诸方面的不同性质，或者包含着多个不同性质的冲突。要将这些冲突按照人们主观划定的框架逐一进行分解，然后依不同程序加以解决，不仅成本甚高，而且几乎没有可能。能动地适应这种变化，势必要引起传统的诉讼分类方式的改变，至少将改变现有的诉讼类型结构。这方面的研究尚未引起人们的足够重视。②

从政治与权利的一般关系来看，国家权力与人权和公民权利以二元对立又统一的模式存在着。政治及国家权力存在的目的，可以理解为政治及国家权力为保障人权和公民权利而设置，当然，另一方面，国家权力这一"利维坦"又在某些时候可能会损害人权和公民权利。权利一般被理解为法律上的利益，这就需要法律对权利予以保障，对权力予以规制，这样从表面上看，是完美无缺的或者至少在逻辑体系上是完美的，但是，这并不全面，也不尽深刻。因为，现实中的权利与利益并不完全对应或同等，权利虽然表现为法律上的利益，但也确实存在现实中的利益，这些利益的存在在某种情况下可能依附和仰仗法律予以保障，或者在法律的大前提下予以保障，或者以法律的名义予以保障，但有时候还是会游离于法律之外，用权宜的手段来加以保障。这不难引申出这么一个关系，即权利的解决路径主要是制度和程序，追求的是一种形式正义，而利益的解决路径除了依靠制度之外，还必须依靠协调、动员、斡旋、调解等多种方式，追求的是一种实质正义，具有鲜明的实践论色彩。对此，胡水君在《法律的政治分析》一书中做出了比较深刻的阐释：在权利诉求缺乏有效的法律救济机制、在利益迫切等待

---

① 应星：《草根动员与农民群体利益的表达机制——四个个案的比较研究》，载《社会学研究》2007年第2期。

② 顾培东：《社会冲突与诉讼机制》，法律出版社2004年版，第46页。

保护、在社会现实问题需要及时解决、在利益分配机制失衡等情况下，借助包括法律在内的多种途径和综合手段，利益之道正可显现出不同于权利政治的现实生命力。大体上，权利之道具有制度论取向，利益之道则具有实践论取向。制度虽可流传久远，但它并不足以一劳永逸地解决所有的具体现实问题；实践有时虽然不讲章法、不因循守旧，但它恰可在因地制宜、因势利导中表现出灵活性和创造性。一种比较完善的政治也许应该是实践论与制度论的结合。①

公民对纠纷解决的双轨制需求对包括检察权在内的国家权力的履行方式产生了深刻的影响，检察机关的活动不再严格局限或桎梏于制度和法律的刚性框架内，而是试图寻求在公民法定的权利与现实利益之间的平衡保护。

从笔者的调研可知，人大代表针对 M 市检察机关提出的意见和建议可以分为"问题解决型"和"制度机制建议型"，以"问题解决型"为主。在"问题解决型"这一分类中，有的属于法律明确规定的检察机关的职权范围，有的则与检察职能关联度不高，更多的则属于有争议的或正在探讨的职权范围，这些都对检察活动产生了深刻的影响。

(三) 检察权的能动属性的必然反映

与经典的司法能动——审判权的能动不同，检察权不是当问题找上门来之后的主动，而是根据一定程序的主动出击，查看、督促法律被遵守和被执行的情况，并采取切实有效措施，推动有法不依、执法不严、违法不究等法律执行和遵守过程中存在问题的解决。

就社会主义法治理念的层面而言，检察机关的能动与审判机关的能动在司法理念的方面是相同的，社会主义法治理念是体现社会主义法治内在要求的一系列观念、信念、理想和价值的集合体，是指导和调整社会主义立法、执法、司法、守法和法律监督的方针和原则。依法治国、执法为民、公平正义、服务大局、党的领导，五个方面相辅相成，体现了党的领导、人民当家作主和依法治国的有机统一。这里面蕴涵着能动的、积极的因素和要求，检察权的能动和审判权的能动一样，都有相同的理论渊源、价值取向、政治基础和时代背景，只是在具体的表现形态、运作方式和工作重心等方面存在着差异。

有学者认为，虽然目前审判权抢占了"能动性"的制高点，但是应该看到，审判权的被动是以检察权的能动为前提的，检察权的能动是本质，审判权的能动

---

① 胡水君：《法律的政治分析》，北京大学出版社 2005 年版，"前言"部分。

是补充,检察权虽然也注重工作理念的能动,但更立足于工作方式能动的强调。检察权能动是保障和巩固司法这道国家秩序的最后防线,而如果这道最后防线遭到破坏,则可能需要付出更大的社会成本来修复。检察权一味消极被动,势必导致审判权不适当的能动,而将失去国家设置这两种权力的初衷。① 笔者认为,尽管其论述有相当的合理之处,"检察权的能动是本质、审判权的能动是补充"以及"检察权能动是保障和巩固司法这道国家秩序的最后防线"这种说法还有待深入论证。笔者认为,审判权的能动与检察权的能动并没有高低上下差距之分,其理论渊源、政策基础都是一致的,只是在职能表现形态、运作方式等方面存在着差异。此外,检察权能动是"巩固司法这道国家秩序的最后防线"之说是对检察机关作为专门的"法律监督机关"定位和功能的无限放大的认识。

必须看到,检察权具有一定的延伸和拓展特性,这是一个客观的事实。司法包括检察工作是社会管理结构的组成部分,与其他社会纠纷解决机制的界限相对模糊。对于一些本不需要司法途径解决或不属于司法途径解决的纠纷,检察机关可能用协调的方式加以"摆平"或者"抹掉"。在社会转型时期,尤其是面对一些敏感的附随着制度和政策实施的问题,除了法律有明确规定不予以受理及调解前置程序的外,在司法实践中,法院通过对某些案件不予以受理的方式,把一些案件排除在诉讼范围之外,主要表现为:国有企业改革、农村股份制经济改革、住房制度改革、教育制度改革、证券民事纠纷、政府采购的招标投标纠纷,等等,"所有这些改革都涉及千家万户、社会的各个阶层。有的是旧体制下形成的问题,有的则是体制转轨过程中形成的问题,这些问题的共同特点是具有普遍性、全局性,涉及面广,敏感性强,往往牵一发而动全身。许多问题新的政策没有落实,旧的政策已不再起作用。虽然中央有整体的规划和解决这些问题的时间表,但是问题不可能马上得到解决。这类纠纷往往有一般政策,但缺乏明确的法律规定,也缺乏有关的司法解释,所以法院审判无法可依。许多地区的审判实践表明,有些案件受理后因种种原因长期不能审结。因此,法院对这类问题一般采取不受理的司法政策,把它们留给地方政府或企业、事业单位自行解决"②。由于法院在受理这些案件时的暧昧态度甚至久不审结,这些矛盾和问题又回到了原点,由有关的地方政府或企、事业单位自行解决,这时,由检察机关出面担任协调人、调解人的角色。一方面,可以最大限度地消除当事人和有关地方政府或

---

① 姜小川:《检察权的配置要体现能动性要求》,载《检察日报》2012年1月9日。
② 朱景文:《中国诉讼分流的数据分析》,载《中国社会科学》2008年第3期。

企、事业之间存在的矛盾和冲突，启动一个比较公正、客观的救济渠道，推动公平正义的尽快到来。另一方面，由于检察机关的介入，并采取多种形态的纠纷解决方式，可以对带有制度性、政策性的问题做出一定程度上的回避，或者暂时搁置有关制度层面和政策层面的问题。此外，检察职权从功能性职权来看，有职务犯罪侦查、公诉、侦查监督、民事行政检察监督等多种职权，从结构性职权来看，有检查发现和督促纠正等多种手段，检察机关集这些职权和手段于一身，可以更好地发挥宪法所赋予的法律监督职能。

（四）传统刑事司法和社会治理模式转型的必然要求

传统刑事司法和社会治理模式是以刑法和刑事诉讼法为规范依据的法律适用过程，旨在确定涉嫌犯罪的行为主体的刑事责任。无论是立足犯罪控制的效率还是立足于人权保障的公正追求，都是在单一化的实体与程序制度中寻求价值实现的路径。这种传统的刑事治理模式的刚性特征表现为：一是对抗性。这表现在刑事治理主体政法机关与犯罪嫌疑人、被告人之间的对抗性。二是单向度。刑事治理主体政法机关是指令的发出者，犯罪嫌疑人、被告人是指令的接受者，二者之间是一种单向度的命令—服从关系。三是国家垄断。刑事治理的依据只能是"体现国家意志、由国家创制或认可、依靠国家强制力保证实施"的法律规范，刑事治理主体政法机关只能是行使国家权力的国家机关，刑事治理过程只能是一个单一的权力行使过程，国家在刑事治理中居于单中心的垄断地位。四是封闭性。就其主体而言，刑事治理过程对治理对象和其他利害关系人往往是封闭的；就其评价机制而言，刑事治理过程对治理对象和观察者、评价者往往是封闭的；就其据以决策的信息和知识而言，刑事治理往往只对单一来源即侦查机关开放，依赖侦查卷宗。

中华人民共和国成立后很长一段时期，社会矛盾主要表现为宏观意义上的社会矛盾，这种矛盾主要是因为国家层面的社会政策、路线方针或意识形态的变革而产生的。社会矛盾呈现的是一种宏观的结构模式。但随着改革开放的推进和国家经济社会的持续发展，特别是从20世纪末到现在，我国的社会在总体和谐稳定的前提下，局部的矛盾和冲突在增多，这已经成为一种客观事实。面对这些社会矛盾和冲突，迫切需要通过制度创新来为规范和解决这些问题创造制度性条件。这就需要对当前的社会矛盾和冲突进行准确的判断和定位。总体上说，当前的社会矛盾和冲突呈现出的特点、性质与宏观的结构模式中的社会矛盾有着重大差异，因为它们主要不是由国家制度层面的政策变迁、意识形态变革、路线方针的重新确定等方面引起的，基本还是基于利益问题的矛盾，体现为一种微观意义上的结构模式。这样一种微观意义上的结构模式中的社会矛盾和冲突，又往往通过一个个具体的案件及其处理集中表现出来。

同时，商谈伦理的出现与传统公平正义标准的变化，对纯刚性的法律监督产生了一定的影响。季卫东教授在谈到法律家与行政家在权衡与妥协方面的区别时指出："多数法律家不能容忍非公开的政治交易和无原则的妥协，对行政机关因事制宜的变通裁量也保持高度警惕。这样的态度有时的确难免有墨守成规之讥，在日新月异的当今社会中临机应变也的确很重要，但是，既然行政官僚管理国计民生的权限已经扩张到无所不在的程度，防止职权滥用就成了一个国家长治久安的关键；为此，足以与行政裁量相抗衡的法制尊严绝对不能动摇。"①

协调的实质是变通行使司法权和行政权。公权力的不可协商性和不可交易性的原则建立在公共利益的原理上，但是即使是在刑事领域，由于协商民主思潮的涌动，这种正统的原理也正在受到冲击。西方国家的法治传统比较坚固，甚至十分刻板。莎士比亚名作《威尼斯商人》在描写夏洛克借钱给安东尼奥时，约定如果还不起债务将从安东尼奥胸口割下一磅肉作为抵偿。安东尼奥与萨拉里奥谈到公爵会不会变更或通融法律以便不被割肉时说："公爵不能变更法律的规定，因为威尼斯繁荣，完全依赖着各国人民的来往通商，要是剥夺了异邦人的应享的权利，一定会使人对威尼斯的法治精神产生重大的怀疑。"② 相比之下，在中国司法的传统中，"衡平司法"一直占据着主流。有学者认为，饱受儒学浸染的中国古代司法官，在泛伦理主义的社会主导性价值观念的支配下，采取务实主义的态度解决现实生活中的纠纷，以应对法律与社会脱节和疏离的矛盾。……中国传统司法的衡平理念和制度运作，反映出传统社会独特的纠纷解决机制及其与建构中国传统社会法律秩序之间的深刻联系。而且，中国自身的社会环境和条件对其司法和法的成长及其表现形态具有决定性的影响，衡平司法发生的历史条件也没有完全消失。③

进入新世纪新阶段，我国处于改革和发展的关键时期，在这个时期，经济体制深刻变革，社会结构深刻变动，利益格局深刻调整，思想观念深刻变化，社会建设和管理面临许多新的课题，党中央提出了构建社会主义和谐社会、科学发

---

① 季卫东：《法律职业的定位》，载《中国社会科学》1994年第3期。
② 参见《莎士比亚喜剧集》，朱生豪译，燕山出版社2000年版，第65页。
③ 顾元：《中国衡平司法传统论纲》，载《政法论坛》2004年第2期。

展、社会管理创新等一系列战略目标。面对新形势、新任务，检察机关作为国家的法律监督机关，在工作理念、机制和方法、策略上也必须做出相应的调整，特别要注意的是监督的刚性和柔性相结合。

五、司法公信力的反思与重构——以检察官角色为切入点

罗科信教授曾言，检察官是一个尚未完成的机关。所谓检察官是一个尚未完成的机关，并非是指检察机关作为一个国家机关的整体组织体系尚未建构完毕，而主要是指检察官的身份不明、地位不明。① 检察官角色的理性定位与养成，从国家的立法层面来看，其身份和地位已经基本明确，但面对社会生活和法律生活的纷繁芜杂，加之其为检察组织的一员，检察官既要置身其中，又要相对超脱于其外，这需不断在实践中磨合，才能不断地提升司法的公信力。而这个磨合、调适的过程又将随着社会的变迁不断地循环往复。虽然，"有关中国组织变迁的研究，一开始就会面临一种困境：在这样一个在变动中融汇着各种复杂因素、且各种复杂因素时刻处于无穷变动中的中国社会结构的转型时期，对任何社会现象的研究，都必然会面临现有的理论解释不足的状况。"② 尽管如此，我们认为也不能陷入后现代的泥潭，不能放弃对当下问题的思考。

（一）检察官制度、机制的改革与完善

从法律体系而言，《公务员法》应当高于《检察官法》，根据该法第三条"法律对公务员中领导成员的产生、任免、监督以及法官、检察官等的义务、权利和管理另有规定的，从其规定"之相关表述，检察官成了公务员的"子法"。由此给行政官和检察官的角色带来了实践层面和认知层面的模糊。因此，就公务员法与检察官法的立法层面而言，两者之间如何更加协调，有待进一步深入研究。

检察官的理性定位，除了具有与政府公务员不同的禀赋之外，还必须深入检察组织中进行研究。检察官法关于检察官职能及其运作方式，必然要受到检察活动规律的制约和支配。在检察一体化及依法独立行使检察权的规律或原则下，应突出强调检察官的主体地位。笔者建议：一是改革检察官的升迁模式。检察官晋升非领导职务，可以采用底线（廉洁公正）+资历+业绩=自动生成的职务升

---

① 万毅：《两岸检察官地位之比较》，载《东方法学》2011年第2期。
② 李汉林：《组织和制度变迁的社会过程——一种拟议的综合分析》，载《中国社会科学》2005年第1期。

迁模式。而晋升领导职务，可以在此基础上附加考察法律素养及管理能力。二是改革检察机关内部的行政管理，部门负责人、主管院领导单纯地负责检察业务审批权，财务审批、车辆调配、培训休假等行政事务由专门人员负责，以此减少办案过程中的行政色彩过浓的问题。三是强调案件层级审批责任制的递进模式。处于办案不同环节或层次的检察官承担不同的角色。检察院的领导机构或领导成员侧重于对案件的宏观方面的把握、全局的把握；部门负责人侧重于对案件的司法政策和法律适用的把握，承办检察官主要负责案件的事实和证据。同时，探索改革现有的办案组织形式和审批模式。

（二）检察官职业伦理的激励与约束

改革开放以来，我国社会明显出现了高分化、低整合的特点，社会阶层分化、组织分化、利益分化及价值观念分化加剧，社会伦理与司法伦理建设日益呈现出一种错综复杂的形态。当代中国，包括检察官在内的司法职责和作用越来越受到重视。在此背景下，大量纠纷涌向司法机关，司法机关逐步成为社会聚焦的中心，检察官的伦理成为社会的风向标。它不仅仅具有稳定社会的功效，也是重建全社会各种新伦理的懿范。司法的品质是法的公平与正义的一般概念在司法活动中的体现，但同时表现为一整套被社会伦理普遍认同的司法制度和被司法活动参与者个别认同及扩散的全社会认同的司法程序，因此，司法的品质是权威、伦理、制度和程序诸要素综合作用的结果。深化检察官的职业伦理建设，笔者认为，应当从以下几个方面着手：

第一，"高尚的伦理学离不开具有正义感的制度"。针对新时期检察工作的特点和规律，加强检察职业伦理建设，离不开制度建设和机制创新。以证据制度为例，证据乃司法程序运行的基础，证据规则的良善亦是司法公正的保障。《关于办理死刑案件审查判断证据若干问题的决定》《关于办理刑事案件排除非法证据若干问题的规定》以及2012年刑事诉讼法对这两个规定精华的汲取，虽不能一揽子解决所有刑事案件中出现的问题，但在司法体制尚未达到深刻变革的情况下，对于规范司法行为具有很重要的积极意义。此外，在刑事控辩交易、刑事和解、职务犯罪案件举报及预防等诸多领域，都需要从法律制度方面解决司法实践中可能存在的伦理道德问题。

第二，个人伦理离不开司法组织的伦理建设。司法伦理问题几乎总是发生在组织之中，而组织环境要么鼓励伦理行为，要么会阻碍伦理行为，要么兼而有之。① 因此，加强司法伦理建设必须关注其发生的组织文化和背景，在一定的条件下，要对组织文化和组织结构进行优化和改造。

第三，把社会普遍正义与伦理的期盼有机地融入检察活动。社会普遍正义和伦理观是检察官不能简单回避的。国家尊重和保障人权、司法工作必须坚持群众路线不仅是宪法和法律的要求，更应当成为检察官的思维理念和法律方法，良好的司法伦理观念绝不能与社会民众的观念相互疏离。只有将社会普遍正义和伦理观有机地融入检察活动，才能在法律效果的范围之内实现政治效果和社会效果，才能进一步提升司法的品质，树立司法的权威，增强检察机关和检察官的公信力。

第四，创新检察官伦理教育的理念和模式。法律技术和司法伦理教育必须同步。美国学者马多佛曾经说过，法律不曾也不可能涉及道德的所有领域。若将一切道德的责任转化为法律的责任，那便等于毁灭道德。② 对于一个行业性的群体来说，伦理道德水准的高下主要并不取决于来自外部的监督和控制，问题的关键在于是否建立严格的自律机制。法律伦理道德教育是自律机制形成的基石。个人的人格或道德不好，那么他的学问或技术愈高，愈会损害社会。学法律的人若是没有人格或道德，那么他的法学愈精，愈会玩弄法律，作奸犯科。对于学习法律者，倘若不注重他们司法道德的修养培养，那无异于为国家和社会造就一班饿虎。③

创新司法伦理教育模式可以从三方面着手：首先，司法伦理教学从本科阶段开始，同时在教学的方式上，要注重案例教学法模式。其次，采取检察官法官宣誓等更直观、更富有感染力的教育方式。再次，树立、学习司法官楷模时我们要认识到，他们的事迹往往具有更高层次的政治性、理论性和技术性，他们所面对的问题往往更复杂，他们所承担的社会压力和风险，也比一般人要大些。学习他

---

①2010年，英国维基揭秘将美国关达那摩湾监狱一连串虐囚丑闻公布于天下，让世人震惊。我们认为，这不仅是因为某个人采取了错误的、不道德的行为，而且是因为整个决策系统制定的审讯指南（正式的或非正式的）存在着大量的伦理问题，甚至有时是不合法的；同时，也因为领导层所营建的组织环境无力制止或报告这一权力滥用问题。这种工作惯例根植于该机构文化的非政治规范之中，该组织文化鼓励权力滥用行为，甚至可能超越指南之外滥用权力。参见［美］特里·L·库柏著：《行政伦理学：实现行政责任的途径》，张秀琴译，中国人民大学出版社2010年版，第241页。

②转引自肖金泉：《世界法律思想宝库》，中国政法大学出版社1992年版，第402页。

③孙谦、郭立新、胡卫列：《中国检察官管理制度研究》，载《检察论丛》（第2卷），法律出版社2001年版。

们的先进事迹，不仅要学习他们个人道德的高尚，更应该看到法律所应有的尊严和魅力，看到实现法治所必需的环境和条件，因此更加重视职业伦理与法治建设的统一。

第五，加强检察官伦理评议机构建设，构建立体激励与监督网络。目前，在司法机关内部的考评委员会，承担了司法伦理评议的部分职责，但是这个体系还比较封闭，其公信力也不够。我们建议，实现司法伦理教育与评议相分离的机制。检察机关自身可以承担教育之职责，同时，必须进一步激活人大的监督职能，在各级人大内务司法委员会设置司法伦理评议机构。此外，还要注重引导、鼓励大众传媒、社会舆论参与对司法伦理的监督制约，构建立体监督网络。

（三）检察官角色意识的培养与塑造

围绕着服务大局与中心工作，检察官在社会政治、经济生活中承担着复合性的角色，呈现出多重面孔。因此，检察官必须具有坚定而清晰的角色意识。

角色意识包括角色地位意识、作用意识和形象意识。衡量角色意识主要依据三个方面：第一看角色意识是否明确，也就是是否清楚地理解和掌握了以角色权利、义务为核心的角色要求；第二看角色意识是否坚定，即是否自觉地坚持角色标准、履行角色义务；第三看角色意识是否优良，即能否按照社会规定理解和执行角色要求，如果角色意识参杂与社会规定相反的意图，就是恶劣的。[①]

角色的认知对于实现检察官设立的宗旨、厘定检察权运行的边界，以及权力行使过程中的方式、方法都具有重要的意义。

第一，从宏观、中观、微观三个层面认识和把握大局。在目前检察机关的领导体制和工作机制基本稳定的前提下，对于大局的认识要从宏观、中观和微观三个方面来考量和落实：一方面，大局观体现在宏观层面的检察决策、中观层面的工作部署。检察机关恢复重建以来，特别是近十年来，最高人民检察院围绕党和国家的工作大局出台了一系列政策性文件，涉及国有企业改革、中国加入世界贸易组织、社会主义新农村建设、贯彻宽严相济刑事司法政策、应对和化解国际金融危机、深入推进三项重点工作的意见和措施、参与加强和创新社会管理等。在中观层面的工作部署，主要体现为不同时期的专项工作或专项行动。在微观层面，则"体现在具体的司法过程中，就是能够综合、全面地考虑到案件所关联的各种因素，在各种复杂的诉求中找出主流性、主导性的冲突，在多种合理的诉求

[①] 宋超英：《社会学原理》，警官教育出版社1991年版，第91页。

中寻求恰当的妥协和平衡,把社会控制与治理的总体要求导入纠纷的解决之中。对司法机构及其成员大局观的培养,不应仅仅停留在教育和倡导层面上,还应研究具体的制度性措施,形成相应的激励和引导机制以及评价和监督机制。对于个案处理的综合效果,司法机构应有一套具体的识别和参照标准,一个可供操作的评价体系。"①

第二,强调检察职能延伸与检察权行使的谦抑性之间的平衡。检察机关及检察官如果过度强调或偏好延伸检察职能,在一定程度上可能会产生突破和损害法律尊严进而影响司法公信力的后果。柏拉图曾说过:正义就是有自己的东西干自己的事情,只做自己的事情而不兼做别人的事情。② 宪法和法律明确规定了检察机关的法律监督定位和检察官的职责,根据公权力行使必须授权的原则,检察官的职务行为必须立足法律监督的定位和法律规定的职责权限,不"包打天下"、不滥权越权。检察机关的法律监督只是一种最起码和最根本的法律监督,它不可能穷尽国家所有法律、法规、规章等规范性文件的执行。应更加合理地设计和界定司法与其他治理组织之间的关系,把司法手段运用于最需要、最有效的地方。同时,通过司法与其他手段之间的配合与衔接,将司法的强制和威慑作用延伸至其他社会治理过程。

第三,倡导检察官的独立思考和自我约束。关于检察机关职能的发挥和检察官角色的担当这些规范权力运行的基本问题主要由立法和司法政策来加以规范,但这并不代表着检察官在行使法律监督权的具体操作和实施过程中不负有思考的责任和自我约束的义务。

在检察官职能履行过程中,必须注意不能偏离行使检察权的基本原则,包括客观公正原则、公益原则以及保障人权原则,等等。由于检察职权的多样性和手段的丰富性,各种职权之间的切换较为便利,特别要注意严格遵守检察权行使过程中的基本原则。例如,在民事诉讼中行使法律监督权,涉及与审判权、当事人诉权三者之间的关系,检察官职能的充分发挥,不是单方面的,同时也必须与审判要求独立行使、当事人诉权平等与意思自治等共同结合起来。一方面,检察官的角色及职能发挥不能对审判独立原则和既判力原则造成侵害,必须尊重和遵循审判权运行的内在规律,不能混淆监督权与法院的实体处分权;另一方面,检察官的职能活动必须抑制其对当事人诉讼平等原则和处分原则的干预,不能利用公

---

① 顾培东:《中国法治的自主型进路》,载《法学研究》2010 年第 1 期。
② [古希腊] 柏拉图:《理想国》,郭斌和等译,商务印书馆 1986 年版,第 154 – 155 页。

权力的优势破坏当事人之间的诉讼平衡,在救济和监督的优先性上,应当优先发挥当事人对审判权的制约作用。在行政检察监督的范围层面,不能将行政检察监督范围扩大到没有边界,应当立足于诉讼监督案件中发现行政违法监督线索,对于诉讼案件以外的行政立法、决策,以及对于尚未通过诉讼程序,依法可通过行政复议、行政诉讼渠道解决的行政纠纷,检察机关不宜直接介入;要坚持"维护国家利益、社会公共利益"的出发点,对于办理督促履职、督促起诉等案件的对象应限于对国家利益、社会公共利益有管理职责的行政机关和社会管理部门。

(四)检察官角色的阐释与监督

张成福教授认为,职业主义(职业化)具有两个层面的意义:"从工具理性的层面而言,职业主义意味着以科学化的知识体系为基础,发展出一套理性的技术、方法,以解决问题,达成目标;从价值理性的层面而言,职业主义是一种职业所具有的内在价值,这种内在价值是透过职业的教育和社会化的过程所塑造出来的,它所关注的不仅仅是专业的技术,更是职业的精神和责任。"[1]

笔者的实证研究表明,地方检察权履行过程中,存在着来自不同层级、不同方面的评价。可以归纳概括为以下几个方面或几种形态:第一种,党委、人大、政府对检察机关的评价;第二种,检察组织内的评价体系(表现为对检察组织的考核),这是纵向的,也包括横向的,比如类似的检察院之间的对比,还有自我评价(主要体现为检察工作报告);第三种,当事人及其相关人员的评价;第四种,其他司法组织及社会的评价。

此外,对于检察工作的评价可以从司法阐释的视角或对司法阐释的研究中获得进一步的认识。有学者认为,从司法阐释的社会效果来看,存在自我阐释的剥夺和他人阐释的偏颇两种情形。自我阐释的实现或反剥夺明显受到两个方面制约:第一,自我阐释的行使能力,由于文化、经济等方面的原因而缺乏自我阐释的能力;第二,自我阐释的行使效果,由于阐释对象、阐释方法以及历史传统等方面的原因而导致自我阐释权的剥夺。司法自我阐释权的剥夺直接根源于司法的性质。并且,司法自我阐释事实上是处于先天被剥夺的状态。他人阐释的偏颇根源于司法活动的特点。司法活动的非常态性、专业性、对决性等特点加深了社会公众对司法阐释的误解和偏见,导致他人阐释的严重偏颇。[2] 这种自我阐释的剥

---

[1] 张成福:《公共管理的职业主义与职业伦理》,载《新视野》2003年第3期。
[2] 温珍奎:《论法官形象的两种历史记忆及其现代启示——一个自我阐释剥夺理论的解释与运用》,载《法律适用》2009年第1期。

夺,不仅在微观方面,使公民和司法机关对具体案件的事实认定和法律判断产生分歧,而且在宏观方面,对司法公信力和法治信仰产生深刻的影响。[①]

就实证研究来看,由于检务公开的推行和现代科学技术、传媒的发展,检察机关基本上不存在自我阐释权的剥夺的情况,他人阐释的偏颇也不算明显。问题的核心在于,就检察机关和检察官自身而言,必须把检察工作规律、司法工作规律以及政治架构综合起来考量,建立比较完善的工作评价体系,这样,更有利于检察官的角色定位的明晰与司法公信力的提升。

第一,完善检察工作评价体系的前提是各项职能的配置、行使的主体必须合乎逻辑,否则,会产生评价体系上的矛盾。

第二,不同的主体从不同的方面、角度进行评价,其结果可能会有不一致的地方,其反馈的结果必将对检察官职能履行提出不同的要求、产生不同的影响。另外,检察组织的决策、监督、领导三种体系虽然各有区别,但亦存在模糊、交叉的地方。因此,既要找出其规律和特色所在,又要对之进行深度整合,找出共同点,体现层次性。

第三,就目前而言,应重点加强上级检察院对下级检察院在行使检察权过程中涉及的对国家大局、大政方针的履行,以及对职能履行的重心、重点的领导和监督,同时,对下级人民检察院和检察官在履行职责中由于各种原因而偏离检察权轨迹、脱离法律监督职能的行为和司法政策、"试错"性改革举措,加强领导和监督,促进其进一步规范,以进一步增强司法的公信力。

这里着重探讨一下各级人大常委会组织实施司法公信力评定的问题。人民代表大会及其常务委员会对于检察机关的监督,是我国政治法律框架体系内的正式、有效、法定的评价。党的十八大报告指出,"要善于使党的主张通过法定程序成为国家意志,支持人大及其常委会充分发挥国家权力作用。"因此,有学者建议,人大在审议一府两院工作报告之前,应当有一个外部主体提供的权威报告;除了具体法的实施检查,还应当有一个法治总体进展情况的评价。公信力评价流程体现的特征是:人大作为组织者保证评价合法性、正式性和有效性,而中立、专业、科学的司法公信力技术服务提供者,包括法律专业技术服务提供者和评价专业技术服务提供者,负责具体实施司法公信力评价,前者提供指标体系,后者具体实施评价、提供评价报告。[②]

[①] 凌斌:《当代中国法治实践的"法民关系"》,载《中国社会科学》2013年第1期。
[②] 李秀霞:《司法公信力评价坐实司法改革目标》,载《中国社会科学报》2014年3月12日。

检察机关向同级人大作工作报告，已经成为一种宪法惯例，但是有研究者认为，这种宪法惯例存在的有效性和合理性并不是不存在可置疑之处的。①

应当进一步指出的是，我们要建构和引导一种理性的信任文化，其中重要的一点，就是要客观地对待"不信任"。"信任文化的出现恰恰得益于民主建构中的制度化的不信任"，②这种不信任机制不是盲目的、占主流的，否则极有可能会冲破社会信任的底线和安全阀。但是某些局部的"不信任"将"倒逼"我们在制度设计、机制完善以及检察官素养等诸多方面的提升。问题的关键在于，我们必须运用法治的思维和法治的方式，将这种客观存在的"不信任"制度化、法律化，对其进行规范和指引，这样，不仅可以提供公民以制度化的救济渠道，同时，也为政府和司法机关设置"防火墙"和纠错机制。

西方法治中没有一个中国法律监督机关的概念，不能把西方法治模式当作中国法治的摹本和示范。在吸收古今中外法治文明成果的基础上，坚持党的领导，适应中国国情解决中国实际问题是法治的基本目标，也只有这样，才能走出自主型的法治道路。

当下中国检察官的角色，在法律监督机关宪法基调上，呈现出复杂多样的形态，并决定了检察活动的丰富多彩。这种复杂多样性是中国特色社会主义检察制度实践和探索的体现，是理性、经验与智慧的积淀；与此同时，它在发生、发展、演变过程中必会产生和遇到许多新的课题，这需要我们不仅从理论上深入进行探讨，而且必须从司法理念上、执法行为中不断加以思考。

检察官应有更多的社会担当。迄今为止，1982 年的《中华人民共和国宪法》已经过 4 次修改，共形成 31 条宪法修正案。修正案主要涉及四个方面的内容：首先，"序言"在指导思想、国家社会发展阶段和宏观目标以及统一战线、多党

---

①陆而启：《法官角色论——从社会、组织和诉讼场域的审视》，法律出版社 2009 年版，第 81 页。陆而启先生援引一位学者的论文指出，"各级人民法院每年向同级人大作工作报告是宪定的人大监督司法的方式之一，并且通过表决投票来检测司法工作的绩效。由此带来的问题：如果工作报告不被人大通过，责任由谁来承担？可能的责任主体有两种，一是法院院长，二是全体法官。如果追究法院院长的责任，就必须强化院长的权能，实行院长负责制，这明显违背司法权的性质和régime；如果追究全体法官的责任，就必须实行法官集体责任制，这也明显违背司法权的性质，亦无可操作性……法院向人大报告工作是法院独立、法官独立的制度性障碍。"参见徐显明：《司法改革二十题》，载《法学》1999 年第 9 期。研究者对于人大报告不能通过后追究责任的制度缺失的认识是非常深刻的，但是对于所谓"制度性障碍"的观点笔者不苟同。笔者认为，应在立足于宪法制度安排的基调之上，可否考虑把人大及其常委会对司法日常性的监督工作纳入考核的指标体系，对日常性的工作绩效进行加权计算，最终修正形成人大报告的通过率。

②［波兰］皮奥特·斯托姆卡：《信任、不信任与民主制的悖论》，载《经济生活体制比较》2007 年第 5 期，转引自刘召：《论政府信任》，载《云南社会科学》2011 年第 6 期。

合作制度等方面的修改。其次,是有关经济制度的修改。第三,是有关公民基本权利和义务制度的修改。最后是有关国家机构的产生、职权、组织活动原则等方面的修改。检察制度是宪法制度的重要组成部分,宪法若干条款对中国检察制度的规定既确立了中国检察机关的宪法地位,同时又表明检察制度和检察官的活动必须服从整体宪制的安排,并与宪法其他制度保持有效的衔接和统一。因此,宪法的修改当然合逻辑地对检察制度的完善发展产生重要影响。在社会急剧转型、城市化进程迅猛提速的情况下,因非法土地征收、非法房屋拆迁造成大量侵害公民财产权益、人身权利事件,也给全社会的稳定造成重大威胁。有关征收、征用和私有财产保护,宪法修正案已作了明确的规定。检察官应该在此方面发挥更大的能动性,并创新工作的体制、机制,以为社会稳定和谐作出更大贡献。[1] 对于上述突出存在的问题,江西一名资深的检察官也表达了同样的看法,在第五届国家高级检察官论坛上,他指出,"要给民众,要给社会看到解决问题的希望所在。要给社会民众以恢复自信的信心,很多群体事件,尤其是贵州的群体事件,我们的公权力机关都沉默了,后退了,好多民众并不想看到这样的事情持续下去,这时候就希望有人站出来给社会民众信心的力量或者是声音,这也是应该值得我们反思的。"[2]

检察官应有更坚定的法治思维。党的十八大报告的第五部分,用一个专题,以较大篇幅论述了依法治国方略。报告号召全党特别是全国各级领导干部要运用法治思维和法治方式深化改革、推动发展、化解矛盾、维护稳定,这在以往党的历次报告中是没有的。报告同时提出,党必须在宪法和法律范围内活动。任何组织或者个人都不得有超越宪法和法律的特权,绝不允许以言代法、以权压法、徇私枉法,表明了执政党全面推进依法治国方略的鲜明态度和坚定决心。

针对中国社会矛盾和冲突,为实现社会善治,亟待提高运用法治思维和法治方式的能力水平,审慎理性地对待政策和运动式治理方式。有学者研究指出,基于革命教化政体强烈的历史使命感和所面临的强大绩效合法性压力,以及该政体所提供的组织和合法性基础,国家能够不时打破制度、常规和专业分际,强力动员国家所需要的社会资源,于是形成国家运动。尽管国家能够根据社会改造需要而不时变换国家运动的基本取向、变革目标或动员范围,但由于目标置换、政治

---

[1] 秦前红:《现行宪法的修正与检察制度的完善》,载《人民检察》2012 年第 23 期。
[2] 该检察官于 2009 年 7 月 30 日在昆明市召开的第五届国家高级检察官论坛——检察监督的法制与社会功能时的发言。

凌驾专业和异化等因素的制约，任何一个国家运动都不可能永续发展，而只能与常规社会治理方式交替发生。随着国家卡里斯玛权威的常规化，国家运动在总体趋势上会越来越温和，发生频率越来越低，直至消亡。从近期来看，国家运动仍然会在一定范围内存在，并可能在一定历史时期内发生反复。"[1] 这是由于，国家仍然处于社会主义初级阶段，实现小康、建设现代化仍然是国家和民族的重要历史使命。此外，针对在改革开放过程中面临的一系列矛盾和问题，如果采用运动的方式处理起来可能更立竿见影，基于实用主义的考量，运动的方式仍有很大的空间。在这种复杂的语境下，检察官应有更加坚定的法治底线思维。

　　检察官角色既是一个历史的概念，也是一个期待的角色。而更重要的，笔者认为，是一个当下的实践命题。长期以来，关于检察制度的研究，大多侧重于宏观方面的形而上研究，相对忽视了检察活动与社会生活、检察活动与司法职业化层面的实证研究。本研究论文可能会存在许多的疏漏和不足，但相信，这是一种负责任的探索和努力。一直以来，笔者深信，检察机关依法独立行使职权，不是仅仅通过制度层面的改革就可以建立起来的，它必须随着社会生活方方面面的条件不断发展成熟，特别是经过检察机关和全体检察官的不懈追求，在党的坚强领导和全社会的共同努力下方可逐步演化形成。在顶层的制度设计获得实现之后，我们仍然必须强调，或者说更加需要强调检察官、检察职业的灵魂与精髓，强调检察官的群体及个体角色与作用。

---

[1] 冯仕政：《中国国家运动的形成与变异：基于政体的整体性解释》，载《开放时代》2011 年第 1 期。

一种人本主义的刑事政策观*

摘　要：在价值取向上，刑事政策学对刑法学应具有优先性、包容性、终极性。唯其如此，刑事政策学作为一门公共政策学科才得以张扬。党从革命党向执政党的转变是人本主义刑事政策观的政治条件和基础。经济形态、社会结构、刑法自身的逻辑演进对人本主义刑事政策观的形成和发展具有重要的影响。与之相对的国家—社会本位刑事政策观虽有其合理性，但存在着理论上的不彻底性和逻辑上的混乱。在人本主义刑事政策观的旗帜下，应从多角度、多层面构建与完善我们的刑事政策和刑事法治的理念与制度。倡导人本主义的刑事政策观，并不意味着国家权力主体地位的削弱，而是一个从"权力政治"走向"崇高政治"的过程。

关键词：人本主义；国家—社会本位；刑事政策；刑事法律；权力政治；高尚政治

一、刑事政策和刑法价值观的分野

公共政策必然涉及价值和价值观的问题。"政府制定公共政策，无论是针对什么领域，都会涉及应当做什么、禁止做什么、要达到什么目的以及怎样做等问题，这些问题与政策制定者信奉的价值观密切相关。"[①]刑事政策是公共政策的一种，而刑事政策则是一个"四分五裂，支离破碎"的概念。[②]既然"刑事政策"概念被学者们广泛地使用，那么这一概念总应当存在共性的地方。储槐植先生认

---

* 刊载于北京大学刑事法理论研究所主办、陈兴良主编的《刑事法评论》2006年第18卷。
① 李成智：《公共政策》，团结出版社2000年版，第7页。
② 参见曲新久：《刑事政策的权力分析》，中国政法大学出版社2002年版，第34页。曲新久教授在此列举了18种古今中外学者关于刑事政策概念的界定。

为，中外学者给刑事政策下了种种内涵互异的定义，"最大公约数"是：刑事政策是有效地与犯罪作斗争的方略。① 笔者采纳曲新久先生的观点，认为刑事政策是指国家基于预防犯罪、控制犯罪以保障自由、维持秩序、实现正义的目的而制定、实施的准则、策略、方针、计划以及具体措施的总称。② 作为公共政策的刑事政策，也必然涉及价值取向问题。何秉松先生主编的《刑事政策学》中认为：刑事政策的最高价值追求与法的最高价值是一致的，包括自由、正义、秩序等三大基本价值。③ 赵宝成先生则认为刑法精神应当是一国整个刑事法律体系的基本精神，一国刑事法律体系的基本精神必须统一于刑法典或曰刑法典精神。④ 笔者认为有必要将刑事政策的价值取向和刑法的价值取向做一个区分。因为刑事政策学与刑法学的学科关系并不能认定为从属关系，两者的研究对象存在某些重叠之处，并不意味着学科特性上的包容关系，经年积淀的法文化秩序就是"以刑为本"的规范格局，偏重于站在国家的立场上观察问题，刑事政策学研究则更多地传达了社会的声音，将刑事政策学视作刑法学的从属学科从一定程度上说还是受到旧有法文化的影响太深，将刑事政策学视作刑事司法研究的附庸也会极大地局限研究者的视野：只注重典型犯罪人，对人类社会普遍存在的越轨现象及其根源难以顾及，这就导致了我国的刑事政策研究满足于通过线性推理方式研究犯罪打击、预防对策的应用型研究模式，其间最高的频率词莫过于所谓"严打"。对刑法作最为偏狭的理解，"身陷三界（指定罪、量刑与行刑）内，心在五刑（注指刑法所规定的刑罚）中"，笔者认为，这种局面的形成主要是因为没有把刑事政策学作为一门脱胎于刑法的独立的学科，没有注意到刑事政策学较刑法学具有更宽广的理论视野、更方便的思维渠道和更贴近人类生存状态的主旨。

刑事政策学应是刑法学的上位学科，在研究方向上，刑事政策学应处于较前序列而不是相反；在价值取向上，刑事政策学对刑法学应具有优先性、包容性、终极性。唯其如此，刑事政策学作为一门公共政策学科才可得以张扬，刑事政策学才可以走出低谷，刑事政策学才可以摆脱危机而得以新生。

刑事政策学的基本任务之一就是选取适用于刑事政策的价值。刑事政策的价

---

① 储槐植：《刑事政策：犯罪学的重点研究对象和司法实践的基本指导思想》，载《福建公安高等专科学校学报：社会公共安全研究》1999年第5期。
② 李成智：《公共政策》，团结出版社2000年版，第68页。
③ 参见何秉松主编：《刑事政策学》，群众出版社2002年5月第1版，第212页。
④ 赵宝成：《追问刑法精神》，载《政法论坛》（中国政法大学学报）2003年第4期。

值观因素，虽不是物质形态的因素，但它是将人力资源凝聚起来的因素。它不仅把推动刑事政策运作所需要的国家机构中的人力资源凝聚起来，而且也使社会成员凝聚起来，形成对刑事政策的支持力量。没有这种支持，刑事政策的强制力也是难以形成的。有强大的国家力量，并不意味着一切刑事政策都有强大的调整能量。比如，美国在20世纪30年代实行"禁酒法"曾遭到失败，就是因为不当的刑事政策观之下的立法的价值观与社会的价值观及社会生活方式发生较大的冲突，法律失去社会乃至执法人员的支持，因而难以强制执行。① 首先遇到的问题是价值的一元或多元。一元论主张只有一种价值是基本的，而另一些价值至多是第二位的或派生的。多元论又有两种表现，一些人把价值分成不同层次，以便在各独立的价值产生冲突时，可以按层次高低解决问题。另外一些人则断定在多元价值中可能存在不可消除的价值冲突，但仍然坚持多元论。按照马克思主义经典作家的理解，以人为本和人文取向是发展的实质和核心价值之所在。而以人为本的公共政策或公共政策的人文取向是科学发展观所包含的社会价值取向的集中体现，是构建和谐社会的必然要求。笔者倡导的是一种人本主义的一元的刑事政策观。

二、社会变迁与人本主义刑事政策观的勃兴

政策科学具有"发展构建"的概念，它以社会的变迁为研究重点，强调对变化、创新和革命的研究。② 系统论认为，社会变迁在根本上表现为社会诸结构之间的互动过程。而社会学的研究思路是：社会变迁通常指社会变革与社会漂移的结合。所谓社会变革，指通过结构的部分性或全面性的改造和重组来解决社会危机，进而按照一定理想来形成新秩序这样一种有目的的社会变动过程。社会漂移则指社会的结构性变动并非有意规划而是自然发生的，是没有特定的企图，也没有预先设定的目标的变化过程。③ 这表明，我们可以从不同的角度来理解社会变迁过程，从内容上看，经济形态、社会结构、刑法自身的逻辑演进（包括刑法史的演变、刑法的趋同以及作为贯彻于其中的刑事领域中的"人"的嬗变），对人本主义刑事政策观的形成和发展具有重要的影响。

---

①参见［英］罗杰·科特威尔：《法律社会学导论》，潘大松等译，华夏出版社1989年版中译本，第63-64页。
②参见卢建平著：《刑事政策与刑法》，中国人民公安大学出版社2004年版，第14页。
③孙谦：《检察、理念、制度与改革》，法律出版社2004年版，第8页。

（一）经济形态的转变

对于经济形态转变的研究，有两个观点值得注意，第一个观点是从自然经济、商品经济到市场经济形态的转变。韦伯在研究资本主义法律秩序生成的原因时，特别强调资本主义利益和理性主义文化的作用。在韦伯的视野中，资本主义及其法律秩序生成的逻辑是理性主义文化法律和执行机关的理性结构——资本主义。而另一位比较史学研究学者——美国当代法学家昂格尔则遵循韦伯的思路，他认为在多元利益集团和自然法的观念这两个特定的历史条件的作用下促生了欧洲自由主义社会的法律秩序。[①] 据此，学者指出，依照他们的思路分析，中国的经济形态由计划经济向市场经济的变迁，改变了社会的生产方式，凸显了公民在经济生活进而在政治生活方面的主体地位，允许并形成了多元的利益群体，极利于形成一种中立的、具有普遍性和自治性的法律秩序。[②] 在经济体制转型的影响下，法制建设和司法工作应当收敛国家权力和行政权力，尊重市场规则和社会自治，这种观点，实际上已揭示了国家权力与公民个人的关系问题，同时也触及对工具主义价值观的反思。工具主义的刑法观在社会生活中的典型表现，是把刑事法律作为推行社会政策的工具，而在一个法制不健全，尤其是缺乏把法律神圣化传统的国家中，刑事法律就易沦为政治斗争的附属物，虽然它在一定的历史条件下对保护社会是十分有用的，但都往往以牺牲公民个人的权利与自由为代价。第二个观点，齐海林先生则把人类历史上的经济形态划分为农业社会、工业社会以及知识社会。[③] 知识经济以综合性、目的性为其基本特征，作者引证托夫勒对知

[①] 参见［美］昂格尔著，吴玉章等译：《现代社会中的法律》，中国政法大学出版社1994年版，第59页。

[②] 参见［美］昂格尔著，吴玉章等译：《现代社会中的法律》，中国政法大学出版社1994年版，第11页。

[③] 文海林：《以目的为主的综合刑法》，载《法学研究》2004年第1期。

识社会的综合化的社会经济特征研究成果①后认为,知识社会是混合社会,这种综合化的趋势正从经济领域弥散开来,具有了社会化的特征。正如伯尔曼明确指出的,新的时代将是一个综合的时代,无论在哪里,综合都是开启新型思维的钥匙……不再是理智反对情感,或是理性反对激情,而是整体的人在思考和感受②。同时,知识社会是以"保护环境"为主的社会。新的经济时代必须基于经济目标,改造经济生产方式。经济目标是保护环境,保护环境再不能靠标准化一体实现,而必须靠个性化个别实现。

知识社会是一个全面知识化的社会,知识以惊人的速度发展。知识经济时代,存在着许多情况,使法律不再平静如水,而是处于一个变动的形式框架之中,主要表现为以下七个方面。③

第一,法律的连续性与稳定性要求一经制定就必须保持一定的稳定期,这与知识经济社会发展的速度要求产生了日益紧张的关系。

第二,知识是一个无限扩展的体系,新的知识门类不断增加,加之社会的影响,使法律调整的范围不断扩展,这与法律自身的保守性形成矛盾。

第三,法律职业圈越发成为一个开放的结构,法律家们不但不能独享法律知识专家的权威地位,还必须面临"圈外人"侵入的危机。

第四,找到一个能使现实情况与法律规定印合起来的逻辑思维途径越来越困

---

① 托夫勒对知识社会中的综合化的社会经济特征进行了研究。在知识社会,传统的大规模生产方式,正在急剧地走向高级的大规模和非大规模的混合生产方式。第二次浪潮制造业的特征是长期"生产"数百万件同一标准的产品。第三次浪潮制造业的特征则与此相反,表现为:集中与分散相结合的生产方式;以技术为前提的量体裁衣、短期化、个性化和完全定做的产品;如果再向前发展,就是产品的完全定制化——真正的单件产品的生产方法。在某些工业部门向小批量生产转化时,某些部门已经超越了这个阶段,走向以连续流水线生产为基础的完全定做的生产制。机器可以连续进行自动调整,因此每件彼此不同的产品,可以流水般地从机器中生产出来而不停顿。从前,手表有上百个可以拆卸的零件,现在已能生产更准确、更可靠、没有一粒可以拆卸的零件的整体手表。制造商就是"整体主义者"。这个努力的最终目标是:由于越来越多地直接受顾客控制,导致产品完全定做,采用整体件,连续流水生产。第三次浪潮的变革,使生活越来越多样化,而不是进一步标准化。此外,第二次浪潮使世界"市场化"。市场恰恰是在生产者和消费者相互分离这个前提下才出现的,而现在这两者之间的界限正在模糊起来。一个具有重大意义的变化是,顾客将比以往任何时候都要更直接地介入生产过程中去。当大部分人消费自己生产的产品时,就不需要一个精心安排的市场了。产销合一的兴起,开始改变市场在人们生活中的地位与作用。市场肯定还不准备消失,但某些活动肯定将"非市场化"。它意味着一种新兴的经济,既不和第一次浪潮类似,也不和第二次浪潮一样,而是具有将两者融合的特色,这种综合经济成为一种历史性的新经济。在产销结合再度兴起的时候,市场化行将告终,市场化已不再是社会文明的中心任务了。转引自文梅林:《以目的为主的综合刑法》,载《法学研究》2004年第1期。

② 参见[美]伯尔曼:《法律与宗教》,三联书店,1991年版,第134页。

③ 参见李晓辉:《知识经济时代的法律发展》,载张文显、李步云主编:《法理学论丛》(第3卷),中国政法大学出版社2002年版。

难,这不仅因为作为推理大前提的规则资源的缺乏,小前提的事实性质的不确定,就是这种推理本身的贡献也开始受到质疑。

第五,权利本位社会中,各种权利形成的契约关系存在潜在的外部影响,这些潜伏的因素只有显露后才能成功进入法律注目的视野。

第六,立法不能仅仅以"跟随"的后来者姿态对待社会发展,适当超前和引导是必不可少的。

第七,司法成为知识经济时代法律运行的中心环节。在立法作用有限的情况下,司法的创造精神十分可贵。不拘泥于现有的形式,使法律的工具回应社会需要,是法律的活力之源。

以上的列举分析可以看出,知识经济的新型经济结构之下,包括刑事法治在内的法治的形式理性与实质正义之间存在着激烈的冲突,而要在社会正义的原则前提下,不牺牲少数人的利益,必然迫使我们重新审视、调整和定位我们的刑事政策和思想。

(二)社会结构的嬗变

20世纪80年代中期以来,我国学界开始关注对个人与国家关系的研究。90年代深化为对社会与国家关系的研究。源于西方的"市民社会"的话语开始引起中国法学和社会学研究学者的注意,对于中国社会结构的变迁有了"市民社会在成长"的理解。孙谦教授认为,这种研究思路有助于从根本上把握社会变迁过程中法律的本体发展问题。[①]

市民社会一般是指伴随着西方现代化的社会变迁而出现的与国家相分离的社会自治组织状态。这一理论和研究视角对于我们分析当代中国的社会结构变迁,以及由此对法制产生的影响,具有重要的理论价值。孙谦教授生在此提出了三个方面的观点:第一,这一概念的提出对以市场关系为背景的社会关系的研究具有重要的启发作用。这种基于市场关系的契约性人际关系,以及在此基础上形成的社会自治组织,乃是市民社会概念的核心内涵。这有助于我们认识和把握我国正在形成的由身份关系向契约关系转变的社会主体关系的变迁。第二,市民社会理论主张国家与社会、政府与公民的二元国家观。第三,现代法治模式的建立与市民社会的提倡和生成密切相关。

依照这一分析思路,我们看到,中国社会的结构经过了20多年的改革,正

[①] 以下分析引用的是孙谦教授的博士后论文成果:《中国的检察改革》,载《法学研究》2003年第6期。

在发生着一些重大的转变。第一，作为计划经济体制下国家附属物的个人的社会价值和法律地位被重新认识。伴随着市场经济的发展，人作为基本的生产力要素，其主体地位、个人自由和利益得到了承认和保护。原有的身份制、单位的依赖性以及对行政权力的绝对服从发生了转变，契约关系和契约精神正逐步取代身份关系而占据社会关系的主流地位。第二，国家与社会的关系正发生转变。社会结构呈现出的同质化和异质化的分化过程，以及各个结构因子之间在市场经济中的主体地位的平等性和利益保护的平等性需求，在客观上改变了国家权力的属性和运行空间，使得它在市场面前呈现退缩状态。客观上出现了这样的发展趋势，即国家不再是铁板一块、由中央一统的集权性的概念，而是由国家、社会、公民三部分组成的有机整体。第三，这种社会结构的变迁呈现渐进的发展态势，界限不清的模糊地带，甚至国家取代社会和个人的现象还大量存在。维系原有社会结构的机制的打破和新的社会结构的定型都需要一个渐进的过程，这中间制度的缺位是难以避免的。所以，社会结构的变迁是在不稳定之中稳定发展的过程。

有学者指出，在改革经济体制、实行市场经济的历史条件下，以政治国家为核心的一元社会结构开始衰亡，政治国家与市民社会相对分离的二元社会结构开始悄然崛起。[①] 这一过程也是中国现代刑事政策和思想重新确定的过程，宏观方面，它最终影响到刑事立法和司法体制改革的方向。我国学者张中秋指出，传统中国是一个国家权力和观念高度发达的社会，早在青铜时代这种情况就有了相当的发展，秦、汉以后更是有增无减，专制主义集权日趋加强，家国一体，融家于国的情形和观念可谓举世罕见。这种社会情形势必形成一切以国家利益和社会秩序的稳定为最高价值的理念，也必然造成这种价值观的无限扩散，以至渗透包括纯私人事务在内的一切领域。为此，以维护最高价值为目的的国法，只可能是废私的公法。废私立公就意味着国家使用强力来干涉私人事务，确保国家利益，并视一切行为都和国家有关，一切不法、侵权行为都是犯罪，这就奠定了一切法律刑法化、国家化的可能性，加上国家权力的强大，可能性遂转变成了现实。由此，张中秋先生提示了刑法与国家的相关关系。他指出，一个社会的国家集权和观念愈发达，其刑事立法也必然发达。如果一个社会的国家集权和观念发达到使个人独立存在的价值与利益变得无足轻重甚至基本丧失，国家代表了个人（个人完全消融在国家之中），侵犯私人就是侵犯国家利益、破坏社会秩序，那么，这

---

① 杜万华：《二元社会结构体系及其法理学思考》，载《现代法学》1996年第1期。

个社会的全部法律必然表现为刑法和刑法化的法律。① 因此，在国家与社会合为一体的情况下，个人尚没有独立性，刑法机能只能是社会保护，追求社会整体的安全与稳定，而这又往往以牺牲个人为代价。而在一个市民社会生成的法治语境下，"人为理性"的观点将逐步驱除工具主义，尽管权力在法治的运作中仍然占有重要地位，但是，期间存在着一种"权力政治"与"崇高政治"相区分的差异，或者说是把各种特殊利益的原始冲突和调和与实现某种政治体理想的深思熟虑的努力相区分的差异。刑事法律的机能虽然包括社会整体的安全与稳定，但核心可以还原为人的生存与发展。

（三）刑法自身的逻辑演进

1. 福柯刑罚史。②

任何历史或学说我们认为都可以称之为文化。福柯认为，权力对挑战者施加惩罚，惩罚的图谱包括王权折磨、人道主义改革和监狱的规范化。惩罚图谱的序列与权力形态的更迭和刑法观念的进化构成权力自产生以来的谱系，形成刑罚史的演进。根据刑法观念的进化，刑法基本上可以分为三个时代：伦理刑法—政治刑法—市民刑法。前两者可以归入国家威权主义的刑法；后者可称为个人自由宪章的刑法。

伦理刑法中，讲求神授的无限的权力。初民的法律中，这种权源不可靠、富有浓厚的伦理色彩的刑法观念占据统治地位。禁止堕胎、惩罚通奸即为适例。一定程度上，统治者故意将权源神秘化，强化"神授"权力的不可触及性和无上性。"替天行道""代天施刑"便成必然。权力与反抗的维持依赖于反抗者对习俗的习惯性遵循和对神秘权源的恐惧甚或图腾式的膜拜。

政治刑法中，讲求赤裸裸和没有任何遮蔽的权力。它依赖一种世俗的力量，并强调对强权的无奈的服从。在政治刑法中，刑法是统治者手中的娴熟工具。工具的选择是统治方式的选择，一旦刑法不宜作为工具被使用，将遭遇被抛弃的命运。权力与反抗二者结合的基础是"力"——强权之力。统治者以强力控制人的行动，禁锢人的自由，约束人的心灵，人们处在挣扎困境。

市民刑法是市民社会的法律。号称"个人自由宪法章"的刑法。它为人们设定行为的界限，不再号称"刑不可知威不可测"，不再宣称"纯粹工具论"。

---

① 参见张中秋：《中西法律文化比较研究》，南京大学出版社，1991 年版，第 96 – 97 页。
② 参阅蒋熙辉：《惩罚的艺术——福柯刑罚思想研究》，载陈兴良主编：《刑事法评论》（第 12 卷），中国政法大学出版社 2003 年版。

法外无罪，法外无刑。每一个人在将自己的权力交付给一个虚拟的实体时，都坚信实体会让最大多数人获得最大幸福。市民刑法的基本品格可以概括为：一是必须以宪制为基础，要求限制政府权力；二是刑法谦抑而全面，作为"后盾法"的刑法应当为所有严重违反其他基本法的行为提供最后的救济；三是公法一体化，诉讼机制上尽可能地实现出罪机能，其中包含非罪化与非刑化的因素。这种刑法呼唤理性治理，呼唤以现代社会经济基础和伦理秩序为根基建构刑法。它是启蒙思想复苏的产物，同自由主义与时俱进。

当然，就目前一般所见，域外学者在"法系"框架内对法律以及中国法的研究，不论在方法、视角还是表述的体例上，给我们以一定的启发和挑战。不过，我们必须对比较法中极易出现的种族偏见和文化中心主义保持高度的警惕。相对于西方国家的伦理刑法阶段，我们不能不注意到，传统中国的法律在摆脱它与原始性的宗教、巫术、习惯相混合的状态后，走的是一条兼具理性和人文色彩的伦理之道。诚然，依照现代观念，传统中国伦理对人性的扼杀是无可置疑的。然而，比较来看，中国传统伦理中有一点是应该肯定的，即它是以世俗的人为中心的，这使它与宗教神学在根本上有了分歧。理论上，中国传统伦理的最高理想是"仁政"。实现仁政最理想的途径，在儒家看来只能是"礼治"，所以，伦理化的中国传统法律虽然没有也不可能实现所谓的仁政，但在等级前提下的仁爱精神还是有所体现的，礼必然蕴含着仁的宗旨。传统法律中的录囚制度、容隐原则，对老弱病残妇幼者实行怜恤的规定，对死刑特别慎重的会审制度，剔除其封建专制性和等级压迫性，无不具有仁的因素。① 这对机械化和功利化的现代社会及其法制来说，具有积极的启发意义。

2. 刑法的趋同性。

全球化的浪潮带来了法律发展的另一次革命——法律全球化，它对刑事政策的趋同必然有直接或间接的影响。在这个趋同性的过程中，人类本身对自己生存与发展的基本需求、共同利益、基本规律、基本价值的认同和保障是其重要原因。②

第一，世界各国，尽管有地域、文化信仰、历史等诸多差异，但是每一个国家作为人类社会的成员，在某些关系人类社会最高价值的问题上存在相同的要

---

① 参阅张中秋：《比较视野中的法律文化》，法律出版社2003年第1版，第193页。
② 以下分析主要参考了蔡道通：《后现代思潮与中国的刑事法治建设》，载陈兴良主编：《刑事法评论》（第7卷），中国政法大学出版社2000年版。

求、一致的期望。每一个个体同样如此，尽管种族、民族、宗教、财产等情况有所差异，但每个人同其他人一样均都有基本的利益要求，安全祈盼，保障期待，都有作为"人"的基本权利渴望。

第二，人类的共同利益。从某种意义上说，全球化是指人类从以往各个领域、各个民族、各个国家之间彼此分隔的原始闭关自守状态，从对各自"地方性命题""地方性知识"的关注与推崇走向全球性社会、关注人类自身整体命运的变化过程。在此过程中，人类的共同利益凸现。

第三，人类自身对社会存在与发展基本规律、基本价值的探寻与追索从而形成的基本认识与大致共识。人类社会是否存在发展的基本规律，在后现代主义者那里只有否定的答案。我们认为，人们发展的基本规律正如革命导师马克思所揭示的，是存在的。边沁早就说过："所有国家的法律，甚至是任何两个国家的法律，假若在所有的观点上都一致，那是必不可取的，因为这是不可能的。可是，在所有文明国家的法律中，一些最重要的观点，应该是相同的，而且亦没有什么不便之处。"我国台湾学者指出：人类之良知虽因所处社会之地理环境、宗教信仰及生活习惯之不同而有小异，但在基本上则属相同。如无故杀人，人人知其不可；非分取财，各国皆有禁律。因而即使是闭关立法，其结果亦必然与其他国家大同而小异。① 如果我们撇开上述观点中唯心主义成分，我们会发现，其观点有其合理性。因为从认识论角度来说，人类对基本规律的把握，应当有其相似性，更不用说对一般行为的社会价值判断，包括社会危害性认定的共识了。

第四，利用互联网等高科技手段犯罪。有组织犯罪、毒品犯罪、跨国犯罪等日新月异。20世纪90年代以来，互联网的发展几乎超出了所有人的预料。国际的刑事司法协助以及国内司法权的让渡必然成为紧迫的现实。这使得各国刑事法律在理念以及实体、秩序等诸多方面呈现趋同的特征。

对上述的观点溯而源之，刑法的趋同化的背后，就是人本主义的存在。人是文明世界中的最高社会价值。也正是基于这一理念，俄罗斯联邦刑法典在同犯罪作斗争方面的价值——规范的布局的原则性的变化反映包括被害人的人权在内的刑法保障（保护）价值的人权优先原则，折射出人本主义的光芒。它实行全人类价值优先的原则，庄严宣告法典的方针是最大限度地保障人身安全，全力保护

---

① 陈玮直：《论近代法律趋向》，载《法律之演进与适用》，台湾汉林出版社1977年版，第103页。转引自蔡道通：《后现代思潮与中国的刑事法治建设》，载陈兴良主编：《刑事法评论》（第7卷），中国政法大学出版社2000年版。

公民的生命、健康、名誉、人格、权利和自由，保护它们不受侵犯。① 中国已融入世界，我们应不仅仅重视"本土资源"和"地方性知识"，同时必须借鉴人类社会法治文明的一切成果，遵循人本主义刑事法治的基本价值，增加整个法治化这一"木桶工程"② 中最短"木桶条"的长度。

3. 刑事领域中的人。③

刑事领域中的人，历经一个从抽象人到具体人的具体过程，经历人生、人情逐步彰显和释放的过程。纵观对现代理性的发展具有重大意义的历史性事件，无论是文艺复兴、宗教改革，还是启蒙运动，从总体上而言都是人类中心主义的，其根本目的是向上帝争取人作为整体族类的独立和自由，强调人绝非上帝的谦卑的奴婢，而是理性的、独立的、自主的、意志自由的存在，并由此树立起作为人类所具有的主体性。然而，经过中世纪神学的禁锢，人面对的是强大而全能的上帝，处于弱势地位的人类要想取得主体地位，倘使不想不战而败或者被上帝打得落荒而逃，便只能采取集体作战的策略，而集体作战最关键之处即在于通过求同存异的方法达到内部团结。由此，忽视作为个体的人的具体特征，而强调作为类的人的共同本质，从而对人作抽象化的理性定位便变得不可避免。

与抽象人的诞生有更大关联的是新近诞生的理性治理方式。而这种治理方式需要的"人"长着一张相同的脸，他们具备理性、自利、意志自由等特质即被认为已经符合"人"的构成要件，而不是生活世界中具有七情六欲和喜怒哀乐的活生生的具体个人。因为只有按照抽象标准界定的"人"才可能被组织化和机械化，而个人的具体特性却因为缺乏可控制性而无法归入治理的范畴。

以贝卡利亚和费尔巴哈为代表的刑事古典学派的兴起，标志着古代刑法终于走向终结，刑法开始全面步入近代化的阶段，以适应全新的具有现代性的社会。刑事古典派把持的是一种刑法客观主义的立场。这种立场重视外部事实，以行为为中心，在非决定论的基础上，认为只有犯罪的外部行为及其结果的实害之行

---

① 俄罗斯联邦总检察院编：《俄罗斯联邦刑法典释义》上册，黄道秀译，中国政法大学出版社2000年版，"序言"，第3页。

② 众所周知，木桶的桶壁是由很多块木板组成的，无论木桶的容积有多大，桶壁中那块高度最低的木板决定了整个木桶的盛水量。这个质朴道理启示我们，在系统中，只要有一环不匹配就可能导致整体功能的低下，形象比喻的说法就是所谓的"木桶理论"。参阅谢明著：《公共政策分析》，中国人民大学出版社2004年版，第232页。

③ 劳东燕博士对刑事领域中的"人"作了深刻的阐释，参阅劳东燕：《刑事领域中的"人"》，载陈兴良主编：《刑事法评论》（第10卷），中国政法大学出版社2002年版。笔者在此对其涉及本文的有关观点、论述作了概括。

为，才是认定刑事责任之基本。同时，刑事责任的追究还须以行为人主观的犯罪意思具有道义上的可非难性为必要要件，即强调责任主义。刑罚则是为对犯罪行为进行均衡反应而向犯罪人科处的一种恶，或者依此而对社会一般人进行威慑以预防社会上的其他人犯罪。这种"抽象人"在当时的刑事诉讼领域的突出表现是依靠"普通人"的理性评价证据价值的自由心证主义。

应该说，刑法客观主义和自由心证主义以这种理性"抽象人"作为预设的人绝非偶然，它与近代以来市场体系和市场机制的形成有莫大关联。毕竟，现代社会首先是一个资本主导型的市场社会，而真正的市场社会从来拒绝考虑每一个特殊的"特殊性"，所以它把自己的效率原则建立在一组抽象的、"非人"的规则之上。它只保护每一种特殊性发挥得更加特殊的权利，却反对基于主体的特殊性而相应地给予不同的照顾。这一点，已在前述托夫勒对于知识社会的综合化的社会经济特性的研究中得到阐述。与此同时，国家在对行为进行规范化控制的同时，随之便发现仅对行为进行控制无法彻底实现支配的目的。毕竟，行为是由相应的个人实施的，只控制行为在很大程度上往往只是治标不治本的做法。于是，但凡无法实现规范化的个体也渐次被国家认为是社会中反常的异端。至此，"正常人"的形象呼之欲出了。体现在治理的模式上，隔离型的治理模式向矫正型的治理模式转换。后一种模式不仅对犯罪人的身体予以关注，同时更将目光聚焦于犯罪人的灵魂和精神。在矫正型的治理模式之下，犯罪人仍然遭到隔离，然而隔离已经并非目的本身，而仅仅成为达致矫正目的的常规手段。体现在刑事法领域的标志，就是刑法主观主义的诞生。刑法主观主义认为，人并非意志自由的存在，相反，环境和素质决定行为人带有对社会施加有害行为的危险性格。刑法主观主义关注和强调犯罪人本身，认为刑事责任之根本在于犯罪人之人格、性格，而并非犯罪人的外在行为，故而应以犯罪人的反社会性格为科处对象。社会对这种具有反社会性格者必须自我防卫，刑罚就是其中的防卫手段。

抽象性所蕴含的这种危险则是根源于民族国家所承担的两种使命的内在矛盾：除了治理社会、维护社会秩序外，尚需承担保障个人权利和自由的职责。然而，问题在于，这两种使命在很大程度上存在着尖锐的冲突和紧张。以德国的"法治国"为例，19世纪德国出现的"法治国"，始终存在国家的形式实定法的法理性和背后的自然法的正义和合法性之间的紧张。自19世纪中叶始，许多学者试图通过形式法律的实质化来克服这种紧张和二元对立。然而，当时无论保守派的学者还是自由法学派的学者，其基本思路都是要求国家履行更多的文化与福利方面的功能，希望在此基础上将"法治国"的形式理性实质化。这种"法治国"的实质化实际上暗含了个人完全受制于国家治理的危险。那么，人们是否能转而求助法律的形式理性化呢？让人失望的是，法律的形式理性化同样可能吞噬任何个人自由的空间，将个人自由完全笼罩在国家的巨细靡遗的法律世界中。法律的形式理性化不过是用一种逻辑上的形式理性重构了治安国（即警察国）万能管理的梦想：要一劳永逸地、面面俱到地规定其臣民的所有生活关系。① 没有自由的理性化，最终将人们带入了新的奴役的铁笼。之后魏玛德国的历史和对纳粹兴起的无力抗拒，都无不验证了这一点。② 笔者行文至此，引发的一个问题是：我们现在提出"市场经济就是法治经济"，依法治国，建设社会主义法治国家，不仅面临着对法治缺失的"补课"，同时也面临着人本主义精神的饥饿，我们不得不面对形式正义的诱惑，又不能停止对实质正义的追求。法律并非人性的冷漠条框，它同样也是对基本价值原则的阐释、维护和实现。正如哈马斯所指出的：在韦伯的合理化理论（指形式合理性理论，笔者注）中，法律发展既具有突出的地位，也具有双重意义的地位。法律的双重意义在于，法律合理化同时表现为目的的合理。经济行为和行政行为的机制化以及目的合理化行动的下属体系可以——或者似乎可以摆脱他们道德实践的基础。③

抽象性的极度发展，导致了对于技术理性的无限崇尚，使得技术性的社会控制犹如铁幕一般笼罩在整个生活世界之上。社会控制甚至已经潜移默化到这种程度，个人连同他的社会进而同整个社会达到直接的一致化。社会控制内在化的结果是个人特性完全丧失，具体的个人日益遭到异化，成为社会机器上的部件。因此，在整个刑事法律科学的精神和思想层面，必须将抽象人还原为实在的具体人、个体人，必须引入人本主义这一最软弱而又最有力的思想武器，唯有人本主义才能消弭、解构抽象人—具体人的两难，消弭、解构技术至上的理性社会的负面影响和弊端。

对于上述问题的论证，透过其表层，最终可以归结为二点：第一，权威或权力是第一位的，还是自由是第一位的？第二，社会是以人的发展为目的，还是人是社会发展的工具？当然，对于国家权力正当性的追问，对于社会发展观的追

---

① 李猛：《除魔的世界与禁欲者的守护神：韦伯社会理论中的英国法问题》，载李猛主编：《韦伯：法律与价值》，上海人民出版社2001年版。
② 有关德国法治国的此方面论述，见李猛：《除魔的世界与禁欲者的守护神：韦伯社会理论中的英国法问题》第二部分"英国法问题"；法治国的实质理性与形式理性"中"（3）"法治国"的二难选择部分。
③ [德] 哈贝马斯：《交往与行动理论》（中译本）（第1卷），"行动中的合理与社会合理化"，重庆出版社1994年版第310页。

问，不是历史学家可以作出科学回答的一个问题，而是一个国家的基本政治哲学观念的问题。对于本文来说，需设定一个这样的论断：个人的自由与发展先于国家并决定了国家的目的。人权是超强的道德权利，它假定了人的道德主体地位，即自由意志主体地位，这个主体性不以国家权威为前提，相反却构成了国家权威的基础和限制。2004年修宪把人权保护作为国家的任务规定下来了，这说明，这个命题在一定程度上已经被接受，已经成为我国宪法文化的一部分，它也理应成为刑事法律科学的灵魂与精神——刑事政策的根本价值取向。

同样是基于上述的认识，陈兴良先生提出在刑法的模式上，应从政治刑法向市民刑法转变。西方近代刑法史上，从政治刑法向市民刑法的时代转变，是刑事古典学派完成的。费尔巴哈正式提出了市民刑法的概念。在刑事政策意义上，国家为了保护社会就有必要对犯罪予以控制和惩罚，发动惩罚权，但对惩罚权又必须加以限制，否则就会侵犯人权。限制惩罚权就必须要遵循法治原则，坚持罪刑法定。陈兴良先生明确提出：应从政治刑法到市民刑法这一个视角审视我国正在进行的刑法修改。在刑事政策模式建构上，有的学者从我国现行的刑事政策模式对违法犯罪的反应模式上入手，认为现行对违法犯罪的反应基本上是以国家为本位的，以国家权力特别是刑罚权的运作为核心，随着市场经济的发育成熟，政治文明建设日益成熟，政治国家与市民社会二元化格局的社会结构的形成，国家应当将一部分与犯罪作斗争的权力交还给社会，使得刑法运行模式由国家本位转向以国家和社会为本位的犯罪机制模式，在刑事政策模式上，则表现为国家本位主义刑事政策向国家—社会双本位主义刑事政策的转向。[①] 有学者根据"理论类型"理论将刑事政策划分为三种理想类型，即国家本位型刑事政策、国家—社会双本位型刑事政策、社会本位型刑事政策。国家本位型刑事政策表明，在制定实施刑事政策过程中，国家居于主导地位，国家权力自身是其理论基础，国家利益放在第一位，被视为第一位的目标来考虑，甚至为了国家利益可以牺牲社会和个人的利益。刑事政策"是以国家为出发点，而以国民为对象的"，秩序、效益为首要价值，为了维护秩序，对一切违反规范的行为（犯罪或越轨行为）可以采取一切手段（合法的或非法的）予以惩罚，甚至消灭。国家—社会双本位型刑事政策表明，在制定实施刑事政策过程中，国家和市民社会同处主导地位，国家权力的合理性是其理论基础。这里的出发点不是维护国家利益，而是限制国家惩罚权，保护公民权益。自由、正义成为首要价值，是这一模式的根本原则。为保

[①] 参见卢建平：《刑事政策与刑法》，中国人民大学出版社2004年版，第431页。

障自由就必须坚持法定原则对国家干预范围进行限制（国家依法惩罚犯罪行为），对越轨行为由于难以精确地界定，"法律禁止国家插足其间，而将这一问题交给市民社会"。社会本位型刑事政策表明，在制定实施刑事政策过程中，社会居于主导地位，排斥一切国家反应（社会整体取代了国家），犯罪行为与越轨行为相混淆。在这种无国家社会里讲究的是道德和责任，首要追求的是自由、正义的价值，因而，对于犯罪和越轨行为不是惩罚排斥，而是监督、控制（一个人对所有人的注意，每个人对他人的注意），目的是要维持或确认团体的凝聚力与团结，将越轨者重新整合到社会之中。在社会先于国家理念的支配下，应选择国家—社会双本位型刑事政策模式，① 这种模式的刑事政策在努力"突破传统的刑法领域（刑事责任、刑罚、刑事司法等）——但并不是抛弃刑法，在刑法领域以外寻求更广泛更有效的法律（民事的、行政的或其他）补救方法，建立一个既综合又分散的预防犯罪、治理罪犯的刑事政策体系，并努力把刑事政策提高到社会政策的高度加以贯彻执行"②。同时，国家—社会双本位决定了刑事政策必然以保障人权和保护社会为价值目标。

就研究的路径而言，在刑法的形态层面，由政治刑法走向市民刑法的转变，在刑事政策的层面，采取国家—社会双本位的刑事政策，方向是没有错的。但是，依笔者之见，"政治性"特质是刑法无法摆脱的基本特征，只是存在着"权力政治"与"崇高政治"的差别。刑法从来都离不开一定的现实统治目的。因此，纯粹意义上的"市民刑法"根本无由产生。唯其如此，与其说刑法的基本转向是从"政治刑法"向"市民刑法"的转型，倒毋宁说是从"政治刑法"向"整合刑法"的嬗变。此种"整合刑法"不仅是国家意志的体现，亦是民众意志的表征；不仅具有保护社会的效能，而且具有保障人权的功用。在形式理性与实质理性的制衡之间，在外部规则与内部规则的博弈之中，在国家立场与社会立场的协调之下，相互塑造并显现为一种有开放性和发展性的"整合刑法"架构。同时，在刑事政策的层面考察，国家—社会本位型刑事政策尚存在着不彻底性和逻辑上的混乱。本位意味着一事物在逻辑上具有先于他事物的地位，而"先于"一词可以有五种解释：第一，时间上在先的东西；第二，为他物所依赖而自己却不依赖他物的东西；第三，排列上占先的东西；第四，更好的或更可尊敬的东

---

①严励：《刑事政策的模式建构》，载陈兴良主编：《刑事法评论》（第13卷），中国政法大学出版社2003年版。

②卢建平：《社会防卫思想》，载《刑法论丛》（第1卷），法律出版社1998年版。

西;第五,两个互相依赖的东西里面那个为他方原因的一方。在这里,本位与"先于"的第四种和第五种解释相近,故本位意味着在理解一事物之间关系时,前者是后者的原因,在事物之间的关系上居主导地位,是第一位的要素,而后者是前者作用的结果,在事物之间的关系上居于派生的、受动的从属性地位,是第二位的要素。①

从这个意义上理解,正如本文开篇所述,刑事政策是刑事法律科学或学科的本位,而人本主义则应该成为刑事政策的本位。正如陈兴良先生所指出的:"刑事政策是刑法的灵魂和核心,刑法是刑事政策的条文化和定型化。因此,刑事政策对于刑法的制定与适用有着直接的指导意义。"②刑事政策的体系应从宏观、中观、微观三个层次进行建构,宏观方面也就是所谓"元刑事政策"。③笔者认为,"元刑事政策"应该是人本主义的刑事政策。人本主义的刑事政策观是一种以人为中心和归宿,谋求人的解放和幸福生活的思维。人本主义的刑事政策观悲悯人性、关注人生、正视个性,主张非犯罪化和废除一切残酷的刑罚,实现刑事个别化,教育和改造犯罪人使之复归社会。国家—社会本位型刑事政策是一个歧义丛生的概念。武树臣先生指出,中国古代法律文化的总体精神是集体本位,它经历了以下几个发展阶段:第一,家本位(西周、春秋)。其基本精神是"礼治",即以宗法等级观念作为治国的根本和法律规范的直接渊源。第二,国本位(战国、秦朝)。其基本精神是"法治",即以专制主义国家利益为最高原则。第三,"国—家"本位(西汉至清末)。即国家与家族本位。其基本精神是兼而维护集权专制政体和宗法家族制度。1902年至1911年进行的修律活动,是中国法律文化史上的重大事件。在修律活动中,爆发了中西两种法律原理即两种本位的大辩论。以沈家本、伍廷芳、杨度为代表的法理派,坚持以"折衷各国大同之良规,兼采近世最新之学说"为修律的指南,主张贯彻个人本位的国家主义原则。以张之洞、劳乃宣为代表的礼教派则顽固坚持家族主义的立法宗旨。由于守旧势力的强大,两种本位的大辩论最终以法理派的退让和失败而告终,个人本位法律观像一颗流星划破暗暗夜空,给中国人民以启迪和振奋。在国民党政府统治时期,法律的基本精神是"国—社"本位,即以国家和社会的利益为最高原则。

---

①参见亚里士多德:《解释篇·范畴篇》,中译本,商务印书馆1959年版,第45-46页。转引自严励:《刑事政策的模式建构》,载陈兴良主编:《刑事法评论》(第13卷),中国政法大学出版社2003年版。

②陈兴良:《刑法的人性基础》,中国方正出版社1999年版,第386页。

③刘远、刘军:《刑事政策的理论与实践》,载《中国刑事法杂志》2004年第2期。

"国—社"本位包括两个观念：一是国家至上的公法观，二是社会至上的私法观。[①] 而且这种国家—社会本位型刑事政策脱离"人"这一世俗世界的主体，因此，它只能作为工具，作为手段，作为人本主义刑事政策观的下位概念。同时，我们在"秩序"与"自由"之间的关系上，丝毫也不怀疑"秩序"是刑事政策追求的价值目标之一。但是，当两者发生冲突时，我们也很难得出"秩序"重要于"自由"，"秩序"必须首先得到法律保护的结论。事实上，对秩序的追求总伴随着对他人自由权利的相对限制、剥夺，因此，对秩序的追求反而应秉持这样一个目的——为人们享受更多的自由，否则，秩序的追求便会偏离正义的轨道。法西斯发动世界性战争无不以解救受压迫的民众、建立有序的秩序为其理由，可它追求的这种秩序恰好是泯灭人性的恶行，因此，背离了个人自由的宗旨，秩序的构建就很难说是正义的。日本学者西原春夫指出，刑法所保护的利益是以个人利益为出发点和归宿的，也即可以最终还原为个人利益。如果刑法牺牲了个人利益而保护那些不可能最终还原为个人利益的国家和社会利益，则是完全错误的，人们完全可以抵抗这种法律，而不应受到制裁。[②] 从这里可以看出，社会秩序并不与个人自由、权益相冲突，而且在一定程度上说明，个人自由是秩序追求的最终目标。

个人本位的法律观是近代大工业和民主制度的产物。中国没有经历完整的资本主义阶段，因此，传统的整体本位思想一直延续下来，没有受到彻底的清算。中国法观念的觉醒应当伴随着对中国传统法律意识的批判与清扫工作。不彻底批判清扫这些传统的东西，科学的法观念就无法确立。同时中国法观念的觉醒还应与市场经济和政治生活民主化同步发展。应当说明的是，个人本位并不等于极端利己的个人主义。极端个人主义不利于社会的共同进步。在个人本位看来，个人是组成社会的基本元素，个人权利的保障和积极性的正常发挥，是社会进步的重要条件。法律的价值就在于维护个人的一系列正当权利，并以此为起点维护人与人之间的平等关系和社会正常秩序。而这种社会秩序的真正价值就在于为个人的全面发展和施展才能提供最合理最有效的条件。只有在这种情况下，才能实现《共产党宣言》所预见的："每个人的自由发展是一切人的自由发展的条件。"

---

①参阅武树臣《法原：中国法观念的萌动、萎缩与觉醒》，载李楯主编：《法律社会学》，中国政法大学出版社1999年版。当然笔者引用武树臣先生的观点并不是要给一些学者提倡的国家—社会本位型刑事政策观贴上政治标签。

②西原春夫：《刑法的根基与哲学》，上海三联书店1991年版，第46-51页。

三、人本主义刑事政策观的构建

倡导一种人本主义的刑事政策观,具有深厚的理论基础、历史渊源和鲜活的现实映照,倡导这么一种人本主义的刑事政策观,其宗旨绝不是为了理论或形式上的审美。笔者认为,在人本主义刑事政策观的大旗下,是符合陈兴良先生所竭力倡导与建构的"以一种现实社会关心与终极人文关怀为底蕴的,以促进学科建设与学术成长为目标的一体化的刑事法学研究模式"。在这种人本主义的刑事政策观之下,应从多角度、多层面丰富和完善我们的刑事政策和刑事法治的理念与制度。

1. 一体化的刑事法律科学观。

自古典派所确立的刑法学学科独立、研究独立,被认为是近现代以来刑法领域的一件具有里程碑意义的事情。然而,到了当代,随着刑法与其他法律和社会的紧密接触,特别是面对人本主义刑事政策的思潮,在坚守刑法学学科独立研究的同时,我们必须开放刑法学的大门,其实,这一进程早在近代派就以龙勃罗梭与人种学、人类学牵手开始,后来又与社会学搭上了关系。20世纪以来,不仅古典派与近代派的学派综合成了大势所趋,刑法学与其他法学、人文科学甚至自然科学的联系也日益密切。我们认为在融合、联系过程中,应以人本主义的刑事政策学科或观念形态,统摄其他的刑事法律科学或学科,不仅包括传统的刑罚学、刑事诉讼法学、刑事侦查学、刑法人类学、刑法社会学,还应包括实践刑事法学的分支学科如刑事经济学,以及行政刑法学、经济刑法学、环境刑法学等跨学科、跨领域的边缘学科。刑事政策学超越了作为纯规范科学的刑法学、刑事诉讼法学,超越了专门研究犯罪现象和犯罪人的犯罪学,也超越了以犯罪人的改造、矫正和治理措施为研究对象的刑罚学。虽然我们不能确立所谓的刑事政策的"帝国主义",但是我们认为,刑事政策学是一门综合以上诸学科的跨学科的决策科学,是介于法学、政治学(决策学)、社会学之间的一门综合性学科。也是一门体系最为开放、视角最为宽广的科学。

2. 人本主义的刑事立法观。

我们认为,人本主义的刑事立法观,主要解决的是四个方面的问题。第一,在理论上重视对于可罚的违法性理论和期待可能性理论。第二,以民法、行政法、刑法等多种阶梯或手段和国内、国际立法的双层模式有效控制和治理危害人类生态的环境和资源问题。第三,体现谦抑的观念,考虑到本国国情和刑事立法基本指导思想，适度扩大"亲告"的范围。第四，慎重地对待道德入律。学者齐延平以形象的图例对道德和法律的关系作了说明①：

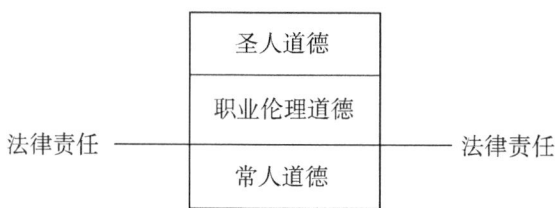

此图中，我们可以清楚地看到，不可以常人道德为标准设置法律，尤其是刑事法律。如所谓"见危不救罪""拖欠工资罪"。

3. 底线或现实关怀的社会控制观。

在人本主义的大旗下，我们对于社会控制的思维应是多层面、多维度的。正如P. 诺内特和P. 塞尔兹尼克先生所说的："社会科学的态度是把法律经验看作是可变的和场合性的。当人们在一维的意义上刻划法律的特性或者认为法律具有不变的属性时，就违反了这一原则……我们所持的观点是，法律秩序是一种多维事物，只有把多种维度当作变项，才能对法律进行彻底的研究。我们不应该空谈法律与强制、法律与国家、法律与规则或法律与道德之间必要的联系，而应该考虑这些联系在什么程度上和在什么条件下发生。"② 皮艺军、马皑先生在完成一项由北京市妇联交办的关于本市"三陪女"现状的问卷调研课题时，发现当代中国卖淫现象存在三种共生模式：①经济市场与卖淫市场的共生模式；②相关经济部门与卖淫活动的共生模式；③腐败与卖淫的共生模式。调查者"面对这一事实，不得不压抑住内心浮躁的道德义愤，用理智和法治逻辑来取代原有的情感逻辑，重新审视过去对卖淫活动所做的界定和控制对策"，在权衡卖淫与艾滋病的危害之后，以人性的终极关怀为出发点，提出"生命重于道德"，"不妨免谈卖淫合法化这个最为敏感问题，先避开控制卖淫对策中的道德评价这个最为棘手的问题，以人类的生命健康，制止性病、艾滋病蔓延，作为控制卖淫问题之前的更为紧迫的问题来解决。性病防治的紧迫性，逼迫政府必须加快对色情业的管理模

---

① 齐延平：《权力运行的底线道德与责任制度》，载《法商研究》2000年第6期。
② [美] P. 诺内特、P. 塞尔兹尼克：《转变中的法律与社会：迈向回应型法》，张志铭译，中国政法大学出版社2004年版，第10页。

式推上前台"①。车浩先生以监狱的性（生育）权为例，提出拒绝生育权的请求是一种不包含道德的法令，而以同居楼的控制作为改造犯人的手段，就更加将人的基本道德权利抛在一边，它追求的只是一种有效的结果，这样的规则就不具备正当性。②

底线的或现实关怀的社会控制观，不仅表现在实体法律之中，还表现在程序法之中。例如，龙宗智教授倡导的司法操作中作为实践理性的"相对合理主义"。他主张，在任何实际的操作中，面临错综复杂的因素影响，只讲原则性不讲灵活性的做法缺乏技术合理性。但灵活与妥协对行为规范的影响应限于迫不得已时在某些技术性的、非根本性的规范上作特定方式的变通。为了维系法的正当性，不能使实际运作跌落于底线之下。这个底线的确定标准有两点，一是行为所涉系技术性规范还是价值性规范，前者一般不涉及法律基本价值，如公民权利的侵犯问题；二是所涉系根本性规范还是非根本性规范。③ 因为法律规范纯技术而不涉价值问题的较少，如果影响价值的程度是轻微的，那么它属于非根本性的越规。例如，短时间超审限，虽然可能有损于有关公民以及司法的利益，但一般情况下这种损害是轻微的。简言之，司法行为的底线是基本的法律原则和法律规范。这是无论何时都应给定的一个限制。

4. 多层面的纠纷处理模式。

在对以监禁刑为中心的现代刑罚结构进行深刻反思的基础上，基于赔偿预防的观念，基于关注加害—被害互动的观念，出现了一种全新的刑事法治模式——恢复性司法。恢复性司法被视为刑事司法的一个替代模式。它被认为是对犯罪做出的一种独特反应，有别于改造性和报复性（只是惩罚）的反应。它实行的一种办法是在一项具体犯罪中，将有利害关系的所有各方聚在一起，共同决定如何消除这项犯罪的后果及其对未来的影响④。恢复性司法的基本主张有七点：①社区中的个人对社区中的个人的侵害——恢复性司法的犯罪观；②犯罪是犯罪人错误选择的结果，犯罪人应该对此负责；③对犯罪的正确反应不是惩罚，而是恢复因犯罪而造成的各种损害；④真正的负责不是消极地接受惩罚，而是积极地挽回

---

① 皮艺军、马皑：《卖淫活动的共生模式》，载陈兴良主编：《刑事评论》（第7卷），中国政法大学出版社2000年版。
② 车浩：《被遮蔽的世界：同居楼里的性和生育》，载陈兴良主编：《刑事法评论》（第13卷），中国政法大学出版社2003年版。
③ 龙宗智：《相对合理主义》，中国政法大学出版社1999年版，第27页。
④ 联合国第10届预防犯罪和罪犯待遇大会《讨论指南》，2004年4月10日至17日，维也纳。

因犯罪造成的不良后果；⑤帮助犯罪人建立一种全新的生活态度和行为模式；⑥尽可能地在犯罪的早期阶段介入，加强犯罪预防作用；⑦所有受到犯罪影响的人都被鼓励参加到罪后处理的过程中来。

除了恢复性司法模式之外，还有学者指出，在刑事政策的视野下，我们可以建立一种保险制度，当被害人人身、财产遭受损害，却不能破案而获得加害人的赔偿时，由保险公司对被害人损失提供补偿。比如，当某人财物被盗，警方不能破案，或者虽破了案但加害人无法返还财物或无力支付赔款时，如果事前受害者投了盗窃险，那么他就能从保险公司处获得赔偿。① 这也是刑事政策的方法，让社会分担受害人遭受的沉重打击和巨大不幸，避免其陷入孤立无援的境地。这样的人文关怀，减弱了被害人对加害人的仇视，有利于营造和谐的社会氛围。

5. 能动司法——对实质正义的追求。

诺内特与塞尔兹尼克在讨论法律的发展模式时指出，法律发展正沿着从以命令式压制为重心的压制型法，到以自治式的规则为重心的自治型法，向以目的为中心的回应型法发展。而"从自治迈向回应的关键一步，就是法律目标的普遍化……因此，回应型法的一个独特特征是探求规则和政策内涵的价值"，并且，"法律机构应该放弃自治型法通过与外在隔绝而获得安全性，并成为社会调整和社会变化的更能动的工具"②。在人本主义刑事政策观之下，司法的创造精神是十分可贵的。不拘泥于现有的形式，使法律工具回应社会需要，是法律的活力之源。法治是人类发展到一定阶段的成果，但不是最终的成果。法律发展的脚步还在继续前行，法律在检讨法治及其倡导的形式合理性之后还要在此基础上完善自身。如果说形式合理性是法律发展对社会发展的一种妥协，那么实质合理化直至实质正义的探寻将代表法律发展与社会发展的充分融合。如果我们对牺牲个案的正义采取漠然的态度，那么整个法律所代言的正义理想就会失落。因此，在司法运行中必须渗入价值、目的和政策的考虑。尽管这些行为会使司法官员的自由裁量权过大，产生一定的道德风险，但这是实质正义所必须付出的代价。以2003年发生在北京的"天价葡萄"案为例，当时4个民工进入一家研究所的试验田，偷吃并盗窃了用于重要科学研究的有特殊价值的葡萄。根据刑法的规定，这4个人可能会被以盗窃罪判处若干年的有期徒刑。而事实上有3人被检察院以盗窃罪

---

①卢建平：《刑事政策和刑法》，中国人民大学出版社2004年版，第18-19页。
②[美] P. 诺内特、P. 塞尔兹尼克：《转变中的法律与社会：迈向回应型法》，张志铭译，中国政法大学出版社2004年版。

批准逮捕。① 但从刑事政策的高度来审视，我们认为这种处理可能很不合理。首先，这4个民工事前并不知道他们偷的葡萄具有十分重要的科学价值和经济价值，因此，以行为的违法性认识来取代社会危害性认识可以更好地解释对行为予以处罚的根据。但目前我国刑法理论的通说认为：犯罪故意的规范认识应是社会危害性认识。其次，这4个民工由于受到不合理的严重惩罚，特别是经过监狱的"洗礼"，内心会很不平衡，可能会产生对法律和社会的不满或仇恨。他们很有可能会报复社会，践踏法律，再次走上犯罪的道路。如果我们运用其他的手段，比如行政的手段，如治安处罚、劳动教养，或者说是社区服务，可能效果会更好些。

建构人本主义的刑事政策观，我们认为有一个问题值得注意，那就是国家主体地位问题。我们认为，在考察社会变迁与人本主义刑事政策观的勃兴之关系的基础之上，倡导这样一种人本主义的刑事政策观，伴随的是国家主体地位历经软化的过程。国家主体地位的软化主要体现为作为唯一主体的动摇，但软化并不等于弱化，更不等于后现代主义主张的消解、解构。人本主义的刑事政策观，只是利维坦实施公共政策的灵魂和精髓。当然，在此同时，权力不再是以狰狞的面目而出现。福柯著名的权力—知识理论就认为，权力与知识是互相谋划、互相指涉的。甚至权力就是知识，知识就是权力。没有建构相关的知识领域，就不会有权力关系。任何权力关系的建立，都会产生相应的知识，同样，任何知识的确定都以获得某种权力资源为前提，知识的产生也标志着某种权力的诞生。权力总是以知识面目出现，以占有、控制、掌握知识的拥有者。知识的拥有者又反过来运用这种知识行使权力。这几乎是现代国家通用的权力实践策略。② 例如对于死刑的存废问题。我们认为限制和废除死刑已经成为席卷全球的当代刑事政策运动与刑罚改革之潮流。死刑的存废、去留并不取决于其自身无法辨明的正义性（或非正义性）以及无法证实或证伪的威慑性。它在根本上是一个受集体意识的公众认同以及政治领袖的政治意志左右的政策选择问题。集体意识对死刑的广泛认同为死刑制度提供了正当性和合法性资源，但集体意识具有两面性，是交织着理智与情感、意识与潜意识、理性与非理性、正义与非正义的矛盾统一体。政治领袖要尊重与反映民意，更应当善解与引导民意，运用政治智慧，做出科学的死刑决

---

① 参见莫晓宁、刘建：《对"天价"葡萄案的若干思考》，载《中国刑事法杂志》2004年第3期。
② 转引自谢鸿飞：《疑难案件的判决如何获得合法性》，载陈兴良主编：《刑事法评论》（第3卷），中国政法大学出版社1998年版，第291－292页。

策。① 尤其是对于发展中国家而言，由于文化观念、思想意识、价值标准的不可避免的滞后性，与现代化相适应的国民心态不可能一夜间自然生成。在推进法治进程，建设社会文明，走向现代化的历史进程中，必须清醒地意识到对国民心态和集体意识进行引导和改造的必要性。为此，应当及时启动死刑启蒙教育，就基本犯罪规律、罪刑互动规律、刑罚走向人道与文明的历史规律、基本国情以及刑罚改革的世界潮流、死刑的非正义和残酷野蛮的本质等问题进行系统、全面和深入的公民教育，剔除国民心态与集体意识中广泛存在的以暴制暴观念，正确地认识死刑的作用，形成健康、文明与理性的死刑观。死刑启蒙教育既是公民教育的有机组成部分，更应当是一场重要的思想解放运动。通过死刑启蒙运动，应当完成对国民心态和集体意识的科学主义、理性主义和人道主义的改造，培育国民的自由信仰、独立思考、科学分析与理性反应的思维方式，形成尊重生命价值、维护人性尊严的生命文化和人文精神。② 由此，亦可以看出，人本主义刑事政策观的内涵并不排斥或削弱国家权力，相反，国家权力以软化的方式渗入国民的头脑心智当中，对人本主义的滋生、发展起着催化剂的作用，并在此基础上形成一种良性的互动。人本主义的刑事政策观为我们提供的只是一个思维的范式、原则或观念，而不是一种具体的操作模式、措施或方案。

---

① 梁根林：《公众认同、政治抉择与死刑控制》，载《法学研究》2004 年第 4 期。
② 同上。

刑法适用中的刑事政策分析*

摘　要：在刑法适用活动中，刑事政策的功能和作用被一定程度地扭曲了，呈现出"政策逾越法律"及"政策与司法脱节"的态势。追本溯源，有必要重新审视刑事政策在司法中的作用和功能。通过中国"四要件论"与大陆法系"三要件论"、英美法系"双层次犯罪构成论"的对比分析，作者重新定位了刑事政策在刑法适用活动中的作用和功能：一是作为间接法源的刑事政策，与法律原则、实在法等一起构成了刑事司法的法源。二是作为构成要件解释源的刑事政策。作为间接法源和作为构成要件解释源的刑事政策都应受到合宪性审查的制约。三是作为实质违法性判断、有责任性判断参照的刑事政策，起内敛和收缩犯罪之作用。此外，作者还从司法方法论的角度提出了贯彻宽严相济刑事政策的若干设想。

关键词：刑事政策；司法理性；犯罪构成；司法方法

一

刑事政策是一个四分五裂、支离破碎的概念。曲新久教授在其博士学位论文《刑事政策的权力分析》中提出数十种刑事政策概念。[①]笔者认为，概念、体系的构建不仅仅是为了学术上的审美价值，而更应具有实践的品性。因此，应树立一种科学的刑事政策观。"现代科学刑事政策，建立在犯罪学以及其他人文科学基础之上，强调以科学的态度以及法治和人道主义的态度来处理和预防犯罪。……现代科学刑事政策所包容的刑事立法司法技术，不是那种偏执于刑法教

＊本文系2007年中国犯罪学研究会第十六届学术研讨会论文。

① 曲新久：《刑事政策的权力分析》，中国政法大学出版社2002年版，第34页。

条主义立场的'自闭型的'刑事立法司法技术,而是一种建立在犯罪学以及其他人文科学基础之上的'开放型的'刑事立法司法技术。换言之,惯常于对刑事政策持狭义理解的刑法学家们或刑事政策学家们,应当摆脱刑法教条主义以及抽象思辨的研究方式,以开放的、科学的态度和方法来研究刑事立法司法技术。"①

我国要从传统的依靠政策治理国家转变成依靠法律治理国家,如何处理刑事政策与法律的关系则成了一个不可回避的重大现实问题。我国刑法学界在这个问题上似乎形成了"刑事政策是刑法的灵魂"的权威观点,这种观点如果推到极致,就是具有中国特色的"政策法"概念,其理论高峰集中于20世纪80年代中后期和90年代初。"所谓'政策法',是指这样一种不稳定的法律实践状态,即在管理国家和社会生活的过程中,重视党和国家的政策,相对轻视法律的职能;视政策为法律的灵魂,以法律为政策的表现形式和辅助手段;以政策为最高的行为准则,以法律为次要的行为准则;当法律与政策发生矛盾和冲突时,则完全依政策办事;由于政策是党的领导机关所制定的,又靠党和国家的各级干部来执行,因此在实践中形成'人'的作用高于'法'的作用的普遍理解。"② 对于此种"政策法"的反思就是学界汗牛充栋的对于"严打"的分析,以及在非常态冲突背景下的推理性司法行为。③

在"政策法"巨大惯性仍然发挥作用的同时,司法实践中刑事政策的合理价值并没有像人们想象的那样得到淋漓尽致的发挥,而是缺乏理性的自觉,在很多的场合,它仅仅是司法官的一种恩赐或偶尔的慈悲。

案例一:2005年秋天,被告人金某等四人到邻村参与赌博,金某赢了当地村民李某800元,李某心中不悦,在赌博桌上抢了金某500元。事后金某怀恨在心,纠集同村村民六人(含同去赌博的四人)蹲点守候,劫持了李某,并向李某家人索要一万元后才放人,期间,将李某打成轻微伤。法院对金某等六人均以绑架罪判处有期徒刑十年。

案例二:犯罪嫌疑人张某系外来务工人员,向亲戚朋友借款自主经营一小型外卖快餐店。2006年3月张某因涉嫌为一起三人共同盗窃案件窝赃而被当地警方立案侦查。经查明,张某系初犯,窝赃涉及的赃物价值约一万元。根据《刑法》

---

①王牧、赵宝成:《"刑事政策"应当是什么?》,载《中国刑事法杂志》2006年第2期。
②武树臣等:《中国传统法律文化》,北京大学出版社1996年版,第772页;赵震江主编:《法律社会学》,北京大学出版社1998年版,第549–550页。
③本文后面将进行详细阐述。

第 312 条之规定，此罪应处 3 年以下有期徒刑、拘役或者管制，并处或单处罚金，显属轻罪。张某被拘留后，家属申请取保候审，公安机关拒绝的理由是"盗窃犯有两名没有落网，如果将徐某取保，将有碍侦查活动顺利进行"，并要求张某家人"协助公安机关侦破（盗窃）案件"。张某被拘留 37 天后提请检察机关批准逮捕，在提请逮捕期间，另两名在逃盗窃犯落网。家属再次申请取保候审，并提请本地居民出面做担保人。公安机关不予理会，其理由是"这样会影响年终考核"（这是指上级公安机关所说的以"逮捕多少人"作为业务考核指标）。此案几经周折，张某才被法院以窝赃罪判处有期徒刑缓期执行并处罚金。至拿到判决书时，张某被羁押三个多月，其苦心经营的外卖业务客户全面流失，另请律师等花费数万元！

这两起案件如果简单地以对错来分析，在法律定性上是没有问题的。但是，以刑事政策的视角分析，第一起案件中金某等人本身也是被害人的重要情节被忽略了，金某等六人主从犯的区分被忽略了！第二起案件发生在倡导"宽严相济"刑事司法政策时期，然而，综观全案，从实体到程序，从执法理念到具体操作措施，这一刑事政策在司法实践中已被扭曲、变形到一定程度！窥其一斑，刑事政策脱离、游离于司法裁量活动，导致刑事政策的虚无主义。无怪乎学者们惊呼："法律与社会脱节！法律与文化脱节！这就是当代中国法的基本性格，这就是当代中国法的最大困境。"①

刑事政策在刑法适用中呈现的"两张皮"现象，从法理上说，笔者认为，涉及法律和政策的和谐问题。"在现代国家，法不仅必须适应于总的经济状况，不仅必须是它的表现，而且还必须是不因内在矛盾而自己推翻自己的内部和谐一致的表现。"② 恩格斯的这句论述不仅揭示了法与经济基础的关系，而且告诉我们法还有一个内部和谐一致的问题。而法要达到其内部和谐一致性，就必须克服其内部矛盾性。只有通过克服其内部矛盾性来达到其内部和谐性，法才能发挥其应有的功能或实现其应有的价值。正如我国学者指出的，法的内部和谐一致性还有自身的原因。也就是说，只有法的整体结构上的协调，才能顺利地发挥它的功能。假如听任法内在矛盾无限滋生和发展，它的功能也就会被削弱甚至于消失。于是，法就不成为其法了。从这个意义上说，法又有不受经济制约的、自我运行

---

① 梁治平：《中国法的过去、现在与未来：一个文化的检讨》，载《中国当代文化意识》，（香港）三联书店出版社 1989 年版。

② 李光灿、吕世伦主编：《马克思、恩格斯法律思想史》，法律出版社 2001 年版，第 879 页。

的相对独立性。① 笔者认为，恩格斯的论述中所寄寓的法的内部和谐一致性原理当然可以延伸到刑法适用活动中来，即刑法适用活动必须不因内在矛盾而推翻自己的内部和谐一致性。如果听任刑法适用活动内在矛盾无限滋生和发展，则刑事司法的功能或价值将被削弱甚至于消失殆尽。刑事政策在司法领域内运行是一个国家正常的标志。"一个社会的法律健全与否，很大程度上表现在重大的基本政策能否主要依靠法律机制来贯彻执行。法律机制的发达与健全是有效贯彻执行政策的保证，也是政策自身成熟的标志。"②

要摆脱刑事政策在刑法适用活动中出现的"两张皮"的困境，其选择路径之一在于追本溯源，对刑事政策在司法中的功能和作用进行深化认识和重新定位。

二

笔者认为，要在实践中摆脱困境，对刑事政策在刑法适用活动中的功能和作用予以重新定位，首先必须对"刑事政策是刑法的灵魂"的权威观点进行深层次的追问。特别是就政策逾越法律的情形而言，学术界在对"政策法"进行批判的同时，是不是也有必要对经典的理论阐述作一个反思？或者说我们在津津乐道于对"严打"进行批评、反省的同时，对于刑事政策在刑法适用活动中的扭曲和变形，我们的学术是否也负有一定的责任？我们的学术是否应该遵循有破有立的辩证法则，提出正面的、积极的主张和构想？董文蕙硕士通过对刑事政策本体内涵的探究展开了对此观点的追问，她认为此观点是缺失法理依据的，而且有可能损及刑法及罪刑法定原则的价值和尊严。就刑事政策所涉的刑法法理而言，刑事政策指涉的是一种公法法理，而法治原则则是调整公法和公权力的根本法理，在最根本的意义上制约着刑事政策的制定和实施。坚守法治原则，就意味着刑事政策在追求预防和控制犯罪的目标时，必须优先尊重刑事政策保障人权和促进个人自由的终极价值；在追求效率和效果的同时，必须最大限度地追求刑事政策的形式正义和实质正义的统一。刑法的公正性、谦抑性、人道性和确定性构成了刑法法理的观念基础，奠基于这些观念的刑事实体法上的罪刑法定原则、罪刑均衡原则、刑法适用人人平等原则、程序法上的无罪推定等原则，构成了现代刑事法法理的主要内容，这些体现刑事法正义和正当性的基本观念和原则，对于刑

---

① 吕世伦、文正邦：《法哲学论》，中国人民大学出版社1999年版，第122页。
② 参见沈永刚：《政策学》，北京经济学院出版社1996年版，第200页。

事政策来说具有共同的价值和意义，而且这种价值和意义应是至高无上的。如果刑事政策因迎合政治需要，过度追求抗制犯罪的效率和效果而构成了对刑法法理的任何背叛，则必然导致刑事政策自身合法性和正当性的危机。因此，"刑事政策必须受法治原则的制约，必须尊重刑法作为法律至高无上的价值与尊严。在法治的任何语境中，法律是至高无上的，它的尊严应得到毫无例外的景仰与膜拜，法律的'灵魂'来自法律自身的这种神圣与尊严，而不能是其他。"① 在此，笔者基本同意董文蕙的观点，只是需要指出的是，对"刑事政策是刑法的灵魂"的权威观点的反思和追问，并不意味着否定刑事政策对于刑事司法的调节和指导作用，而是对这个观点的升华。

由此，笔者主张从司法方法论的视角，对这一问题的解决做一个尝试。"每一个时代都有自己的独特的法律现象或法律问题，各个时代的法学必须针对这些现象或问题提出新的解释或解决方案。中国法学现今的问题是：对什么是法学之'学'，尤其什么是法学的性质和立场并没有统一而明确的认识；知识生产无序化的现象；法学不能为实践提供智力支持。针对上述问题，我们有如下对策：一是让法学的知识兴趣从政策定向转向司法定向；二是使法学视角返归实在法；三是法学向方法的回归。法学方法论的研究，从一个侧面为我们的法学建构提供一种观照的镜鉴，一种特殊的精神气质和建立法学知识标准的某种进路。我们可以对一切缺乏方法论支持的所谓学术创造提出最低限度的质疑。"② 谢晖教授也深刻指出，我国学者受"宏大叙事"思维的引导，太过于对法律本质的探求而缺乏"微观论证"，而规范法学应有的法律知识、规范构造、司法技巧等常常被遗忘，以至于法学理论愈多而法律行为更加混乱，法律愈多而秩序更加缺乏！他认为，规范法学的根本不在于法律的本质，而在于揭示法律知识，创造法律方法，构建司法技巧。③ 可见，当今刑事司法面临的关键问题，不是从法理层面如何解构刑事法的本质、价值等本体问题，而是如何发展出一套健全的刑事法解释论，将成文的刑事法原则、制度演化为活动的刑事法秩序。由此，通过对构成要件结合社会情境的实质解释，避免不完善的刑事法朝令夕改而削弱其可预测性；通过

---

① 参见董文蕙：《也论刑事政策与刑法的关系——"对刑事政策是刑法的灵魂"的质疑》，载《云南大学学报》（法学版）2004年第1期。

② 舒国滢：《并非有一种值得期待的宣言——我们时代的法学为什么需要重视方法》，载《现代法学》2006年第5期。

③ 谢晖：《〈法律方法论〉总序》，载陈金钊、谢晖编：《法律方法》（第2卷），山东人民出版社2003年版。

实质的犯罪论和刑事法解释论，将不值得动用刑罚处罚的行为排除在刑事法的犯罪圈之外，以实现个案的正义。而在其中，刑事政策有其广阔的运作空间。

对"法律是什么"的追问，一直是东西方贤哲们不断探求的法哲学命题，当代西方法哲学界最有影响力的罗纳德·德沃金教授基于对法律惯例主义与法律实用主义的批判，提出了法律是什么的第三种理论——作为整体的法律，而这种整体性法律必须为法官所不断解释才能揭示其意蕴。德沃金对法律阐释的贡献主要是他提出了法律阐释的整体性原则。所谓法律的整体性，一是寻求"立法中的整体性和判决中的整体性"，二是要求"法官把公共标准的现有体系视为表达和尊重一套合乎逻辑的原则"。两者相较，德沃金更注意"判决中的整体性"，强调法官在运用法律、法规审理具体案件时，要注意体现隐含在这些法律、法规背后的一些标准。"整体性要求尽可能把社会的公共标准制定和理解看作是以正确的叙述去表达一个正义和公平首尾一致的体系。"① 德沃金的整体性原则是针对法律的建设性阐释的目标提出的，他主张法官要深挖隐含于实在的法律、法规和判例之后的一些原则、政策、道德等因素，力图做到相同情况相同对待。这对我们今天如何深化认识刑事政策在司法中的功能和作用显然具有十分重要的参考价值，这也是一种从立法定向转向司法定向、法学视角返归实在法以及法学向方法的回归。其实，将刑事司法的实体法渊源限定为刑法典也与刑事司法过程的实际性质严重不符。实际上，反映刑法精神的一般法律原则、相对恒定的计划型政策在疑难案件的判决中发挥着巨大的、不可或缺的作用。只要不是在空泛地维护罪刑法定原则，依凭于法律解释学，我们就必须从罪刑法定的基本精神出发，将原则、政策、规则纳入罪刑法定之法的视野中。② 事实上，白建军教授在对刑事政策进行研究的时候，主张将实然的刑事政策的载体定位于刑事司法解释。他认为刑事司法解释都明示或隐含着各个时期针对各类问题的政策话语，是刑事政策的基本载体之一。他以截至 2003 年 12 月 31 日得到的 1233 个刑事司法解释中的 561 个为分析样本，逐一观察每个司法解释中的问题与对策，从其中的对策部分中寻找共性，然后再对发现的某种共性进行提炼，并认为"其结果不论是否言明都可以认为是一种刑事政策"③。这说明，司法解释显然是刑事司法活动中的重要渊源。

---

① [美] 罗纳德·德沃金：《法律帝国》，李常青译，中国大百科全书出版社 1996 年版，第 194 页。
② 吴丙新：《刑事司法的实体法渊源——罪刑法定原则的刑法解释学分析》，载《当代法学》2004 年第 1 期。
③ 白建军：《关系犯罪学》，中国人民大学出版社 2005 年版。该书第八章"刑事政策研究"专题。

三

犯罪构成作为一种学术理论且服务于司法实践的解释性体系，必须从法律的明文规定中推导或至少与法律的精神保持一致，即所有要件的选择确定都是犯罪类型化所必要的且以法律规定为据；在此，罪刑法定原则是一道不可逾越的界线，而刑事政策与犯罪构成则存在着千丝万缕的联系。某种意义上说，把犯罪构成与刑事政策结合起来，既包括在刑事法之内研究刑事法，也包括在刑事法之外研究刑事法。何秉松教授指出，研究犯罪构成的性能，应当特别注意犯罪构成与环境的关系。犯罪构成作为一个有机整体，它不是孤立存在的，而是处于一定的环境之中，并与环境相互联系、相互作用，进行物质、能量和信息的交换或转换，从而表现出自己的整体性能。传统的犯罪构成理论孤立地研究犯罪构成自身，而完全忽视它与周围环境的关系，是不能正确理解犯罪构成的。经验证明，不仅开放的构成要件的要素、结构和性能需要进一步确定，即使是封闭的构成要件也需要随着实践的发展和新情况的出现而进一步确定。[①] 但是，我国"四要件论"的犯罪构成模式并没有给刑事政策在刑法适用活动中构建理性的空间，从而促使笔者对中国"四要件论"与大陆法系"三要件论"、英美法系"双层次论"进行对比分析。对此问题我国学者研究甚丰，现择其要者简论如下。

李洁教授认为，英美法系在解释法律、为法律提供理论说明方面侧重于实际操作能力，将对价值目标的追求直接替换为实际运用，这也就有可能导致对法律的解释缺乏进行深入探讨的推动力。德日犯罪构成理论体系在追求犯罪构成体系中体现刑法的公正与功利的内在制约机制方面进行了不懈努力，理论探讨的丰富与深入在世界上独树一帜，且在为使犯罪构成理论能够体现在犯罪认定过程中方面，也成了坚持三要件体系的一个重要原因。中国的犯罪构成理论体系与法律上的犯罪构成是直接合而为一的，这从犯罪构成的定义中就可以明确。这种一致性有时就有将法律上的犯罪构成与理论上的犯罪构成的各自功能混淆的可能。[②]

刘为波法官认为，我国的犯罪构成机制注重定罪机制，忽视免罪机制。首先，在我国的犯罪结构模式中，显然缺乏一种控辩双方的平等对话机制，在某种意义上，它是为控方单独设计的，或者说它是一种家长式的、偶尔的一次免罪，

[①] 参见何秉松：《犯罪构成系统论》，中国法制出版社1995年版，第136页。
[②] 李洁：《三大法系犯罪构成论体系性特征比较研究》，载陈兴良主编：《刑事法评论》（第2卷），中国政法大学出版社1998年版。

只能说是控方的例外开恩。其次，在思维的逻辑起点上，我国的犯罪概念以社会危害性为逻辑起点，而西方以犯罪构成为起点。社会危害性对于刑事违法性具有完全的推定机能。一些学者提出的犯罪的立法概念与司法概念，忽视了社会危害性的限缩性机能。因此，应把但书的规定理解为可罚性阻却事由。①

李海东博士认为，刑事政策为在现行《刑法》的基础上建立以社会危害性为中心的实体刑法理论提供了开阔的舞台。因为，它并不要求《刑法》及其理论遵循自身的功利轨道，而要求它服从政治目的。虽然在任何理论，只要它能为这一目的服务，都有百家争鸣的可能，但较有效地服务于这一目的的是社会危害性理论。这是由于社会危害性的认定完全依赖于违法性（即符合构成要件），因此，对于它的评价完全可以停留在行为人行为的规范属性（即形式的违法性）上。这说明社会性危害性学说是一个"辩证"的自我循环的理论。社会危害性理论不仅通过其"犯罪本质"的外衣给突破罪刑法定原则的国家刑罚权介入提供了一种貌似具有刑法特色的理论根据（罪刑关系由不断变化的社会关系决定），而且它在理论上由此也直接地在司法实践中对于法治国家抑或国家法治起着反作用。②

阮齐林教授认为，犯罪构成理论的多元发展，需要明确理论的功能——究竟是定罪论还是犯罪结构论？如果着眼于定罪功能，应当明确区分被评价的行为事实和评价的标准，并且顺应司法定罪的思路，侧重于从司法运用法律标准评价行为（或案件）事实的角度构建犯罪成立的体系，这样的犯罪构成理论具有偏重法律注释和司法定罪模式的风格。相反，如果着眼于揭示、反映犯罪的事实结构，那么，应当遵循犯罪的事实的、真实的、存在的状况，反映犯罪构成的"本来面貌"。真实的犯罪的确是一个有机整体，主客观不可分割，犯罪的实质与形式不可分割，在这个意义上，犯罪构成不过是分析这样一种有机整体的工具，是一种从结构角度分析犯罪的一种方法。这种犯罪构成论揭示了一个客观、真实的犯罪结构。它不必拘泥于法律形式、结构，也不必考虑司法认定犯罪的思路。"四要件论"似乎就是这样一种侧重于这种功能的理论。它尊重犯罪的真实情况，以犯罪行为本身的结构为结构，没有明显的评价标准和被评价行为的区分。因此评价标准（法定构成因素）被融入被评价的行为事实之中来把握了。我国

---

①刘为波：《可罚的违法性论——兼论我国犯罪概念中的但书规定》，载陈兴良主编：《刑事法评论》（第10卷），中国政法大学出版社2002年版。

②李海东：《社会危害性与危险性：中、德、日刑法学的一个比较——以法益实害未发生时的可罚根据为切入点》，载陈兴良主编：《刑事法评论》（第4卷），中国政法大学出版社1999年版。

学者认为,"四要件论"是"一次性综合的平面评价模式",其实,从理论架构上讲,还具有被评价的事实与评价标准一体化的体系特征。[①]

综合上述分析,笔者认为,要抑制刑事政策在刑法适用活动中的非理性张扬,并使刑事政策在刑法适用活动中得到自觉、忠实的贯彻,主要应当诉诸能动的司法,一方面将刑事政策、法律原则等纳入罪刑法定之法的体系内,另一方面通过司法领域的实质违法性的审查判断——即经过包括刑事政策在内的考量,达到出罪(包括免除、从轻或减轻处罚)的目的。而这两方面的实现应当由司法官借助我们重新构建的犯罪认定模式来完成。这应该是一种双层次违法性审查机制,指导理念其一是罪刑法定主义,其二是实质正义。具体设想是,对行为的刑事违法性的评价须经由两个阶段或层次:第一阶段是违法性的形式审查。根据刑法分则明文规定的犯罪构成进行评价,此阶段奉行的理念是罪刑法定主义,但是应对罪刑法定之法做广义的解释,应从罪刑法定的基本精神出发,将原则、政策、规则纳入罪刑法定之法的视野中。第二阶段是违法性的实质审查。对具有形式违法的行为从刑事政策的角度进行评判,具体的操作可以从判断该行为是否具有违法性阻却事由入手,从而将不具备实质违法性的行为排除于犯罪之外,保证实质正义的实现。

四

在罪刑法定的框架内,参照大陆法系"三要件论"的理论模式,对刑事政策在刑法适用活动中的功能和作用,简述如下。

第一,间接法源。如前所述,将刑事司法的实体法渊源限定为刑法典与刑事司法过程的实际性质严重不符。实际上,反映刑法精神的一般法律原则、相对恒定的计划型政策在疑难案件的判决中发挥着巨大的、不可或缺的作用。只要不是在空泛地维护罪刑法定原则,依凭法律解释学,我们就必须从罪刑法定的基本精神出发,将原则、政策、规则纳入罪刑法定之法的视野中。例如,除了常见的刑事司法解释之外,青少年犯罪刑事政策亦可以成为刑事司法的间接法源。法律不足一般是在立法时,由于观念、条件或其他原因的限制,对一些需要规定的内容,法律没有规定或者规定得不完善,但是司法实践中又经常遇到此类问题。这

[①] 阮齐林:《评特拉伊宁的犯罪构成——兼论建构犯罪构成理论体系的思路》,载陈兴良主编:《刑事法评论》(第13卷),中国政法大学出版社2003年版;《应然犯罪之构成与法定犯罪之构成》,载《法学研究》2003年第1期。

种情况下刑事政策就发挥着弥补法律的功能。由于我国没有未成年人刑事案件诉讼程序的专门法律，只有很少的一些零散性规定，但是基于该类刑事案件的特殊性，实践中又需要采取与普通刑事案件不同的办案模式。对此，我国各级司法机关以"教育、感化、挽救"和"尽量减少司法干预，尽量避免关押"等办理未成年人案件的基本刑事政策为依据和指导，在刑事司法实践中逐渐摸索出适用于未成年人案件的特殊办案程序，弥补了法律上的不足。

第二，构成要件解释源。刑事政策作为构成要件解释源具有合理性或价值。为适应社会生活情境的变化，入罪与出罪都是理性司法必须考虑的。在罪刑法定的框架之内，要使刑法成为可以具体适用的规则体系，成为可借以个案审理的裁判标准，就必须对刑法原则和概念进行某种具体化的操作。杜宇提出"类型化"思维之思想，认为应实现三个开放，即实现类型向要素的开放（"开放性构成要件要素"的体系回归）、类型向素材的开放（"刑法适用机制"的重新阐释）；类型向类型的开放（"中间类型"与"混合类型"的恰当把握）。藉此，突破概念性思考的藩篱，增强刑事法的适应性尤其是入罪的功能。[①] 这一类型化思维的技术支撑之一就是刑事政策。例如，在SARS突发的早期，一些"非典"患者逃避、拒绝治疗的行为该当何罪曾引起大家的思考。有司法实践部门将这种行为以妨害传染病防治罪定罪，有学者主张，因为没有法律的根据，所以无法定罪。但这种行为显然具有相当的社会危害性，对不特定的群体构成了实际或可能的威胁，因此符合犯罪的基本性质。《关于办理妨害预防、控制突发传染病疫情等灾害的刑事案件具体应用法律若干问题的解释》将这种行为的性质界定为以危险方法危害公共安全罪无疑是合理合法的认定。犯罪是侵犯法益的行为。法益具有区分犯罪类型的功能。根据社会正义法则，当一种行为被认为侵犯了他人法益之时，刑事司法人员就应该首先明确这种行为侵犯的法益属于什么性质，明确了这个构成要件的上位概念，实际上就为下一步寻找构成要件的区域提供了路径。SARS是一种传染性很强的疾病，拒绝接受治疗的"非典"患者游荡于社会公众之间的时候，公共安全就会受到很大的侵害和威胁，那么这种行为侵犯的法益首推公共安全，所以在确定传播SARS病毒的行为性质的时候就应该在危害公共安全犯罪中寻找相应的法条。尽管刑法在规定危害公共安全一章时，并没有明文规定传播SARS病毒为一种危害公共安全的犯罪行为，但是立法者却明文规定了放火、决水、爆炸、投放危险物质等是危害公共安全的行为，并且还特地规定了

[①] 参见杜宇：《再论刑事法上之"类型化"思维》，载《刑法方法论》，北京大学出版社2006年版。

"以其他危险方法"作为危害公共安全行为类型的补充。只要其他一些危险方法符合危害公共安全罪的类型,即该类行为造成了对公共安全的侵害和威胁,就应该可以将该类行为包摄于"其他危险方法"之中。①

又如,据纪委系统人士透露,中纪委"八项禁令"②将与即将颁布实施的有关司法解释相衔接,而后者一旦颁布实施,严重违反"八项禁令"的行为将被认定为受贿犯罪。据了解,将要实施的有关司法解释即《关于办理受贿刑事案件适用法律若干问题的意见(稿)》(以下简称为《意见(稿)》)一旦颁布实施,严重违反2007年5月30日公布的《中共中央纪委关于严格禁止利用职务上的便利谋取不正当利益的若干规定》的行为将被认定为受贿犯罪。有关专家向记者透露,这个《意见(稿)》可能涉及以下几个方面的内容:一是关于低价购物如何被认定为受贿的问题;二是关于为第三人低价或虚付价款购物如何被认定为受贿的问题;三是关于收受贿赂物品未办理权属变更能否被认定为受贿的问题;四是关于收受干股或"红利"如何被认定为受贿的问题;五是关于借合作开办公司等名义收受贿赂的问题;六是关于借委托他人投资证券、期货或者其他委托理财的名义收受贿赂的问题;七是关于通过赌博收受贿赂的问题;八是关于第三人"挂名"领取薪酬如何被认定为受贿的问题;九是关于收受财物后退还或者上交是否被认定为受贿或如何量刑的问题;十是关于在职时为他人谋利、离职后收受财物应否被认定为受贿的问题;十一是关于利用职务便利为他人谋利行为不构成受贿但造成重大损失应如何处罚的问题;十二是关于"第三人"范围的界定(近亲属、情人、其他与之具有共同利益关系的人)。③ 这实际上就是将国家严厉惩治腐败的刑事政策细化为犯罪构成要件解释要素。

然而,我们应当注意的是非常态冲突背景下刑事政策作为间接法源或构成要件解释源的情况。非常态冲突往往是较严重的社会危机的表现形态。转型时期,我国的社会危机形态总体上体现出如下特点:危机事件涉及的领域多元化;危机事件发生的高频次、大规模;危机事件的组织性、暴力性、危害性加强;危机波动方式多元、震动幅度增大;危机事件国际化程度加大。其主要类型、引致因素

---

①吴学斌、刘义江:《罪刑法定要求司法者能动地发现法律》,载《检察日报》7月1日。
②2007年5月30日《中共中央纪委关于严格禁止利用职务上的便利谋取不正当利益的若干规定》。
③http://www.ce.cn/cysc/cysczh/200707/04/t20070704_12054625.shtml,最后访问于2008年5月4日。

及一般冲突表现形式是：自然灾难型、利益失衡型、权力异化型、国家关系型。[①] 在这些社会危机的背后，就刑事政策的应对而言，就是大量的规范性刑法司法解释的产生。可以说，许多规范性刑法司法解释的出台既是形势的需要，也是刑事政策的需要，而这两者往往交织在一起，共同服务于司法实践，而这往往又成为刑事政策的亮点。例如，1983年以来，中共中央根据社会治安面临的严峻形势做出的三次"严打"刑事政策决定。1997年时外汇形势乐观，而当东南亚金融风暴初露端倪时，就有一种新的犯罪大量出现，即骗购外汇罪，当这种犯罪反映上来时已经是1998年。1998年1月份时外汇储备增加了10个亿，到2月份仅增加了1个亿，外汇储备大量下降，当时国家外汇管理局说金融危机就是国家的经济危机，外汇安全就是国家的经济安全，经济安全就是国家安全。在此情况下，最高人民法院在《关于审理骗购外汇、非法买卖外汇刑事案件具体应用法律若干问题的解释》（法释〔1998〕20号）第3条规定，在外汇指定银行和中国外汇交易中心及其分中心以外买卖外汇、扰乱金融市场秩序的行为是犯罪行为，依照《刑法》第225条第（三）项的规定定罪处罚。这一规定解决的事项实际上是对现行《刑法》第225条内容的补充。针对国内传销或变相传销活动的猖獗，最高人民法院于2001年3月29日做出了关于情节严重的传销或者变相传销行为如何定性问题的批复；2003年4月至6月，"非典"疫情肆虐中国，最高人民法院、最高人民检察院分别于2003年5月14日发布了《关于办理妨害预防、控制突发传染病疫情等灾害的刑事案件具体应用法律若干问题的解释》，其所反映的刑事政策就是"依法惩治妨害预防、控制突发传染病疫情等灾害的犯罪活动"。

对于刑事司法在非常态冲突或社会危机背景下的应对，哈贝马斯指出："法律越是被当作政治导控和社会规划的手段而使用，法律的民主产生必须承担的合法化负担就越是沉重。如果政治把法律形式用于实现它所要实现的任何目的，因而破坏法律的自身功能，法律和政治权力的构成性条件就会遭到破坏。"在法治的大背景下，对于非常态冲突的处置工作要求刑事司法系统的运作进行某种调

[①]（1）自然灾难型，引致因素为环境破坏、疾病传播、各种自然突发事件，一般冲突表现形式是环境污染、自然灾难、突发性重大公共卫生和公共交通事件；（2）利益失衡型，引致因素为经济发展的不均衡、社会保障制度上的缺陷，一般冲突表现形式是罢工、集体上访、静坐、示威游行、集会；（3）权力异化型，引致因素为政府权能体系中的失效，如腐败、司法权的不完善，一般冲突表现形式是集体上访、示威游行、暴力抗法、刑事案件；（4）国家关系型，引致因素与中国在国际格局中的发展有关，一般冲突表现形式是国家间的紧急局势、经济制裁甚至局部战争。参见薛澜、张强、钟开斌：《危机管理：转型期中国面临的挑战》，清华大学出版社2003年版。

整,但是,这种调整不应当超越必要的限度,应当符合法治理念的要求。由于刑事政策往往影响刑事司法的基本价值取向,有时,刑事政策可能超越法律的范围和限度,出于特定的社会管理需要,离开法律另立标准或者擅自更改法律,以所谓政策来办案。例如,"两高"关于"非典"的解释中,将哄抬物价、牟取暴利依非法经营罪处理。而1998年8月28日最高人民法院在《关于审理骗购外汇、非法买卖外汇刑事案件具体应用法律若干问题的解释》中提前三个月说了与立法解释[①]相同的话:规定"伪造、变造、买卖海关签发的报关单、进口证明、外汇管理机关的核准件等凭证或者购买伪造、变造的上述凭证的,按照刑法第二百八十条第一款的规定定罪处罚",这说明最高人民法院的司法解释存在着逾越罪刑法定界限的嫌疑。同时,为了巩固社会秩序,在刑事政策的实施过程中,可能对刑事诉讼程序产生重大冲击。刑事政策具有阶段性、临时性的特点,可能违背法治原则,导致对刑事政策的滥用。为了尽量发挥刑事政策的积极作用,避免其对刑事司法系统可能产生的负面影响,我们必须明确法律与刑事政策的关系,确保刑事政策符合法治的基本价值要求,尽量减少阶段性、临时性刑事政策的制定和适用。[②] 笔者认为,对于超越罪刑法定的间接法源以及构成要件解释源的刑事政策,应进一步完善我国的合宪性审查机制。在这种审查机制中,可以由全国人大设立专门机构进行,赋予最高人民检察院以调查取证、启动程序的权力,[③] 但值得注意的是,在这种审查机制下,应对司法解释权重新进行配置。最高人民检察院应只限于对检察工作如何贯彻执行法律提出司法解释,对涉及犯罪的认定和裁量应一律由最高人民法院做出司法解释,否则可能会与监督的法理相悖。

第三,实质违法性判断参照。中国传统犯罪构成理论没有有力(有效)的出罪机能,不利于被告人的人权保障的问题,其原因是复杂的,有的是因为刑事政策本身的问题,有的是因为刑法本身规定的问题,有的也可能是因为传统犯罪构成理论体系内部的理论建构问题,但是,这些问题都可以通过改造刑事政策或者刑法规定、或者对传统犯罪构成理论进行合理改造来完善。笔者认为,在实质性违法判断中,刑事政策的机能不可能定于扩张的、积极的侧面,而只能局限于内敛的、收缩的侧面。这是因为,刑事政策的思想源于刑法的谦抑思想和经济分析。例如亲属相盗的司法解释(刑事政策)之旨趣;最高人民法院关于奸淫幼

---

① 《全国人民代表大会常务委员会关于惩治骗购外汇、逃汇和非法买卖外汇犯罪的决定》,1998年12月29日施行。
② 韩红俊、魏东:《非常规性纠纷与刑事司法系统的应对》,载《河北法学》2005年第12期。
③ 参见孙谦:《检察:理念、制度与改革》,法律出版社2004年版,第144-145页。

女罪的司法解释之旨趣。又如由于社会条件的变化，不同社会发展阶段的刑事政策可能会对相同刑法条文的含义、范围等产生不同影响，这对于理解、解释或适用刑法条文均具有重要意义。经济体制转轨时期，一些原本在计划经济体制下被视为违法的行为，在新体制下却获得了法律的承认和保护。1985年7月8日"两高"《关于当前经济犯罪案件中具体应用法律的若干问题的解答（试行）》即明确"国家工作人员没有利用职务上的便利，而为他人推销产品、购买物资、联系业务，以'酬谢费'等名义索取、收受财物"等行为，不认为是受贿。该解答实际上即明确了在有计划的商品经济体制下，一些原本在计划经济体制下不被允许的行为不再被视为犯罪。① 在此值得研究的是，生产力标准是否是出入犯罪以及科处刑罚轻重的标准？这样的标准是否会导致如社会危害性理论那样，成为犯罪的本质特征，进而形成一种超规范的判断，从而对司法和法治起着反作用？由此，我们是否可以将刑事政策在其中作用的发挥表述为依据公共利益的考量？或者得出这么一个观点，即依据生产力标准，社会关系的变化仅限于量刑而不能作为定罪时的考量？这些，还有待进一步思考。

第四，有责性判断参照。违法性认识错误、期待可能性等有责任阻却、减轻事由作为刑事政策的精髓，可以作为有责性判断的参照物。例如，北京"天价"葡萄案引发了数个值得思考的刑法问题，通过对这一案件的分析可以发现：首先，盗窃行为的成立并不需要行为人对盗窃对象的价值有所认识。其次，行为人无法认识盗窃对象的特殊价值时，违法性认识取代社会危害性认识可以更好地解释对行为予以刑法处罚的根据。"天价"非无价，所盗葡萄的价值仍可以确定，该数额不能包括由此造成的直接经济损失。② 第三，这4个民工由于受到不合理的严重惩罚，特别是经过监狱的"洗礼"，内心会很不平衡，产生对法律和社会的不满或仇恨。他们很有可能会报复社会，践踏法律，再次走上犯罪的道路。如果我们运用其他的手段，比如行政的手段，如治安处罚，劳动教养，或者社区服

---

① 经济形势变化既可能导致刑事政策趋于宽缓，也可能导致其趋于严厉，这在规范性刑法司法解释中表现得十分明显。20世纪80年代末期，由于计划经济体制向商品经济体制转变，在经济领域形成"双轨制"的特殊情况，因而出现了所谓"官倒"现象。"官倒"现象一时成为千夫所指，因而1988年9月26日最高人民法院在《关于严惩严重经济犯罪分子及时审理经济犯罪案件的通知》中即提出："对企事业单位、机关、团体进行投机倒把活动（即'官倒'，笔者注）数额特别巨大，或者给国家造成重大损失，以及情节严重，构成犯罪的，要坚决依法惩处，追究其直接负责的主管人员和其他直接责任人员的刑事责任，不能因为他们没有'中饱私囊'而不予追究，或者只给予罚款了事。"笔者认为，这体现了刑事政策在实质违法性判断中的扩大犯罪圈、积极入罪的功能，值得深入研究。

② 莫晓宇、刘建：《对"天价"葡萄案的思考》，载《中国刑事法杂志》2004年第3期。

务，可能效果会更好些。

此外，基于允许的风险、被害人因素、便宜主义等纯粹关系范畴——同时也是基于刑事政策的考量，对实体犯罪构成进行有力的补充，进而可以形成新的关系犯罪构成；实体犯罪构成与关系犯罪构成共同承担起定罪、量刑的任务。

五

刑法适用活动中刑事政策的功能和作用的发挥，有赖于在司法实践的基础上制定、明确相关的司法解释、规则或指导性案例。当然，更要发挥司法官在具体案件中的能动性，比如，对于相对严苛的法律，在司法活动中进行"依法微调"。当前，我们提倡"宽严相济"的刑事司法政策。然而，冷静地分析，我国当前刑罚结构仍属于重刑结构。虽然具有存在的客观必然性，但并不能由此认为越重越好或者重刑有理。重刑，是不得已的。在许可的情况下，刑尽量要轻。这是一个具有人道主义信念的刑法学家应当具有的理念。应该说，当前我国的刑罚结构已经有过重之嫌，更要提防继续趋重。因为刑罚存在一个攀比问题，过多过分地使用重刑，必将使重刑贬值，从而引起进一步趋重，这是十分危险的。对此，孟德斯鸠曾经提出：经验告诉我们，在刑罚从轻的国家里，公民的精神受到轻刑的影响，正像其他国家受到严刑的影响一样。人们对严刑峻法在思想上也习惯了，正如对宽法轻刑习惯一样；当人们对轻刑的畏惧减少了，政府不久便不能不事事都用严刑。有的国家时常发生拦路抢劫，为着消除这种祸害，他们便发明了车轮乱杀刑。这个刑罚的恐怖，使抢劫暂时停止。但是不久之后，在大路上拦路抢劫又和从前一样。由此，孟德斯鸠得出结论：治理人类不要用极端的方法，我们对于自然所给予我们领导人类的手段，应该谨慎地使用。孟德斯鸠的话应该引起我们深思，一味地使用重刑，其威慑力必然随着时间的推移而减损。而重刑化又是有限度的，不可能无限度地趋重。因此，防止刑罚攀比从而继续趋重，具有重要意义。毫无疑问，修订后的《刑法》中的刑罚结构仍然属于重刑结构。而且，在相当长的时间内，这一重刑结构还将继续存在下去。在这种情况下，我们寄希望于刑事司法。在法律现存的刑罚结构下，司法机关的刑罚适用活动应当体现刑事政策的精神。唯有如此，才能通过卓有成效的刑事司法活动，使刑罚结构在动态中趋向合理化。[①] 白建军教授以我国刑法、犯罪学领域中第一个以"罪

[①] 参见陈兴良：《刑事政策视野中的刑罚结构调整》，载《法学研究》1998年第6期。

刑关系具有均衡性"为理论假设，以现行刑法规范为对象进行大规模（全样本）实证研究，分析了刑法分则中的422对罪刑关系，发现中国刑法中法定犯罪等级均衡性分布情况为：罪刑关系一致的占77%，过重的占1.4%，偏重的占11.6%，过轻的占0.5%，偏轻的占9.5%。① 法律的公正最终要体现在司法实践的个案公正上。在不可能也不应当频繁修订立法的情况下，我们认为，司法官可以把某个犯罪在罪刑关系"报价单"中的均衡性评价作为参考，适当调整具体案件的量刑。比如，司法官经过检索并结合司法经验知道，罪刑关系"报价单"认为某罪已经配刑偏重，并且根据 SCO（罪量综合指数）的分析确信其理由成立，那么，司法官在处理此类案件时，便有理由认为，既然立法上已经偏重，量刑时只要不属于"应当"从重的情况，即使没有从轻情节也可以从轻考虑。这样，便可在立法与司法之间、配刑与量刑之间实现某种"依法微调"。无独有偶，阮齐林教授从对绑架罪的个案考查中得出了类似的结论。绑架罪是一种常见的被法律规定了极其严厉处罚的犯罪，对其构成要件的不同理解和掌握，可能导致司法适用上的不平衡，使同样的行为受到罪与非罪或者畸轻畸重的对待。对于绑架案件的处理，可能因为"一念之差"导致极为悬殊的结果，以致司法人员在处理有关绑架案件时每每有如履薄冰之感。因为立法对绑架罪规定了极为严厉的法定刑尤其是法定最低刑。受其制约，对绑架罪的构成要件应当尽量作限制性的解释，使绑架罪的认定与严厉的法定刑相称。绑架罪主观上应当是以勒索巨额赎金或者其他重大不法要求为目的；客观上限于使用暴力方法扣押人质，利用第三人对人质安危的担忧进行勒索；侵犯的客体不仅包括人质的人身权利，而且包括第三人的自决权；绑架他人之后，尚未开始勒索之前，应当有成立犯罪中止的余地。② 最高司法机关的司法解释中，也明确了这么一个规则：行为人为索取高利贷、赌债等法律不予保护的债务，非法扣押、拘禁他人的，依照刑法第二百三十八条的规定定罪处罚。③

为了更好地体现宽严相济刑事政策及罪刑均衡原则，有必要在司法实践的基础上制定、明确运输毒品和走私等共同或者相关犯罪案件的司法解释。以运输毒品罪为例，运输毒品一般分为两种情形：一是行为人运输自己的毒品，二是行为人受雇佣为他人运输毒品。对这两种运输毒品行为，在刑法上并未加以区分。但

---

① 参见白建军：《关系犯罪学》，中国人民大学出版社2005年版，第518页。
② 阮齐林：《绑架罪的法定刑对绑架罪认定的制约》，载《法学研究》2002年第2期。
③ 《最高人民法院关于对为索取法律不予保护的债务，非法拘禁他人行为如何定罪问题的解释》【法释[2000] 19号】。

实际上，这两种行为的危害性是存在差别的：从犯罪起因上说，毒品所有者雇佣他人为其运输毒品，因而毒品所有者是犯意发动者，属于刑法上的教唆犯。而被雇佣者受雇于他人为其运输毒品，属于运输毒品的正犯，其参与犯罪具有一定的被动性。从牟利上来说，毒品所有者雇佣他人运输毒品的目的是为贩卖毒品牟取非法利益，这种利益是巨大的，而被雇佣者只是赚取少量的运输费，相对于毒品所有者其非法获利是较少的。从共犯关系上分析，毒品所有者应承担大于被雇佣者的刑事责任。最高人民法院2004年4月4日印发的《全国法院审理毒品犯罪案件工作座谈会纪要》指出："受雇于他人实施毒品犯罪的，应当根据其在犯罪中的作用具体认定为主犯或从犯。受他人指使实施毒品犯罪并在犯罪中起次要作用的，一般认定为从犯。"根据上述规定，受雇于他人这一情节还不足以认定其为从犯，同时还必须在犯罪中起次要作用。在这种情况下，雇佣者与受雇佣者共同实施犯罪的，尚可根据其在犯罪中的作用区分主犯与从犯。但在大多数情况下，雇佣者并不亲自实施犯罪而是在幕后指使，而受雇者一个人实施犯罪，并且只有受雇者归案，因而对受雇者是否为从犯往往难以做出认定。最高人民法院在唐友珍案中裁判理由确认为他人运输毒品比毒品所有者为本人运输毒品的主观恶性小，① 共犯的问题在此转化为主观恶性的问题。尽管在共同犯罪中只有一个被告人归案的情况下，如何认定主犯与从犯，尤其是在涉及死刑时，应如何进行裁量，是一个在法律上并未得到圆满解决的问题，但是，唐友珍案的裁判理由确认了，运输毒品如系为他人运输，其主观恶性明显小于为贩卖牟利而运输毒品的毒犯，因而一般不应处死刑立即执行的规则，具有重大意义。它不仅适用于运输毒品罪，而且可以推广适用于存在为他人犯罪与本人犯罪之区别的走私犯罪及由原罪而衍生的其他犯罪中。②

　　刑事政策在刑法适用活动中的自觉贯彻和忠实履行必然要求司法官树立理性的刑事政策意识，从诠释学和解释学的双重视角来审视刑事政策与刑法适用活动的关系。哲学诠释学对法律解释的启示，就其核心而言，在于它为法律解释与价值立场的关系提供了有说服力的理论工具：解释者不可能价值无涉，解释者均有是非感，是非感存在于先见、前理解之中，解释者的立场偏向就决定了不存在能

---

①参见最高人民法院编：《刑事审判案例》，法律出版社2002年版，第556页。
②在此，受陈兴良教授启发，陈教授认为此种规则包括运输毒品罪、走私罪，参见陈兴良：《受雇佣为他人运输毒品犯罪的死刑裁量研究——死刑来信引发的思考》，载《北京大学法律评论》（第6卷）。笔者认为，还应包括由原罪而衍生的犯罪，如窝赃罪、徇私枉法罪，等等。当然，具体情形尚有待深入研究。

普遍接受的要么对要么错的判决，只有通过理解者与作者的对话，在探究性造法解释中，才能达到一个合理的、可接受的、合意的结论。而传统方法论的解释学的致命弱点是将一切先见、前理解看作是正确理解的障碍，要求判断者心地无私，这既是误解又是苛求。诚然，先见、前理解中也有谬误，但消除它们的办法不是将先见从理解中彻底驱逐，而是不断地修正先见。[①] 刑事政策作为刑法适用活动中的间接法源、构成要件解释、实质违法性判断与有责性判断参照源，是从方法论的视角进行的研究，而从诠释学的视角出发，倡导司法官树立理性的刑事政策意识，以保障刑事政策得以自觉贯彻和忠实履行，则是本体论要求使然。刑法适用活动中的刑事政策，必须在方法论和本体论两个层面同时进行，两者不可偏废。

---

① 郑永流：《出释入造》，载《法学研究》2002年第3期。

论不同身份主体共同犯罪的完善*

一、案情简介

1994年1月，犯罪嫌疑人张某在 A 省 B 市开了美容美发店，在经营过程中和 B 市公安局刑警队长李某交往密切，李某多次为张某经营过程出面协调各种关系。犯罪嫌疑人王某与张某自幼在一起读书，二人称兄道弟。1994年8月8日晚上，张某从李某（涉嫌徇私枉法罪被立案侦查）口中得知王某因涉嫌贩卖人口罪被 C 市公安局抓获，张某遂将此情况告诉王某的家人，王某的家人请张某帮忙把王某保出来，张某积极活动，疏通关系。1995年8月下旬，张某携带王某家人给的1800元同 B 市公安局办案人员赴 C 市，以调查取证为由，想借助 B 市公安局的力量，将王某从 C 市带回来。到 C 市以后，张某和 B 市公安局另一名刑警赵某（涉嫌徇私枉法罪被立案侦查）商量对策，张某冒充警察身份与赵某一起提审王某，授意王某编造在 B 市有重大犯罪的事实，为使 C 市警方能将王某交由 B 市警方处理创造条件。张某经过协调，向 B 市和 C 市警方承办人多人多次请客送礼，花去将近1500元，其中，送给赵某现金300元。最后王某被顺利带回 B 市。王某被带回 B 市以后在看守所关押期间，张某多次找到李某、赵某等人想办法，后从赵某处得知如果王某有立功表现，便可以从轻处理，于是张某便和李某、赵某等人商量，由李某和看守所干警打招呼，让张某探监。张某遂利用探监之际，将此事透露给王某。王某遂向 B 市公安局提出自己有情况要反映，后王某协助 B 市公安局抓获一强奸犯从犯孙某。同年12月，王某被以"有立功表现，发展为特情"为由取保候审。在执法检查过程中，王某的事情被 B 市公安局干警检举，东窗事发。

承办本案的 B 市检察机关有两种分歧意见：第一种意见是，张某的行为符合

---

* 发表于《中国刑事法评论》2003年第3期。

介绍贿赂罪的客观特征。尽管其介绍贿赂数额不满2万元，但根据最高人民检察院1999年颁布的《人民检察院直接受理立案侦查案件立案标准的规定》（试行）之规定，"向司法工作人员介绍贿赂的"和"致使国家或社会利益遭受重大损失的"，可以介绍贿赂罪立案侦查，张某的行为构成了介绍贿赂罪。第二种意见是，张某促使公安人员徇私枉法的行为，社会危害性大，尽管其不符合徇私枉法罪特殊主体要求，但其与公安人员相互勾结，积极参与公安人员徇私枉法行为的策划，属于共同犯罪的帮助犯，应当以徇私枉法罪的共犯处理。第二种意见属于倾向性意见，但出于慎重起见，B市检察院准备逐级向最高人民检察院请求"就个案处理作出答复"，并就类似问题"作出司法解释"。①

二、共同犯罪立法的缺陷是寻求司法解释的实质原因

在我国刑法中，共同犯罪之"罪"的界定是不明确的。1979年刑法第2条第1款和修订后的刑法第26条第1款规定："共同犯罪是指二人以上共同故意犯罪。"从形式上看，刑法中这个关于共同犯罪的法定概念，为共同犯罪的定罪处刑提供了法律根据。但这个关于共同犯罪的概念，只解决了主体（二人以上）和主观罪过（故意）的问题，对于何谓共同犯罪之"犯罪"，却没有规定，令司法者茫然。如果共同犯罪之"犯罪"沿用一般犯罪之定义，那么也只是解决了实行犯，即正犯的定罪问题，而没有涉及共犯的定罪问题。而刑法总则的共同犯罪规定中，迫切需要解决的恰恰是共同犯罪的定罪问题，这在一般身份主体和特殊身份主体的职务共同犯罪中，显得尤其重要。

身份，即人的出身、地位或资格，作为刑法意义的身份，其本质则在于它对定罪量刑产生影响，所以刑法意义上之身份指刑法明文规定的行为人所具有的影响。对于司法实践中，一般身份主体的人员，能否和特殊身份主体构成共同犯罪，虽然我国刑法（仅在分则中）及有关司法解释已经有了一些规定，如贪污罪、保险诈骗罪的共犯规定，但这一问题在我国刑法理论和司法实践中仍有较大争论，导致此类型的案件在司法实践中存在很多困境。笔者简要分析一下关于贪污罪、职务侵占罪及挪用公款罪共同犯罪的司法解释情况。

我国刑法第382条第3款规定："与前两款的所列人员勾结，伙同贪污的，

---

① 客观地说，为最高人民检察院作出司法解释提供素材或蓝本是衡量检察工作的一项重要指标。这种出于司法中的"慎重"（实为底气不足）和"客观考评"的需要，形成了司法实务中对司法解释的过度依赖。

以共犯论处。"再结合 2000 年最高人民法院《关于审理贪污或职务侵占犯罪案件如何认定共同犯罪问题的解释》第 1 条和第 2 条的规定，我们不难发现，一般主体与特殊主体可以构成贪污罪或职务侵占罪的共同犯罪。

这种定罪方法适用的是以实行犯的性质来认定共同犯罪性质的标准。但是，最高人民法院司法解释第 3 条却令人费解："公司、企业或者其他单位中，不具备国家工作人员身份的人与国家工作人员勾结，分别利用各自的职务便利，共同将单位财物非法占为己有，按照主犯的犯罪性质定罪。"这一条则是以主犯的性质作为认定共同犯罪的标准。在同一个司法解释中出现双重原则有悖于法理，最高法院的该条司法解释确实值得商榷。因为案件的性质依犯罪的实行犯的行为性质来确定，认定是否构成真正身份犯以及构成怎样的真正身份犯，应当以有身份者所实施的犯罪构成要件的行为为根据，而不以谁在共同犯罪中所起的作用最大为转移。而以行为人在共同犯罪中的作用为标准对共同犯罪人分类的刑法理论，即"作用分类法"，按照陈兴良先生的说法，"是指我国《唐律》创立的共同犯罪人的分类法。它虽然圆满解决了共同实行犯的量刑问题，但它是在把教唆犯与帮助犯排斥于共同犯罪的范畴之外的基础上确立的，这就使它带有不可避免的狭隘性。正因为如此，作用分类法在当代通行的共同犯罪概念，即共同犯罪人不仅指实行犯而且包括非实行犯，不可能单独地成为共同犯罪人的分类法。"① 据此可知，行为人在共同犯罪中所起的作用大小是确定共同犯罪人种类的依据，而不是定罪的依据；主犯是在确定了共同犯罪性质的前提下认定的，并非先认定主从犯，后确定构成何种犯罪。按照为解决共同犯罪的量刑问题而划分的主犯与从犯来解决共同犯罪的定罪问题，显然不可能得出正确的结论。

那么，一般身份主体人员在构成贪污罪等职务犯罪的共同犯罪中，是否只能是教唆犯或帮助犯呢？陈兴良先生持肯定的观点，他说："具有特定身份的人与没有特定身份的人不能构成法律要求特殊身份为主体的共同实行犯，因为身份是犯罪主体的要素之一，身份决定着犯罪主体的性质，没有特殊身份的人不可能实施法律要求的犯罪主体具有特殊身份的犯罪的实行行为。"② 苏联刑法学者特拉伊宁也认为：在社会主义刑法体系中，关于非公职人员参与实施渎职应负责任问题，是不容怀疑的。但是，必须注意，渎职罪中的共犯毕竟有一些不容忽视的特

---

① 陈兴良：《历史的误读与逻辑的误导》，载《刑事法评论》（第 2 卷），中国政法大学出版社 1998 年版。

② 转引自黄凌：《认定一般主体和特殊主体共同贪污、侵占犯罪的几点思考》，载《广州检察》2002 年第 2 期。

点。问题的实质在于,非公职人员可以是渎职罪的组织犯、帮助犯或教唆犯,但是渎职罪中的执行犯却只能是公职人员。之所以有这个特点,是因为只有公职人员才是公务的执行者——公职人员自然也就是渎职罪的唯一实行犯。[1] 显然,仅仅停留在这种认识上还是不够的,因为在司法实践中,经常出现这么一种情况:不具有国家工作人员身份的人没有实施帮助或教唆行为,只是参与了共同犯罪的谋划。此种情况又应当如何处理?

1998年最高人民法院《关于审理挪用公款案件具体应用法律若干问题的解释》第8条规定,挪用公款给他人使用,使用人与挪用人共谋,指使或参与策划取得挪用款的,以挪用公款罪的共犯定罪处罚。这里的"共谋",不能简单地以"教唆或帮助"来概括。由此可见,现行刑法、司法解释及学理对职务共同犯罪的阐释存在一定的缺陷使其标准各异,支离破碎。

三、共同犯罪立法的重构

笔者认为,有必要引入一个"共谋共同正犯"的概念,来解释最高人民法院《关于审理挪用公款案件具体应用法律若干问题的解释》第8条之规定。在理论上,广义的共犯包括共同正犯(共同实行犯)、教唆犯、从犯。"共谋共同正犯"是指"二人以上就共同犯罪的实行进行谋议,确定担当实行行为者,在担当实行行为的一部分人实施实行行为的情况下,没有担当实行行为只是单纯参与谋议的人,也承担共同正犯责任的情况"[2]。我国刑法理论对于参与共谋,而没有实行行为的,通说观点持肯定看法,认为应当成立共犯犯罪。[3] 我国刑法学者林亚刚先生提出了"共谋共同正犯"成立的4个条件:第一,必须有共谋的事实。所谓共谋的事实是指就共同犯罪的实行进行了谋议。第二,必须是参与共谋而未实施实行行为。第三,参与共谋而未实行者可以是作为集团犯罪的组织、策划、领导的首要分子,聚众犯罪的组织、指挥、策划、领导的首要分子,也可以是一般共同犯罪中参与共谋而未实施实行行为者。但是,就一般而言,未实施实行行为者除了比较特殊的情况外,应当属于对共同犯罪具有影响力之人。第四,必须有具体实施实行行为者,并且未超过共谋之内容实施实行行为。如果引入

---

[1] 转引自黄凌:《认定一般主体和特殊主体共同贪污、侵占犯罪的几点思考》,载《广州检察》2002年第2期。

[2] 藤木英雄、板仓宏主编:《刑法的论争点》,有斐阁1987年日文版,第13页。

[3] 参见高铭暄、马克昌主编:《刑法学》上编,中国法制出版社1999年版,第294页。

"共谋共同正犯"这个概念，那么，最高人民法院审理挪用公款司法解释第 8 条将得到合理的解释，本文开头所援引之案例的疑问也必将迎刃而解。一开始，张某冒充警察和刑警赵某一起去提审犯罪嫌疑人王某的行为无疑是属于徇私枉法罪的共同犯罪，张某是帮助犯。后来，张某和赵某、李某商量让王某取保候审的商量行为如果没有后来事态发展到张某出面去探监和王某商量对策的行为，则张某此前的行为显然属于"共谋共同正犯"的行为，如果用"组织犯""帮助犯""教唆犯"来定义张某和赵某、李某商议、谋划的行为，显然不具有说服力。可见，职务犯罪中的共同犯罪也有共谋共同正犯，但这种实行犯不可以脱离正犯而单独存在，也就是说，认定职务共同犯罪在一般情况下应当以实行犯的犯罪来定罪，即实施了何种符合刑法构成要件的行为，同时兼顾职务共同犯罪的身份要求。最后，张某探监授意王某检举揭发他人的行为，应认定为一种帮助行为，即故意提供信息，协助李某、赵某共同实施徇私枉法的行为。但是，在职务共同犯罪中，一般主体身份人员也不排除共同实行行为（即构成共同共犯）的可能。比如，某监管人员为了教训不服监规的某犯人甲，对另一犯人乙说要其好好教育一下甲，该监管人员在一次犯人劳动过程中，有意将甲、乙安排在一起，乙将甲打成轻伤，当时甲也曾求救于该监管人员，该监管人不予理睬，显然，乙的行为在犯罪当中起了主要作用，对该案笔者认为，就应当考虑该监管人员利用监管犯人的便利条件实施犯罪，而将此案定性为虐待被监管人员共同犯罪来处罚。甲的行为属于什么情形呢？无疑是犯罪构成客观方面的实行行为，而不是共谋、组织、教唆或帮助行为。退一步说，即使一般主体身份人员不可以构成"实行犯"，但是，一般主体身份人员，可以有共同犯罪的实行行为，"实行犯"和实行行为毕竟是有区别的，前者描述性质，是一种定义或概念，后者侧重于描述动态过程，是一种状态。

四、结语

每一种犯罪都有成立共同犯罪的可能，如果对此在刑法分则中逐一加以规定，势必使刑法条文冗长繁琐，出现不必要的重复。而且，从对个别共同犯罪加以惩罚，到共同犯罪发展为一种刑法制度，正是刑法进化的结果，有其历史必然性。所以，在刑法总则中对共同犯罪加以规定，使其适用于刑法分则规定的各种犯罪，这不仅减轻了刑法条文的繁缛，而且便于司法实践。当前，司法实践中有这么一种倾向，不少司法者一遇到疑难案件，便寻求高层的司法解释。不可否认的是，司法解释确实在一定程度上担负着弥补立法的粗略和滞后的使命，解决了因法律过于粗疏而带来的难以适用的问题。但是，由于司法解释存在着不具体性、不及时性，以及它难以对法律的适用提供切实可行的标准，司法解释也并非弥补法律缺漏之良方，同时，实务部门对于司法解释的过分依赖将导致司法者不能或不愿意去深入探寻立法精神，司法者成了机械适用法律的工具，其主观能动性在无形中被扼杀了。不同身份主体共同犯罪并不是指某一具体犯罪，它并不是某一具体犯罪性质的表述，而是对若干种具体犯罪的归类，反映了这类犯罪的组成形态即犯罪形态。根据修改后刑法的规定，可能构成这种犯罪的条款很多。但从目前我国现有的立法和司法解释的情形看，相关的规定却很少。这样，对许多的共同犯罪的定性就难以把握。为此，应对共同犯罪的刑事立法进行修改，从根本上解决司法实践中的问题。笔者建议，将共同犯罪概念修改为："共同犯罪是指二人以上共同故意犯罪（包括实行行为、共同实行行为、共谋行为、组织行为、教唆及帮助行为）。"当然，对各种共犯形态的量刑可以作进一步的探讨。

最高人民检察院法律政策研究室关于非司法工作人员是否可以构成徇私枉法罪共犯问题的答复

【发布部门】最高人民检察院

【发文字号】[2003] 高检研发第11号

【发布日期】2003.04.16

【实施日期】2003.04.16

【效力状况】现行有效

【效力级别】司法解释

江西省人民检察院法律政策研究室：

你院《关于非国家机关工作人员是否可以构成徇私枉法罪共犯问题的请示》（赣检发研字[2002] 7号）收悉。经研究，答复如下：

非司法工作人员与司法工作人员勾结，共同实施徇私枉法行为，构成犯罪的，应当以徇私枉法罪的共犯追究刑事责任。

此复。

《联合国反腐败公约》履约审议机制：
最新进展及其对中国反腐败的启示*

摘　要：《联合国反腐败公约》建立了新的履约审议机制，这种机制既是对公约实施履行情况的监督机制，也是法治评估模式的创新。从宏观层面看，履约审议机制的实施将对中国反腐败的工作格局、职权配置、运行模式以及法学研究产生深刻影响。

关键词：履约审议机制；评估；应用

一、履约审议机制的最新进展

腐败是全球面临的共同问题，腐败犯罪的治理需要区域性乃至全球性的集体行动。为加强反腐败的国际合作，20世纪90年代以来，联合国大会在预防和打击腐败犯罪方面先后通过了一系列的决议和宣言。第五十八届联合国大会于2003年10月31日审议并通过了《联合国反腐败公约》（以下简称《公约》）。中国政府于2003年12月10日签署该公约，2005年10月27日全国人民代表大会常务委员会表决通过了关于批准《公约》的决定，2006年2月12日《公约》对中国正式生效。

《公约》建立了国际预防和惩治腐败犯罪的五大法律机制，即预防机制、定罪与执法机制、国际合作与执法合作机制、资产返还与追回机制、履约监督机

---

*本文为作者与江西省赣州市人民检察院姜昊昂检察官合作。在此特别感谢2012年6月16日中国社会科学院国际法研究所举办的"中国国内法与《联合国反腐败公约》的衔接：成就、问题与对策"会议上诸位专家、学者（特别是张坚先生）的发言给本文写作带来了启迪。发表于《中国刑事法杂志》2013年第1期。

制。就《公约》的实施监督机制而言，2010年前，《公约》的实施情况相关信息完全由各缔约国自行反馈。对《公约》实施情况监督的基本模式为：首先，由缔约国会议确定评估项目，并制作综合性评估表；其次，各缔约国自身对照评估表所确定的项目进行自我评估，并得出评估结论；然后，各缔约国将上述评估结论以报告形式呈交缔约国会议；最后，缔约国会议对照前期评估表所确定的项目全面审查各缔约国的评估报告。此种评估模式有利于各国根据自身情况的不同进行差异化的评估，评估效率高，反馈的评估信息体现各国的具体特点，有利于本国从实际出发解决自身问题。但这种评估模式天然的缺陷在于缺乏有效的约束力和强制力，造成了各国自我监督的尴尬局面，不利于《公约》的有效实施。从微观层面而言，有的具体措施实施力度不强，个别条款实施情况出现了倒退。例如，相关调研显示：《公约》第53条所确定的措施被各缔约国报告部分执行的比例下降，而同期报告未执行的比例却上升。与此相似，《公约》第55条被各缔约国报告遵守的比例下降，而同期报告未遵守的比例却上升。[1] 从宏观层面而论，提交自评报告的比例低，总体实施情况不佳。截至2009年6月8日，向缔约国会议呈交评估报告的缔约国比例仅为53%，其中亚洲、非洲国家的比例更低。[2]

　　法律的生命力在于执行，客观和准确地评估《公约》的实施状况就成为一种现实需要。2010年以来，为解决《公约》在实施方面的问题，履约审议机制应运而生。这是缔约国会议落实《公约》实施机制的重要举措。新建立的履约审议机制的基本模式为：首先，抽签选定接受审议的缔约国；其次，被选定的受审议缔约国需提供已改进的综合性自我评估清单；然后，由另外两个缔约国对当年选定的受审议国进行国别审议；最后，国别审议结束后，审议缔约国提交国别审议报告。其基本规则为：第一，以五年为周期，每周期的前四年每年审议四分之一缔约国；第二，前一周期审议"定罪和执法"和"国际合作"两方面内容，后一周期审议"预防措施"和"资产追回"两方面内容；第三，受审议缔约国应该介绍对前几份审议报告中提及意见的落实情况。由此可见，新的履约审议机制具有"自律"和"他律"相结合的特点，既要求受审议缔约国提供综合性自我评估报告，又要求其接受审议缔约国的监督，一方面让各国自我监督，提高了监督的效率和针对性，另一方面让他国外部监督，增强了《公约》的强制性和

---

[1] 何增科：《国际社会反腐败的新进展：以〈联合国反腐败公约〉及其实施评估为视角（下）》，载《北京行政学院学报》，2012年第2期。
[2] 同[1]。

约束力，同时，不同国家间的相互审议也有利于各国之间相互学习、借鉴成功的经验，以更好、更准确地适用《公约》。

综上所述，可以看出，履约审议机制是保障和监督机制，与其他四项机制存在有机的联系。预防机制、定罪与执法机制、国际合作与执法合作机制、资产返还与追回机制与履约监督机制之间是相辅相成、不可分割的关系。前四项机制是《公约》为反腐败而制定的具体措施，履约监督机制是为了落实前四项机制而制定的保障措施，前四项机制在实施过程中遇到的新问题、提出的新挑战又促进了履约监督机制自身不断完善，两者之间形成良性的互动关系。

二、履约审议机制：法治评估模式的创新

在法律的实施监督中，法治评估是一种重要的形态和技术工具。就国际层面或域外的视角来看，出于全球经济化和法治本身发展的需要，特别是 20 世纪 90 年代以来，国际层面的法治评估活动日益频繁。

从 1996 年起，世界银行每年会发布《全球治理指数报告》，在报告中，世界银行会评估各国的法治状况并计算相应的法治指数，并以此作为全球治理指数的核心内容。这份报告已经成为衡量世界各国政府施政水平的重要参考依据之一。

全球治理指数，其核心是"治理的含义"，治理是指"一个国家权力运行的传统和机制"，法治是治理这一大概念下的具体指标之一。《全球治理指数报告》是通过计算法治这一概念下的具体指标得到法治指数的，在设置评估法治这一抽象概念的下位指标时，报告尽可能地选取具有明确性和可观测性的变量，从而实现了对法治指数的计算的可能性。为计算法治指数而设置的指标包括世界经济论坛全球竞争力报告（GCS）、盖洛普世界调查（GWP）等对法治的多样化理解。全球 30 多个不同组织为全球治理指数设置的上百个个体变量提供数据，同时，为保证报告对法治认识的全面性和代表性，在对指数的计算过程中，对于其中一些指标的计算，世界银行还采取了公司和家庭调查问卷，不同种类商业信息公司、多边国际组织和非政府组织等公共机构的主观评估等多种形式。目前，该报告已经成为衡量不同国家政府施政水平的一个重要依据。

2007 年，美国律师协会创建了世界正义工程（WJP），此时世界正义工程是美国律协的一个下属的分支机构。2009 年，世界正义工程独立出来，成为一个非营利性机构。为了跟踪测量不同国家在较长时期内法治水平的变化过程及法治化水平的程度，世界正义工程设计了一套量化评估工具，以期节约、高效、强力

地衡量各国法治化水平。

维拉司法研究所和阿尔特斯全球联盟主持对世界正义工程法治指数的研究，并共同设计了一整套具体的变量来详细评估法治这一抽象概念。在法治可靠性指标的择取上，一方面，世界正义工程的逻辑立足点在于对人性的理性怀疑与对权力的滥用的担忧，这沿袭了传统的西方法治理念；另一方面，世界正义工程希望设计出具有普适价值的可靠性指标体系。该体系通过宏观原则和微观变量两个层面的考核，基本实现了对法治的可靠性评估。[1]

当前，世界各国无不将法治作为自身关注的焦点，而对于本国法治建设水平和进程的评估路径选择是一项基本的任务。从全球一体化角度而言，综合性评估范本已经成为考量、评判一国投资环境的重要工具，如上所述两种评估范本，其影响力与日俱增。但是，一国的法治建设必然囿于该国特定时期的社会发展情况，因此，上述两种范本并没有很好地兼顾各个国家共性和异性的特点，而只在可靠性指标的择取上具有参考价值。

2010年以前，《公约》的实施监督制度存在着诸多不足，其约束力和强制力等方面亦存在一定的缺陷。2010年以后，履约审议机制具有强制性和灵活性相结合的特点。一方面，缔约国会议集体决定具体的履约监督问题，与有独立的拥有广泛权力的独立委员会或专门小组的评估模式相比，具有一定的灵活性，符合广大发展中国家的利益要求。另一方面，一旦有缔约国提供信息，缔约国会议必须接受并采取有效的方法，这就限制了缔约国和缔约国会议的自主权，具有相当的强制性。这种法治评估模式的基本内涵可从以下角度做一略述。

（一）尊重缔约国主权和平等

瑞士国际法学家瓦特尔在18世纪中叶出版的名著《万国法》中，根据自然法的观点阐明了国家主权平等原则。他说："由于人是自然平等的，他们的天赋权利和义务是一样的，国家作为人的集合体是自然地平等的，赋有同样的义务和权利，国之强弱在这方面没有关系。一个侏儒和一个巨人同样是人。一个小小的共和国和一个强大的王国同样是主权国家。由于平等的必要的结果，凡一个国家被允许做的事，一切其他国家也被允许做，而凡一个国家不被允许做的事，其他国家也不被允许做。"

《公约》履约机制，是对各国履约的实施监督机制，也是最容易发生侵犯缔

---

[1] 钱弘道、戈含峰、王朝霞等：《法治评估及其中国应用》，载《中国社会科学》2012年第4期。

约国主权和平等原则的环节。《公约》履约审议的过程中,充分地尊重缔约国主权,平等地对待每一个缔约国,通过对话与协商帮助缔约国更好地履行条约义务,是其题中应有之义。反之,离开对话与协商,将履约审议机制演变为评判缔约国反腐败状况的手段和对缔约国施加政治压力的工具,不仅缺乏法律依据,还会因失去与缔约国的合作,最终可能导致《公约》被束之高阁。从《公约》适用的法律效力这一源头上看,在国际法上,中国批准了《公约》,表明我国自愿缔结该条约并接受其法律约束。我国必须善意履行条约的各项内容,不能依国内法之缘由对其进行抗辩。但是,缔结《公约》并不意味着《公约》可以在中国国内直接适用。从公认的国际法规则来看,我国以何种方式适用《公约》是由我国的主权决定的,并由国内法加以规定。因此,在适用《公约》时,也应该尊重国家的主权与平等。

(二)履约审议针对的是政府或国家反腐败事务,对于私营、非政府组织等利益相关方的参与或影响并非直接性的

不可否认,越来越多的非政府主体参与到社会管理和反腐败活动中,例如,世界银行在计算全球治理指数过程中,也会收集非政府机构的主观评估报告、调查问卷等。但是,在履约审议活动中,国别之间的审议采取审议国书面审议受审议国评估报告或审议国政府访问受审议国政府等形式,① 不与私营、非政府组织等利益相关方直接接触,而后一种形式必须经过严格的审批程序。当然,在履约审议自我评估过程中,非政府主体的参与能够使得履约审议评估不仅能从不同侧面反映出对报告中变量的评估,甚至可以提出一些政府部门没有关注的新变量,增加报告的完备性。此外,评估报告结果对这部分主体的绩效评估影响不大,使得评估报告的信度有更好的基础。

(三)审议结果的非惩罚性、非侵犯性,不对履约机制情况进行任何形式的排名

在对各缔约国进行履约情况审议后,在和缔约国进行充分商量的基础上,将形成国别审议报告,对于国别审议报告摘要,缔约国可以自行决定是否公布以及公布什么内容。在此,很重要的一点是,不对缔约国履约情况进行任何形式的排名。这不仅是尊重各国主权和平等的表现,也是促进各国不断改善反腐败形势的要求。对履约审议情况进行排名,其危害是严重和深远的。任何形式的排名不仅

---

① 何增科:《国际社会反腐败的新进展:以〈联合国反腐败公约〉及其实施评估为视角(下)》,载《北京行政学院学报》2012年第2期。

有可能扰乱各国推进反腐工作进程，而且还有可能严重误导各国公众和政府，极易诱发各国恶性攀比的状况，误导各国政府制定反腐败决策，助长各国政府追求大跃进式发展反腐工作的急功近利行为和弄虚作假的不正之风。所以，对各缔约国履约审议的结果要体现一种非惩罚性、非侵犯性的要求。非惩罚性表现在，无论受审议缔约国履约审议情况如何，不得对受审议国施加任何形式的惩罚或制裁；非侵犯性表现在，无论受审议缔约国履约审议情况如何，不得侵犯其主权，越俎代庖，以强权政治、霸权主义强行推行他国模式。

（四）在履约审议过程中充分考虑各国在法律、政治、经济、文化和社会制度方面的多样性和法律传统的差异性

一方面，全球不同区域经济发展的不平衡性，决定了在履约审议过程中必须考量区域经济发展的差异。经济基础决定上层建筑，不能以经济高度发达区域对履约情况的标准来约束经济相对落后地区。另一方面，履约审议机制在容量和维度上应该兼顾上层建筑的多样性和差异性。在落实《公约》要求的具体任务时，应积极回应不同国家对履约差异化对待问题的关切，根据不同国家法律、政治、经济、文化和社会制度方面的多样性和法律传统的差异性，从标准层面科学安排审议的容量和维度，加强宏观审议机制和不同国家审议内容之间的整合与衔接，减少审议内容的交叉与重复，进而减少审议内容总量。通过进一步明确价值性变量的内涵和要求，差异化地限制评估维度，保证评估有序、高效地进行。

完善履约审议机制的过程，也有赖于技术措施的相互呼应。特别是各国在提供综合性的自评报告时，由于经验、文化等方面存在的差异，缔约国和受审议国对于反腐败知识和技术工具方面的需求比较活跃，缔约国会议及其秘书处针对报告中各国在综合性自评报告中提到的技术援助需求及时予以了回应和跟进，制定了诸多指南性文件，开发了各种技术工具，这些技术因素和上述情况结合起来，有望使《公约》履约审议机制成为当代国际法治评估的新样本。

三、履约审议机制对中国反腐败的启示

《公约》规定，所有缔约国都有义务接受审议和审议其他缔约国，我国将于2013年至2014年接受第一周期审议。通过考察、比较、研究域外的法治评估实践，分析履约审议机制的内涵和特点，笔者认为，履约审议的最新进展对于中国反腐败的启示主要有以下几点：

（一）反腐败工作格局由政府主导一元格局向一元多极方向转变

长期以来，我国反腐败的工作格局是由政府主导的一元体制，社会公众参与不足、社会监督缺乏。造成这种局面的原因是多方面的。其一，腐败群体权力私有化大大阻碍反腐败策略和措施的施行，使得公众反腐阻力增大。其二，民间"潜规则""熟人社会"文化使得腐败成为惯常化的社交活动的内容之一，公众反腐意识削弱。其三，对腐败的危害性认识不足，公众反腐积极性低。笔者认为，政府反腐败机构有能力主导打击反腐败斗争的发展，但囿于现实条件，有时可能无法及时、高效、全面地收集腐败犯罪的证据。政府反腐机构通过合理整合社会公众力量，不断提高打击腐败犯罪的能力，将公众的反腐热情加以理性引导，必将使其成为推动反腐工作的又一着力点。《公约》第13条规定："各缔约国均应当根据本国法律的基本原则在其力所能及的范围内采取适当措施，推动公共部门以外的个人和团体，例如民间团体、非政府组织和社区组织等，积极参与预防和打击腐败，并提高公众对腐败的存在、根源、严重性及其所构成的威胁的认识。"我国应该更加重视反腐败工作的社会参与力度，把社会公众参与作为反腐败工作的重要一环，明确社会参与主体，提高社会参与积极性，增加社会参与渠道，完善举报机制，发展社会参与措施，以此摆脱社会参与反腐败困境，建立健全社会新型反腐工作机制。

（二）反腐败工作职责由复合型、混沌型向专业化、明确化方向转变

1990年9月7日，联合国大会通过了《关于检察官作用的准则》。其中，确认了检察官在刑事诉讼中享有调查权（侦查权）："检察官应在刑事诉讼，包括提起诉讼和根据法律授权或当地惯例，在调查犯罪、监督调查的合法性、监督法院判决的执行和作为公众利益的代表行使其他职能中发挥积极作用。"目前，我国反腐败机构设置比较复杂，纪委、监察和检察机关都负有反腐败工作的职责，同时这些部门兼具打击和预防双重职能。单纯从技术上而言，集打击和预防于一身的角色定位在法理上尚需进一步的证成。我国反腐败机构的构建总体思路或许可以为：对于预防腐败工作的统一协调应该由预防腐败局负责，对于打击腐败犯罪的专门工作应由检察机关负责，纪检、监察部门侧重于对违反政策、政令的行为进行查处。形成这种思路是基于以下几点因素：首先，预防腐败局的预防腐败职能和统一协调作用。2007年9月13日，我国成立预防腐败局，负责全国的预防腐败工作的组织协调、综合规划、政策制定和检查指导，以增强预防腐败能力，协调各部门预防腐败的相关工作，形成预防腐败的整体合力。其次，人民检

察院法律监督的宪法地位和法律所赋予的职能决定了应由检察机关专司打击腐败犯罪的工作。一方面，检察机关自侦案件中大部分是腐败犯罪，根据刑事诉讼法规定，检察机关已经对这部分案件具有侦查权。另一方面，检察机关的宪法地位相对比较独立，法律手段比较完备，使得其成为专门打击腐败犯罪的机关具有了现实的可能性。再次，腐败预防机构和打击机构的相对分离符合"监督者与被监督者保持一定距离"的法理逻辑和监督规律，对于反腐败工作绩效评估的科学化也将起到十分重要的作用。

（三）反腐败工作思维、视野及领域由国内向全球化反腐败的交流与合作转变

随着经济全球化的发展，腐败犯罪越来越呈现复杂化、有组织化、跨国化态势。腐败犯罪分子外逃，已经成为世界各国腐败犯罪分子躲避法律制裁的常态化方式。缺乏跨国打击腐败犯罪的合作机制，会使腐败犯罪形势愈加严峻。因此，加强全球反腐败的交流与合作，既是惩治腐败犯罪的情势所迫，又是世界各国的共同认识和追求。《公约》是迄今为止关于治理腐败最完备且具全球性、综合性和创新性的国际法律文件，不仅为国际社会加强反腐败的交流提供了借鉴范本，而且在世界各国合作打击腐败犯罪方面有了新的突破。首先，《公约》在国际司法合作方面有了新的规定。例如，附条件不遵循双重可罚性原则引渡，缔约国之间侦查、起诉、审判的司法协助。其次，《公约》对于国际执法合作有新的做法。例如，缔约国互通腐败犯罪情报，缔约国执法机构直接签订双边或多边协定等。最后，为打击腐败资产转移犯罪行为，《公约》规定了资产追回机制。同时，《公约》中的履约审议机制也是国际交流的重要组成部分。缔约国之间的相互审议，无疑会加强各国反腐败经验与技术的交流，促进各国反腐败措施的全面发展，协调各国国内法与国际法的接轨和融合。

（四）反腐败工作由运动型、政策型向常态化、法治化的宏观方向转变

在我国，反腐败工作除了依照法律之外，其中重要的一点就是根据刑事政策和策略来调整，在工作方法上，还偏好于"运动"的方式，在法律界限上，政策的指导功能与法律原则、法律规则之间相互交织适用。在特定的历史时期，政策型、运动型的反腐机制对打击腐败犯罪发挥了一定的作用，但是，反腐败工作是一项长期的工程，任重而道远，新时期腐败犯罪的严峻形势对反腐败工作的开展提出了更高、更新的要求，前述机制也就理所当然地功成身退。《公约》提出了一系列前瞻性的反腐理念和机制，在反腐败政策和策略上表现为一定的稳定性

和成熟性，因此，我们必须认真研究总结运动型、政策型反腐败工作的有益经验和教训，逐步实现由运动型、政策型的反腐败工作模式向常态化、法治化的方向转变。

（五）反腐败学术研究由"立法中心主义""法条主义"向"司法中心主义""实证研究"转变

履约审议机制将推动中国法学研究由"法条主义"转向"实证研究"和交叉学科的研究，形成从"立法中心主义"到"司法中心主义"的转变。2010年，中国特色社会主义法律体系如期形成，但对照《公约》的要求，在立法层面，还有必要进一步加强国内法与《公约》的衔接，因此，就学术研究而言，立法层面的研究还存在一定的空间和必要性。但是，立法工作具有长期性、复杂性、系统性等特点，牵涉社会各个方面，而在"有法可依"已经基本实现的今天，学术研究的重心更应放在"执法必严"。如何在打击腐败犯罪的斗争中更好地执法，是当前反腐败学术研究的重要课题。这需要在研究的方法上，实现从"法条主义"向"实证研究"和交叉学科研究的转变。

挖掘《天工开物》内涵，打造创新人文 IP 高地[*]

党的二十大报告强调要"培育创新文化，弘扬科学家精神，涵养优良学风，营造创新氛围"。明代宋应星及其《天工开物》在世界科技史上具有十分重要的地位，被誉为"中国十七世纪工艺百科全书"，对欧洲工业革命起到重要影响，是中华民族与世界命运与共、促进世界大发展大融合的典型代表及重要体现。纵观这部世界科学巨著，蕴含着源远流长的创新文化和经世致用的实学思想，对于当下我们培育创新型企业家，建设创新型国家，推进中国式现代化，无疑具有重要现实意义。为此，有必要深度挖掘宋应星及其《天工开物》的时代内涵，系统整合现代科技创新元素，集成打造天工开物科技研学路线；聚焦中国科普活动及其规律的战略研究，创建天工开物中国科普读物"云"集散地；依托江西世界 VR 产业大会，在南昌未来科学城、《天工开物》成书地江西分宜县、宋应星故里江西奉新县举办天工开物中国科普常设论坛；创造条件成立天工开物研究院和基金会，促进学术研究和产业发展高效联动和深度融合，努力将江西打造成为中国乃至世界的创新发展人文 IP 高地。

一、《天工开物》在世界科技史上的重要地位

宋应星的《天工开物》是世界上第一部关于农业和手工业生产的综合性著作，被誉为"中国第一部关于农业和手工业生产技术的百科全书"。《天工开物》书中蕴含的"天工开物"思想也十分具有创新意义，它强调人与天（自然界）相协调、人工（人力）与天工（自然力）相配合，通过技术从自然界中开发出有用之物。

---

[*] 文章相关内容以"用活'天工开物'，打造江西科普品牌"为题，发表在 2022 年 4 月 13 日《江西日报》"学与思"（理论版）。2023 年 12 月获得江西省社会科学联合会、中共新余市委、新余市人民政府天工开物文化学术研讨会三等奖。

《天工开物》在世界科技史上占有十分重要的地位。英国生物学家达尔文很推崇《天工开物》，将其称为"权威著作"。当代英国科学史家李约瑟在《中国科学技术史》中，用丰富的史料和深入的分析，系统论述了中国古代科学技术的辉煌成就和对世界的贡献。李约瑟称《天工开物》为"中国十七世纪的工艺百科全书"，还说宋应星是中国的阿格里科拉、中国的狄德罗。

有关宋应星《天工开物》文本的传播与研究，历经波折。据中国国家图书馆副馆长、中国国家古籍保护中心副主任张志清考证，宋应星有一位同代知音涂绍煃（伯聚），不但与宋应星和宋应昇兄弟两次同科会试，还帮助宋应星刻印了《天工开物》，国家图书馆收藏的一部崇祯十年（1637）刻本《天工开物》，就是涂绍煃出资刻印的。至有清一代，由于《天工开物》书中多有"犯讳"，同时宋应星在《天工开物·自序》中说"此书于功名进取毫不相关也"，自然也不会受到清代朝廷及士大夫的关注，因此《四库全书》未收录《天工开物》，《天工开物》在不重视科技工艺的清代逐渐湮没无闻。但与国内不同的是，《天工开物》从清初陆续由中国商船运到日本口岸长崎，学者竞相引用，以致名声大振。日本实学派学者佐藤信渊甚至依据宋应星《天工开物》思想，提出富国济民的"开物之学"。《天工开物》不仅传播至日本，也风靡欧陆。法国巴黎皇家文库早在18世纪即入藏《天工开物》。李约瑟将宋应星称为"中国的狄德罗"，认为《天工开物》可与狄德罗主编的18世纪法国百科全书（即《科学、艺术和工艺详解词典》）匹敌。

20世纪后，《天工开物》的英、日全译本都得以出版。2011年，德国学者薛凤用英文写的《开万物之技艺·17世纪中国的知识与技术》在美国出版，介绍宋应星及其著作给人类留下的技术和精神遗产，引起当代西方学界对《天工开物》的热烈关注。当《天工开物》在日欧传播的时候，这部典籍的出版在国内中断了200余年。清末民初，伴随西学东渐，有识之士开始关注宋应星和《天工开物》。从1914年到1927年，丁文江用13年寻找《天工开物》，终于使这部典籍重新回到国人视野中。

在中国现代科学史家里，中国科学院研究员潘吉星先生可谓国内研究宋应星及《天工开物》的翘楚，他出版了一系列关于宋应星及《天工开物》研究的鸿篇巨制。中山大学哲学教授杨维增于1987年写了《天工开物新著研究》《宋应星思想研究及诗文著译》。江西本土研究专家谢先模、徐钟济、王咨臣等围绕着宋应星生平及著作进行了深入研究。进入21世纪，学术界对宋应星及《天工开物》的研究转向对国外研究的"再研究"，典型的有北京科技大学科技史与文化遗产研究院张学渝博士于 2016 年公开发表的《宋应星知识生成记——〈工开万物〉评述》。整体来看，近几年来，国内外关于宋应星及《天工开物》的深度研究出现了"断层"。与学术研究形成鲜明对比的是，关于宋应星及《天工开物》的科技人文传播异军突起，发展势头良好。2021 年 3 月，在宋应星《天工开物》传回中国 100 年后，《天工开物》走上戏剧舞台，通过电视专题节目《典籍里的中国》走进国人心里。

二、宋应星及其《天工开物》的内涵

习近平总书记指出："面对日益激烈的国际竞争，我们必须把创新摆在国家发展全局的核心位置，不断推进理论创新、制度创新、科技创新、文化创新等各方面创新。"进入新时代，我国的科技创新发展既面临着新科技爆发式增长带来的机遇，但也面临着"卡脖子"技术频繁出现带来的挑战。我国虽已在强化国家战略科技力量，完善科技创新体制机制，激发人才创新活力等方面取得了巨大成果，但在全社会的创新意识、尊重科学和科学家的风尚与机制等方面还有不小的提升空间。

《天工开物》是中国古代科技的重要标志性成果之一。《天工开物》在历史传承中几乎湮灭的坎坷命运，是旧中国不重视科技人才和科学技术，最终走向积贫积弱、被动挨打的缩影；《天工开物》的价值被重新发现、传播弘扬的历史，也是国人筚路蓝缕、艰苦奋斗、逐步找回文化自信的现代中国的缩影。不仅如此，宋应星所展现的敢为人先的创新精神、孜孜不倦的求知精神、严谨治学的求实精神和淡泊名利的奉献精神对今天的我们仍有现实指导意义。

深度挖掘宋应星及其《天工开物》对当代中国科技发展的"精神动力"有特殊的价值和意义。英国科学史学家李约瑟在《中国科学技术史》中提出了所谓的"李约瑟之问"："尽管中国古代对人类科技发展做出很多重要贡献，但为什么科学和工业革命没有在近代的中国发生？"针对所谓的"李约瑟之问"，中国学者江晓原教授认为，当下的中国学者应该避开近代西方的话语体系，"换一种思路看待中国古代的技术成就"。王伯鲁教授认为，工艺源于手艺，是在长期的手工业生产实践经验摸索、技巧累积的基础上形成和发展起来的，也是工业生产流程及其产品科学化、标准化、高效化的产物。进入 20 世纪以来，在科学与技术既高度分化又高度综合的历史背景下，在工艺学基础上相继分化衍生出技术科学与工程科学形态。如果我们把宋应星及其《天工开物》放在中国乃至世界的时空中加以考察，《天工开物》的面世正是纵横中国古代与近现代、联结中国与世界科技的重要标识，宋应星是当之无愧的中国科技探索的先驱。《天工开物》是中国古代技术成就之集大成者，应该成为科学技术发展的东方叙事重要题材。我国要成为世界主要科学中心和创新高地，厚植创新文化沃土至关重要。如果能够以宋应星及其《天工开物》为视窗或平台，深度整合中国古代及近现代科学家及其科技贡献，对于进一步凝练中华民族的科学家精神和创新精神未尝不是一次有益的探索。

可以说，宋应星及其《天工开物》在我们大力弘扬科学家精神、推动创新发展赶超世界发达国家科技的今天，具有独特的价值，值得我们深入挖掘。

三、用活《天工开物》，打造中国创新发展的人文 IP 高地的若干建议

IP 是现代文化产业界的一个新名词，伴随着新媒体的崛起，文化 IP 已经成为一种文化产品之间的连接融合，有着高辨识度、自带流量、强变现穿透能力、长变现周期的文化符号。我们建议，紧紧围绕宋应星及其《天工开物》的历史背景、内涵意蕴等，以更具辨识度、吸引力和竞争力的方式弘扬创新发展和科学家精神，打造一个中国乃至世界的创新发展的人文 IP 高地。

第一，系统整合现代科技创新元素（包括但不限于科学家场馆、科普基地、科研院所、高科技企业等），集成打造宋应星《天工开物》科技研学路线。以宋应星《天工开物》江西科技研学线路为例，我们在深入挖掘宋应星及《天工开物》时代价值的同时，可以将詹天佑、吴有训、袁隆平、潘际銮等赣籍科学家与江西省的传统文化、旅游资源有机融合，对科技创新和科学家精神进行溯源，探索在革命老区创新发展的人文传播新路径。

第二，聚焦中国科普活动及其规律的战略研究，创建宋应星《天工开物》中国科普读物"云"集散地。依托江西世界 VR 产业大会，以举办宋应星《天工开物》中国科普常设论坛为抓手，建设宋应星及《天工开物》交流平台，吸引国内甚至国际上的科普名家参加论坛，通过线上线下相结合的模式推进科普读物、资讯的传播，发行宋应星《天工开物》数字藏品，围绕科技创新、科学研发、科技成果转化等，全方位、全链条构建创新发展服务体系，提供优质高效的服务产品。

第三，创造条件成立宋应星天工开物研究院和基金会，促进学术研究和产业发展高效联动和深度融合。建立专家、政府和企业沟通平台，加大对宋应星及

《天工开物》的综合性、系统性、基础性研究，积极推动研究成果的交流推广、社会性转化应用和创新性开发工作。

第四，活化利用宋应星及《天工开物》IP，在宋应星家乡奉新县宋埠镇，打造一个集吃住游教娱于一体的大型文旅集散地。可围绕"天工开物研究院＋国际科技交流中心＋历史文化村落旅游＋科普文教中心"等主题开展，建设国内具有竞争力的特色文旅产业区和国际科教交流融合示范区。

关于天工开物犯罪学（派）的构想

【按语】 本文在结构安排上，置于拙著的末尾，与上一篇关于宋应星《天工开物》的智库报告相互呼应。关于宋应星《天工开物》的研究，旨在打造中国宋应星天工开物科技人文IP，本文的研究似乎与之关联度不够，然细观之，仍可循其脉络。关于中国犯罪学派，笔者自2005年考入中国政法大学攻读刑法学专业犯罪学方向博士学位以来，一直保持着对中国犯罪学学科体系、学术体系、话语体系的思考和探索。就犯罪学而言，在总结提炼"枫桥经验"的基础上，中国"枫桥学派"已经初步形成；在风险社会理论、社会系统理论的催化作用下，"风险刑法"风靡学术界特别是法学界。笔者提倡中国宋应星天工开物科技人文IP建设与法律教育背景的关联，就在于深入思考科技与社会发展、法律变迁特别是犯罪预防和控制的关系。在上海财经大学麻国安教授的启发、督促下，笔者提出了"天工开物犯罪学（派）"的概念。"天工开物犯罪学（派）"源自中国传统文化，面对日新月异的科技—社会互动场景，既受启发于"风险刑法"，又在理论旨趣和表达形式上与"风险刑法"有所差异，是对"枫桥学派"的坚持与发展，但具体如何，只能留待读者的检验。

一、犯罪学的学术流派

犯罪学是一个来自西方的学科，在学术教科书上常见的有古典犯罪学、实证犯罪学、犯罪社会学派，以及实用主义的、生态学的、互动论的和亚文化的犯罪学学说、分析犯罪学学说和存在主义犯罪学学说等理论学说，其中也有以地域命名的"芝加哥犯罪学派"。

中国早在春秋战国时期百家争鸣的过程中就形成了儒、法、道、墨等学派，中华文明经过不断演化，形成了以桐城学派为代表的文史哲流派，当代学者赵汀阳提出天下体系理论等有世界影响力的学术流派。就犯罪学而言，在总结提炼"枫桥经验"的基础上，"枫桥学派"已经初步形成；在风险社会理论、社会系统理论的催化作用下，"风险刑法"风靡学术界特别是法学界。笔者提出的"天工开物"犯罪学源自中国传统文化，面对日新月异的科技—社会互动场景，既受启发于"风险刑法"，又在理论旨趣和表达形式上与"风险刑法"有所差异，是对"枫桥学派"的坚持与发展。

中国犯罪学在几代犯罪学家的努力下，取得了巨大的成就，但正如刘建宏教授所指出的，犯罪学在我国学术领域的影响力和地位有限，中国犯罪学未能得到中国学术界的进一步认可，犯罪学研究的质量较长时期停留在较低发展水平上。整体而言，犯罪学研究水平与中国经济社会发展水平和犯罪防控的迫切需要还不能完全适应，犯罪学成果尚未获得政府和社会的广泛认可。从学科层面来看，犯罪学没有取得其他社会科学，如社会学、心理学、刑法学等所具有的独立地位。长期以来，犯罪学隶属于一级学科法学中的二级学科刑法学，犯罪学还没有获得更大范围内的制度性系统承认。[1] 新一轮科技发展对犯罪学提出了严峻的挑战，更为犯罪学的发展提供了"弯道超车"的契机。中国传统文化中一直有"经世致用"的倾向，近年来，犯罪学理论研究和司法实务部门的专家学者提出了针对电信诈骗、金融犯罪及青少年犯罪等方面的防控犯罪、社会治理的对策建议，并取得了相当的成效。但总体而言，还是围绕着打击犯罪或处置社会越轨行为的"中端"而展开，在公共政策特别是创新发展公共政策的制定、优化运用科技打击犯罪刑事政策制定的"前端"，以及对于政策的后续评估研究以检验公共政策特别是刑事政策与刑事立法、司法、守法的实际效果的制度要求和系统发展即"后端"的参与度比较薄弱。在这种情势下，我们应秉持百花齐放、百家争鸣的方针，进一步弘扬中华优秀传统文化中的"经世致用"精神，开创性地提出更多符合时代发展的犯罪学说和主张。

"天工开物犯罪学（派）"的提出契合中国犯罪学进行国际交流的需要。我国学者对国际犯罪学学术文献了解不够，西方学者对中国的犯罪预防和控制状况不够了解，双方对各自的文化差异和话语体系不熟悉，[2] 讲好中国故事是当代中

---

[1] 刘建宏：《学术、学科与市场：国际视野下中国犯罪学的发展进路》，载《犯罪研究》2021年第3期。

[2] 刘建宏：《学术、学科与市场：国际视野下中国犯罪学的发展进路》，载《犯罪研究》2021年第3期。

国犯罪学人义不容辞的责任。明代宋应星的《天工开物》是世界上第一部关于农业和手工业生产的综合性著作,被誉为"中国第一部关于农业和手工业生产技术的百科全书"。日本实学派学者佐藤信渊依据宋应星《天工开物》思想,提出富国济民的"开物之学"。《天工开物》不仅传播至日本,也风靡欧陆。法国巴黎皇家文库早在18世纪即入藏《天工开物》。英国科技史学家李约瑟将宋应星称为"中国的狄德罗",认为《天工开物》可与狄德罗主编的18世纪法国百科全书匹敌。20世纪后,《天工开物》的英、日全译本都得以出版。2011年,德国学者薛凤用英文写的《开万物之技艺·17世纪中国的知识与技术》在美国出版,介绍宋应星及其著作给人类留下的技术和精神遗产,引起当代西方学界对《天工开物》的热烈关注。"天工开物犯罪学(派)"深入研究中国本土犯罪及犯罪预防与控制实践,特别是系统关注科技发展和犯罪预防、控制问题,在中国语境中重构犯罪学—公共政策理论,努力做出中国犯罪学人应有的国际贡献。

二、《天工开物》蕴含的哲学思想与犯罪学

吴宗宪教授认为,从人类思想发展史来看,哲学与犯罪学的关系似乎经历了密切—疏远—再度密切的U字形轨迹。在人类思想发展的早期,哲学是包含一切知识和学问的综合体,其中自然包含了有关犯罪和刑罚的思想,早期的犯罪学学说和学派也有浓厚的哲学特征。在分析犯罪学史上一些阶段(早期和晚期)的理论学说时,哲学视角的解释力较强,而在分析另一些阶段(中期)的理论学说时,哲学视角的解释力有限。[1] 关于犯罪学派划分的方法,有学者将之归纳为两类:一是按学科分类,如犯罪心理学派、犯罪社会学派、犯罪生物学派;二是按科研成果的应用价值和学术价值分类,如重打轻防学派、"基础理论"研究学派、预防和控制犯罪学派。基于这两种分类方法,从我国研究犯罪学的状况分析,大体可划分为三个学派,即应用实战学派、"基础理论"学派(或称学院派)、枫桥学派(或称预防犯罪学派)。[2] 这种关于犯罪学派的划分具有一定的借鉴意义,特别是枫桥学派的提出,可以说是中国特色犯罪学研究达到一定深度和规范的标志,体现了马克思主义的矛盾论与群众观。按照上述犯罪学派划分的逻辑以及哲学与犯罪学的U型轨迹理论,科技发展视域下的犯罪预防与控制问题,

---

[1] 吴宗宪:《西方犯罪学史的基本框架结构》,载《检察日报》,2020年9月17日。
[2] 周长康:《枫桥学派是怎么形成的——三评冯树梁先生新著<中国犯罪学话语体系初探>》,载《犯罪与改造研究》2018年第2期。

即笔者提出的"天工开物"犯罪学(派),与枫桥学派的研究领域有交叉,但同时又具有相对的独立性。

《天工开物》蕴含的哲学思想与科技发展视域下的犯罪学的理念契合度非常高,主要体现在三个方面。

第一,倡导创造与创新。李约瑟在《中国科学技术史》一书中提出了所谓的"李约瑟之问":"尽管中国古代对人类科技发展做出了很多重要贡献,但为什么科学和工业革命没有在近代的中国发生?"针对所谓的"李约瑟之问",中国学者江晓原教授认为,当下的中国学者应该避开近代西方的话语体系,"换一种思路看待中国古代的技术成就"。王伯鲁教授认为,工艺源于手艺,是在长期的手工业生产实践经验摸索、技巧累积的基础上形成和发展起来的,也是工业生产流程及其产品科学化、标准化、高效化的产物。进入20世纪以来,在科学与技术既高度分化又高度综合的历史背景下,在工艺学基础上相继分化衍生出技术科学与工程科学形态。如果我们把宋应星及其《天工开物》放在中国乃至世界的时空中加以考察,作为中国古代技术成就之集大成者,宋应星是当之无愧的中国科技探索的先驱之一,《天工开物》是纵横中国古代与近现代、联结中国与世界科技的重要标识,是科学技术发展的东方叙事重要题材。而在当代科技创新过程中,如何克服刑法的"肥大症",平衡创新与风险控制,是一个非常重要的课题。

第二,天人合一的理念。《天工开物》的传统生态造物思想具有丰富的内涵,它所奉行的是在追求"实体达用"之学、"济世利民"的原则基础上的众生平等的生态价值观、仁爱万物的生态伦理准则、"天人合一"的整体性的生态思想。重视研究中国传统造物中的生态伦理思想,对实现自然道德和人伦道德的逻辑统一,强调精神体验和具体经验的思考和现代生态伦理学的构建具有重要的启发意义。宋应星在《天工开物》开篇序言中写道:"天覆地载,物数号万,而事也因之曲成而不遗,岂人力也哉?事物而既万矣,必待口授目成而后识之,其与几何?万事万物之中,其无益生人与有益者,各载其半。"这段话引自《周易》,肯定世间万物的存在超出了人的能力范围,且是顺应天地之间的规律造就而成的。宋应星对于自然的态度极其尊重、客观,认为这是"人工"造物的前提。

第三,注重实验、观察。宋应星的认识论注重实际经验,他认为人的认识是从实际经验中来的,是通过与客观事物相接触得来的。例如,"凡取煤经历久者、从土面能辨有无之色,然后掘挖。"宋应星的认识论是与他一生的科学实践直接相连的,也是与他的朴素唯物主义自然观和辩证法思想一致的。他的认识论虽然比较缺乏理论上的阐述，但同以往的那些唯物主义认识论一样，在朴实无华的形式中，比较真实地反映了人类认识的一些实际情形，是认识论发展史中不可忽视的一页。

三、元宇宙、人工智能与天工开物犯罪学（派）

"元宇宙"概念的提出及其社会场景的应用是天工开物犯罪学提出的催化剂。2021年3月，元宇宙的概念因美国Roblox公司的上市而被提出，又因2021年10月Facebook改名Meta而被大众熟知，因此2021年被称为元宇宙元年。一开始，不少人对元宇宙的提出持怀疑态度，认为完全是资本炒作的结果，或许是资本家的阴谋，认为他们在试图通过包装新概念来"割韭菜"。但是，随着各国政府的热烈响应，特别是随着《中国元宇宙白皮书（2022）》的发布，以及学术界从各个学科对元宇宙进行的探索，元宇宙的概念逐渐被产业界、学术界和大众接受，人们认为元宇宙时代正在来临。①

在法学界，刑法学者对元宇宙犯罪的研究有着天然的敏感性。刘宪权教授认为，元宇宙空间具有不同于现实空间和其他虚拟空间的特征。元宇宙技术在发展过程中会带来新的刑事风险。在元宇宙技术初级发展阶段，元宇宙空间可能出现诈骗类、集资类、传销类犯罪以及数据犯罪。在元宇宙技术高级发展阶段，元宇宙空间可能出现侵犯人身权利的犯罪。② 事实上，理论界和实务部门一直都在积极探讨刑法应对的方法、策略和路径。但是，新型技术的出现及其场景应用所引发的刑事风险，超越了传统"风险社会"的控制阀，给国家安全、经济安全、生物安全甚至全人类带来了威胁，其危害或许超过了核武器，这些刑事风险已经不是靠单纯的打击所能控制。新型科技犯罪并非如今刑法修正的重点，应对新型科技犯罪实际上取决于宏观的司法手段与司法方法论。新型科技产业罪与非罪的界限有时也很模糊。不少新型科技产业被看作处于刑法规制的"灰色地带"，如利用人工智能技术进行证券期货市场交易、利用网络爬虫技术进行信息数据收集等行为。这些新型科技产业一旦被认定构成犯罪，无疑是对整个产业的致命打击。③ 此外，新型技术的运用涉及广泛的利益群体，不仅仅是个体意义上的自然人或法人（单位），还关涉群体意义上的群体或单位。

---

① 黄欣荣、周光玲：《元宇宙的生成逻辑》，载《南昌大学学报》2022年第6期。
② 刘宪权：《元宇宙空间犯罪刑法规制的新思路》，载《比较法研究》2022年第3期。
③ 林雨佳：《刑法司法解释应对新型科技犯罪的逻辑、立场与路径》，载《东方法学》2022年第3期。

四、天工开物犯罪学（派）的基本主张

人工智能、网络技术、大数据、云计算、虚拟现实、生命科学等新型技术的出现和更迭在推动人类进步的同时，也伴随着相关的风险变化，从而对国家法治和治理体系提出了新的课题。在宪法上体现为，传统的国家权力——公民权利范式无法完全满足对于群体权利保障的需要，分散的部门法架构由于风险涉及民事、行政、刑事的一体化或交叉化、模糊化而显得力不从心，"应对"型的经典刑法学研究需要脱胎换骨。笔者提出的基于预防和控制犯罪目标的科技视域下的"天工开物犯罪学（派）"基本主张如下：

第一，发展路径上的智库导向。这与传统的犯罪研究路径不同，与高科技犯罪研究的路径亦不完全相同。笔者认为，应当正视刑法学与犯罪学之间话语权的对垒与争夺，突破常规思维，集中优势力量，聚焦政策研究，做出政策决策咨询的精品，获取政府和市场的认可，再以此反哺学术。

第二，围绕科技、法律、社会三个维度展开研究。新兴科技已经从社会中相对独立出来，成为影响法律或者观察法律的一个独立的自变量。这个独立的变量与社会视角平行或交叉。这样，从这三个维度出发，天工开物犯罪学主要涉及四个方面：科学研究领域、科技成果转化及应用领域（包括运用科技预防、打击和控制犯罪）、科技对社会运行的影响、科技对人的形塑。

第三，鼓励创新发展与风险控制并重。不仅从政策、法律上予以规制，还特别强调犯罪学与其他社会科学特别是伦理学的整合，探索创新发展中的容错、纠错机制，秉持一种科技人文主义的立场。

老子说，"埏埴以为器，当其无，有器之用"。天工开物为器，若以其无，则会在无中生万物，生出一个浩阔无边逍遥自由的天地。

主要著作、论文及研究课题索引

一、著作类

[1]《中国矿业立法研究》,中国人民公安大学出版社 2006 年版,合著,撰写第十章。

[2]《公务员职务犯罪研究》,中国检察出版社 2008 年版,合著,审阅全书。

[3]《刑事被害人国家补偿制度研究》,中国检察出版社 2008 年版,刑事法学博士文库,专著。

[4]《世界宪法研究》(第二、三辑),中国环球文化出版社 2010、2011 年版,国家社科基金项目,编委会成员。

[5]《检察政策研究》,中国政法大学出版社 2013 年版,2010 年最高人民检察院重大理论研究课题基金资助,专著。

[6]《监察法学原理》,中国社会科学出版社 2022 年版,中国社会科学院研究生重点教材,主要著者之一。

二、论文类

[1]《试论青少年犯罪预防与矫治效果的几个问题》,载《青少年犯罪研究》2002 年第 5 期。

[2]《论不同身份主体共同犯罪立法的完善》,载《中国刑事法杂志》2003 年第 3 期。

[3]《共犯与身份的个案分析》,载《刑事法判例》2005 年第 8 卷。

[4]《返回人民监督员制度的逻辑起点》,载《求实》2005 年第 10 期,合作。

[5]《检察权运作的社会学思考》,载《四川行政学院学报》2006 年第 2 期,合作。

[6]《一种人本主义的刑事政策观》,载《刑事法评论》2006 年第 18 卷。

[7]《危险、风险的刑事抗制——构建和谐社会语境下的思考》,载《理论前沿》2006 年第 17 期,合作。

[8]《避免安全事故 检察监督关口应当前移》,载 2009 年 1 月 23 日《法制日报》。

[9]《检察科学发展:基本内涵及路径选择》,载《人民检察》2009 年第 11 期。

[10]《检察工作法律效果与社会效果相统一初探》,载《云南大学学报》(法学版)2010

年第 4 期,合作。

[11]《检察政策的价值功能及其运行》,载 2010 年 5 月 9 日《检察日报》,同时刊登于《求是》理论网。

[12]《检察政策的功能》,载《国家检察官学院学报》2012 年第 4 期。

[13]《〈联合国反腐败公约〉履约审议机制:最新进展及其对中国反腐败的启示》,载《中国刑事法杂志》2013 年第 1 期,合作。

[14]《高考改革的核心在于科目设置和分值调整》,载 2014 年 6 月 25 日《中国社会科学报》。

[15]《"海域型社会"治理研究论纲——基于国家治理体系和治理能力现代的视角》,载《国家治理现代化与犯罪防控》,中国检察出版社 2014 年版。

[16]《检察官角色与司法公信力——基于中国地方经验的社会学分析》,载《检察论丛》第 19 卷,中国检察出版社 2014 年版。

[17]《国家治理视野下的职务犯罪预防》,载《犯罪学论坛》第 2 卷,中国法制出版社 2016 年版。

[18]《司法执法边界新论》,载《求是学刊》2018 年第 1 期。

[19]《监察法学学科建设若干问题初探》,载《北外法学》2019 年第 1 期。

[20]《检察长列席审委会会议制度的思考》,载《法商研究》2020 年第 3 期。

[21]《绝对禁区:让成瘾者"降服心魔"》,载《检察日报》2020 年 3 月 11 日第 3 版。

[22]《主观真实—持续幸福感量表中文版的信度和效度检验》,载《中国临床心理学杂志》2020 年第 2 期,合作。

[23]《"藕遇白鹤"带来的生态文明建设新模式》,载 2020 年 12 月 28 日人民网。

[24]《用活"天工开物"打造江西科普品牌》,载 2022 年 4 月 13 日《江西日报》(理论版)。

[25]《以坚定的反腐败斗争确保党永远不变质、不变色、不变味》,载《廉政文化研究》2023 年第 1 期。

[26]《推进我省专门学校建设和教育矫治工作高质量发展的思考与建议》,载《江财智库专报》2023 年第 17 期(总第 318 期)。

三、研究课题

[1] 最高人民检察院 2001 度应用理论研究课题"控辩式庭审的证据变化与对策",执笔人。

[2] 最高人民检察院 2003 年度应用理论研究课题"金融诈骗犯罪诉讼证明相关问题及对策研究",执笔人。

[3] 江西省人民检察院 2004 年度理论研究课题"自侦工作机制的法理学思考和建言",

负责人。

[4] 江西省人民检察院 2005 年度理论研究课题"迈向回应型司法",负责人。

[5] 最高人民检察院 2006 年度理论研究课题"渎职犯罪认定问题研究",主要参与人之一。

[6] 广东省珠海市人民检察院 2008 年度课题"检察应急管理",主要负责人之一。

[7] 最高人民检察院国家检察官学院 2008 年度课题"检察工作的法律效果和社会效果相统一",主要参与人之一。

[8] 北京市中国特色社会主义理论体系研究中心办公室 2017 年基金项目"我国监察体制改革与国际比较研究",主要参与人之一。

[9] 最高人民检察院 2010 年度重大理论研究课题"检察政策研究",课题组执行组长。

[10] 最高人民检察院 2019 年度一般理论研究课题"宪法'民营经济条款'与新时代检察担当",课题组组长。

[11] 江西省高校人文社科重点研究基地 2020 年度课题"鄱阳湖区域社会治理创新的法治路径研究",课题组组长。

四、研究成果及工作调研课题获奖情况

[1] 中国法学青年论坛三等奖,中国法学会,2013 年。

[2] 全国检察机关应用专题研究课题三等奖,最高人民检察院,2001 年,合作。

[3] 第四届全国检察理论研究年会二等奖,最高人民检察院,2003 年。

[4] 全国检察机关优秀调研成果一等奖,最高人民检察院,2003 年,合作。

[5] 第十届全国检察理论研究年会优秀论文,最高人民检察院,2009 年。

[6] 第十一届全国检察理论研究年会优秀论文,最高人民检察院,2010 年。

[7] 广东省法学会第七届检察学研讨会一等奖,广东省人民检察院,2013 年。

[8] 最高人民检察院第七检察厅、中国法学会检察学研究会行政检察专业委员会十大行政检察理论研究课题三等奖,2023 年。

[9] 江西省社会科学联合会、中共新余市委、新余市人民政府天工开物学术研讨会三等奖,2023 年。

后 记

本书收录的，是我过往关于检察、法治的文字，加上近几年作为江西财经大学大学生创新（模拟）训练项目"中国宋应星天工开物科技人文 IP"指导老师的一些思考，也是对我 20 年理论和实务工作的一个阶段性小结。本书在编辑过程中，整体上忠实于原文，只对若干表述做了略微调整。书中观点难免会有疏漏或错误，也真诚地欢迎读者批评指正。

这些年所取得的点滴进步，要特别感谢我的导师张中秋教授、孙谦教授、莫纪宏研究员。张中秋教授是我在南京大学攻读硕士学位时的指导老师，他严谨的学风和对学生认真负责的态度一直以来让我记忆犹新。孙谦教授是我在中国政法大学攻读博士学位期间的指导老师，是我研究检察理论的启蒙导师。在我的心目中，他是人民检察理论研究的集大成者。我在江西、广东两省三级检察机关工作过，在他的关心、培养和鞭策下，我在检察理论的学习和思考方面投入了一些时间和精力，获得了全国检察理论研究人才、广东省首届全省检察业务专家称号。莫纪宏研究员是我在中国社会科学院从事博士后研究时的合作导师。在我入站的时候，莫老师指导我从事最高人民检察院 2010 年度重大理论研究课题"检察政策研究"，相关研究成果列于中国司法政策研究的前沿。出站以后，他对我提携有加，特别是 2022 年应他邀请，我参加了中国社科院研究生重点教材《监察法学原理》一书的编著工作。这次拙作出版，他又欣然命笔作序，令我十分感动！

本书的顺利出版，得到了江西财经大学和中国政法大学李斌博士的资助，在此谨致谢意！

本书的出版，记录了我的学术和实务工作历程。我愿意将此书献给我的父亲卢邦华先生、母亲卢才秀女士，我的妻子周劲芳女士、儿子卢励超博士。

此外，我衷心地感谢中国政法大学王牧教授、江西财经大学邓辉教授、北京大学陈兴良教授、苏州大学李晓明教授、北京师范大学吴宗宪教授、中山大学谢进杰教授、上海财经大学秦策教授、中国人民公安大学靳高风教授、西北政法大学褚宸舸教授、北京大学江溯研究员、中国纪检监察学院阳平副研究员以及中国检察理论研究所谢鹏程研究员、但伟研究员、蔡巍研究员、张雪妲研究员等师友一直以来的指导、关心与鼓励。

作为江西省高校人文社科重点研究基地2020年研究项目"鄱阳湖区域社会治理创新的法治路径研究"（项目编号：JD200023）成果，在本书定稿之前，我指导的硕士生程丹丹、徐莹莹对全书的正文与脚注做了认真而细致的校阅，本科生成彦君、张镁元对参考文献做了系统整理，也要感谢同学们付出的努力。

2018年，我到江西财经大学任教，主要从事纪检监察学的教学研究。纪检监察和检察工作都是国家治理体系和治理能力现代化的重要环节，两者在历史渊源上有着非常深厚的交集，在运行模式上都要求运用法治思维和法治方式，而两者之间的衔接与协调涉及国家权力如何配置的问题，立基于宪制结构对之进行深层次考量，以此超越领域法及部门法的思维视域和观察视角，是我今后努力的方向。